健康・福祉と運動の科学

徳永幹雄・山崎先也 編著

伴走

大学教育出版

まえがき

　自分は、はたして身体的、精神的、そして社会的に健康だろうか。身体面はともかく、心の安定や社会的に自分の存在が周りに迷惑をかけていないだろうか。
　「他人に迷惑をかける」「してはいけないこと」「悪いことだと分かっている」ことを、平気で行うという事は、どういうことだろうか。
　多くの大学では、「健康科学」「健康スポーツ」「保健体育講義」といった科目が教養教育科目として、1年次に必修科目あるいは選択科目で開講されている。その理由は、これからの4年間の大学生活、さらには長い人生の中で、生活の基本となる運動、食事、休養などによる健康の維持・増進に必要な科学的知識の理解と実践能力を習得するためである。
　大学生の生活習慣は中学生・高校生や社会人に比較すると、最悪の状態である。特に食習慣の乱れは著しく、食事が不規則で、朝食がとれていない学生が多い。さらには、アルバイトには熱心で、睡眠時間が遅く短く、慢性的な睡眠不足を繰り返し、携帯電話ストレスなどによる疲れきった学生も多々いる。こうした生活習慣の乱れは、学生の本分である単位の修得に悪影響をおよぼさないはずがない。
　一方、高齢者や障害者が増え、国民の多くが幸福に、幸せに過せるための対策が模索されている。近年、福祉系の大学・学部・学科などが数多く開設され、多くの若者が福祉の勉強をするようになった。自分の健康はもとより、「福祉の心」を学ぶ学生には、運動・スポーツが高齢者・障害者などに貢献できる内容を理解して貰いたい。そして、身体的、精神的、社会的に健康とは、いかなることかを学んでほしい。
　本書はこうした健康や福祉を学ぶ若者、あるいは指導者を対象にして、健康・福祉を視点にしたスポーツ科学を、運動生理学やスポーツ心理学を中心にして紹介しようとしたものである。
　本書の構成は、第1部は「健康と運動の科学」として、健康観、からだの健康と運動、心の健康と運動、食事と運動、休養と運動、スポーツ障害などを解説した。そして、第2部では「福祉と運動の科学」として、福祉と運動、児童への福祉と運動、高齢者の福祉と運動、障害者の福祉と運動、軽度の疾病者への福祉と運動、福祉士に必要な運動・スポーツの支援能力などを解説した。
　出版にあたっては、私どもの企画を快く、ご承諾して頂いた大学教育出版に心から感謝を申し上げたい。特に佐藤　守・安田　愛氏には連絡・原稿の整理・校正などで、ご丁寧な指示を頂き、ここに深くお礼を申し上げます。

2010年4月

福岡医療福祉大学　徳永幹雄

健康・福祉と運動の科学

目　次

まえがき……………………………………………………………………………… i

〈第1部　健康と運動の科学〉

第1章　健康について考える ……………………………………………… 2
   1.　健康とは　2
   2.　わが国の人口動態　5
   3.　生活習慣病と運動不足病　12
   4.　わが国の健康政策　15
   5.　あなたの健康度を診断する　18

第2章　からだの健康と運動 …………………………………………… 22
   1.　からだの健康と運動前の健康度チェック　22
   2.　運動・スポーツの身体的効果　25
   3.　肥満の評価法と改善法　29
   4.　全身持久力の高め方　32
   5.　筋力の高め方　37
   6.　柔軟性の高め方　41
   7.　調整力の高め方　46
   8.　骨密度の高め方　50
   9.　運動・スポーツを続けるには　54
   10.　あなたの運動状況を診断する　57

第3章　心の健康と運動 ………………………………………………… 59
   1.　心の健康とは　59
   2.　運動・スポーツの心理的効果　61
   3.　運動によるストレス解消　65
   4.　運動による心の健康づくり　71
   5.　競技に必要なメンタル面のトレーニング　74
   6.　「やる気」や「よい緊張感」の高め方　77
   7.　集中力の高め方　86
   8.　作戦能力や自信の高め方　92
   9.　競技前後の心理的準備　97
   10.　メンタルに強くなるとは　101

第4章　食事と運動・スポーツ …………………………………………………………… 104
1. バランスのとれた食事とは　*104*
2. トレーニング期や本番前の食事　*109*
3. 本番中の食事　*111*
4. 発汗・熱中症と水分補給　*113*
5. 環境と運動　*115*
6. たばこと運動　*117*
7. あなたの食事状況を診断する　*119*

第5章　休養と運動 …………………………………………………………………………… 122
1. 休養とは　*122*
2. 運動に必要な休養　*125*
3. 上手な睡眠法　*127*
4. 上手な入浴法　*130*
5. あなたの休養状況を診断する　*132*

第6章　スポーツ障害 ………………………………………………………………………… 135
1. スポーツ障害とその処置　*135*
2. 簡単な救急法　*138*
3. テーピング　*141*

第7章　「健康度・生活習慣診断」のまとめ …………………………………………… 144

〈第2部　福祉と運動の科学〉
第8章　福祉と運動・スポーツ …………………………………………………………… 150
1. 福祉とは　*150*
2. 福祉のための法制度　*150*
3. 福祉社会におけるスポーツの意義　*151*
4. 福祉社会におけるスポーツの役割　*152*
5. 「スポーツ福祉」への心理学的課題　*153*

第9章　子どもへの福祉と運動 …………………………………………………………… 155
1. 児童・青年の運動能力と体力　*155*
2. 児童への運動指導の注意点　*157*

第10章　高齢者の福祉と運動 …… 160
1. 高齢者への運動指導　*160*
2. 主観的幸福感を高める　*163*
3. 高齢者への運動指導の注意点　*166*

第11章　障害者への福祉と運動 …… 169
1. 障害者スポーツの歴史　*169*
2. 各種の障害者スポーツ　*172*
3. 障害者への運動・スポーツ指導の注意点　*179*

第12章　軽度の疾病者への福祉と運動 …… 182
1. 運動療法　*182*
2. 心臓疾患　*183*
3. 軽度の高血圧　*185*
4. 軽度の糖尿病　*187*
5. 精神的障害　*190*
6. 軽度の疾病者に対する運動・スポーツ指導の注意点　*193*

第13章　福祉士に必要な運動・スポーツ支援能力 …… 195
1. 健康運動指導士および健康運動実践指導者　*195*
2. 障害者スポーツ指導員　*195*
3. 日本体育協会における指導者育成　*196*
4. 学会認定による資格　*197*
5. その他　*197*

巻末資料 …… *199*

索　引 …… *206*

第1部

健康と運動の科学

第1章

健康について考える

1. 健康とは

　健康とは、単に身体面が丈夫であることだけが強調され、病気でないことが健康であるといった「病気の反対概念」として考えた時代が長く続いた。もしかしたら、現在でもそのように思っている人がいるかも知れない。

　WHO（世界保健機構、1964）は、「健康とは、単に病気あるいは虚弱でないというだけでなく、身体的、精神的、社会的に完全に良好な状態である（A state of complete physical, mental and social well-being）」と、世界に向かって定義した。この定義は前者が「病気でない」といった「消極的定義」に対して、後者は病気より上位の「完全に良好な状態」と表現し、前向きな「積極的定義」として高く評価されている。

　しかし、WHOの定義は「完全に良好な状態」の具体的内容は提示しておらず、身体的健康、精神的健康、そして社会的健康の内容は明確ではない。

　また、健康の定義は、研究者の研究分野や定義される対象（青少年、高齢者など）によって多様である。

　以下に、さまざまな研究分野の健康のモデル・定義をみると、表1-1のようにまとめられる（多々納、1993）。

　特に、米国の心理学者マスロー（Maslow, A. H.）は人間には5つの欲求の階層があると述べている。表1-2のように「生理的欲求」「安全の欲求」「愛情・集団所属の欲求」「尊敬・承認の欲求」「自己実現の欲求」まで、低次の欲求から高次の欲求があることを「欲求階層説」として説明して

表1-1　健康のモデルおよび定義

1) **臨床モデル**…医学的視点から捉え、健康は疾病のない状態、疾病は遺伝、ホメオスタシス（恒常性）の不均衡状態、さらにウィルスや化学物質などの異物の侵入による生態の生化学的な機能不全に起因するとみなす。
2) **役割遂行モデル**…社会学者パーソンズ（Parsons, T.）の「健康とは個人が社会化されるにつれて担う社会的役割・課業を効果的に遂行し得る能力の最適状態」を基礎にしている。
3) **適応モデル**…デュボス（Dubos, R.）の「健康は社会的・物理的な環境の中で、実りある効果的な相互作用を行っている人間全体の状態である」を出発的とし、環境への適応と環境を変えての適応の双方を重視している。
4) **幸福主義的モデル**…心理学者マスロー（Maslow, A. H.）の理論をもとに、健康は人間の最も高い目標の実現、また自己実現を意味すると考える。

いる。これをスポーツの目的に当てはめると、「観戦・応援」「レクリエーション」「運動欲求（体を動かしたい）の充足」「人間関係の向上」「競争・スリル感の体験」「可能性への挑戦」になる。

ここで大切なことは、人との競争や比較による「尊敬・承認の欲求（横の人生）」だけを目指し満足するのではなく、自分の目標の実現や自分の成長による「自己実現の欲求（縦の人生）」を目指すことが重要である、とする考え方である。スポーツでは勝つことや優勝することは大切であるが、もっと大切なことは、自分の可能性や限界に挑戦する（自己実現の欲求）ことが、人間として高次の欲求を追求していることになる。

表1-2　何のためにスポーツをしているのか？

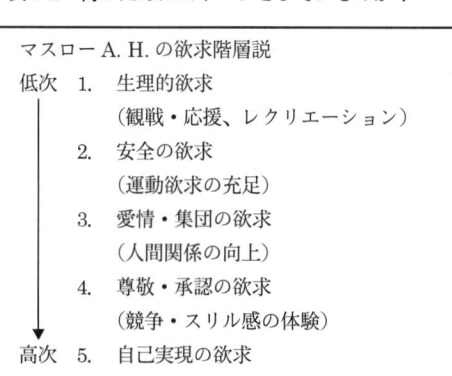

マスローA. H. の欲求階層説
低次　1.　生理的欲求 　　　　　（観戦・応援、レクリエーション） 　　　　2.　安全の欲求 　　　　　（運動欲求の充足） 　　　　3.　愛情・集団の欲求 　　　　　（人間関係の向上） 　　　　4.　尊敬・承認の欲求 　　　　　（競争・スリル感の体験） 高次　5.　自己実現の欲求 　　　　　（可能性への挑戦）

（　）内はスポーツの楽しさの階層を示す．

写真1-1　男子学生のペタンク　　　　　写真1-2　始める前にポーズ!!

こうしたさまざまな定義を経て、健康は単に「疾病―半疾病―半健康―健康」といった疾病との対立ではなく、「いかに生きるか」といった主観的要素や生活内容とその状況的・環境的要因を含んだ視点が重視されるようになった。

この間、Wellness運動の創始者と言われるダン（Dunn, H., 1961）は「ウェルネスとは、各個人が置かれている状況の中で、各人がもつ潜在的な能力を可能な限り、最大限に引き出すことを目ざした総合的な働きかけである」と述べ、健康を総合的・積極的に捉えようとする「ウエル

ネス運動」の発端となった。また、生活のあり方そのものを問題とする「Quality of Life：QOL（生活の質）」の考え方も提唱されるようになった。

　これらの考え方は図1-1で理解することができる。すなわち、島井（1997）は生物医学モデルでは病気のない状態までは有効であるが、ウェルネス（健やかで幸福な状態）に至るには、生物医学モデルを含んだ生物心理社会モデルが有効であることを示している。

　さらに、WHOはオタワ憲章（1986）で、ヘルスプロモーション（健康増進）とは「人びとが自らの健康をコントロールし、改善することができるようにするプロセスである」と定義し、個人の生活改善や予防活動への努力と同時に社会環境の改善を含むことを提唱している。

　その後、WHOは、青少年の健康増進の中核となるライフスキル（Life skill）として、自己認知、他者理解、コミュニケーション、対人、情動対処、ストレス対処、創造的思考、批判的思考、意志決定、問題解決の10のスキル獲得を提唱し（1993）、健康の概念にスピリチュアル（Spiritual、生気はつらつ、生き生き、霊的良好さ、などの意味）の追加を審議している（1998）。

　近年、健康観は生活習慣病の予防といった具体的な問題に移行しているが、新たに身体的、精神的、社会的健康の意義を再考することも重要であろう。

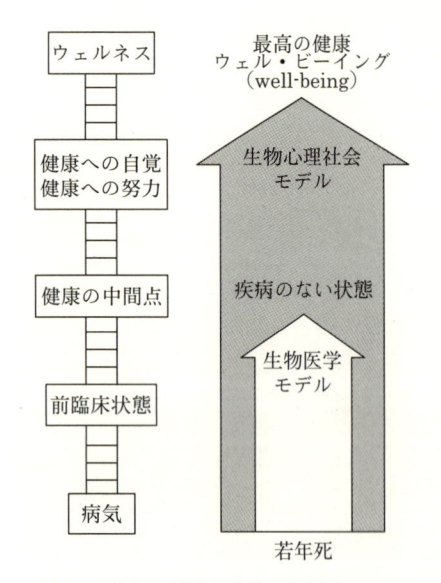

図1-1　病気と健康の生物心理社会モデル
（島井，1997）

写真1-3　皆んなで楽しくシッティング・バレーボール

参考・引用文献
1) 多々納秀雄（1993）:「健康とは何か―健康概念の変遷―」，九州大学健康科学センター編，健康と運動の科学，大修館書店.
2) 島井哲志（1997）:「健康心理学とは何か」，島井哲志編，健康心理学，培風館.

（徳永幹雄）

2. わが国の人口動態

(1) 人口の時代的な変化

2005（平成17）年のわが国の総人口は、1億2,775万6,000人で、近年、年平均増加率はわずかに0.1%と報告されている。人口性比（女100対男）は94.5%で女性の割合が多い（表1-3）。

歴史的な人口の時代的な変化をみると、図1-2のとおりである。1150（平安時代末期、鎌倉幕府1192）年は約680万人、1600（慶長時代、関が原の戦い1603）年は約1,220万人と少ない。江戸時代（1603～1867）に入ると、総人口は、18世紀頃までに急増し、その後、江戸時代の3大飢饉などにより、一時的に人口は減少している。18世紀以降はおおむね3,100万人から3,300万人台で推移したと考えられている。わが国の人口が急増加したのは明治以降であり、1868（明治元）年には3,400万人、1912（明治45）年に5,000万人を超え、戦後直後の1947（昭和22）年には約7,800万人、1967（昭和42）年に1億人の大台に到達し、現在に至っている。近年の150年間に大幅に増加したことになる。

表1-3　わが国の人口推移

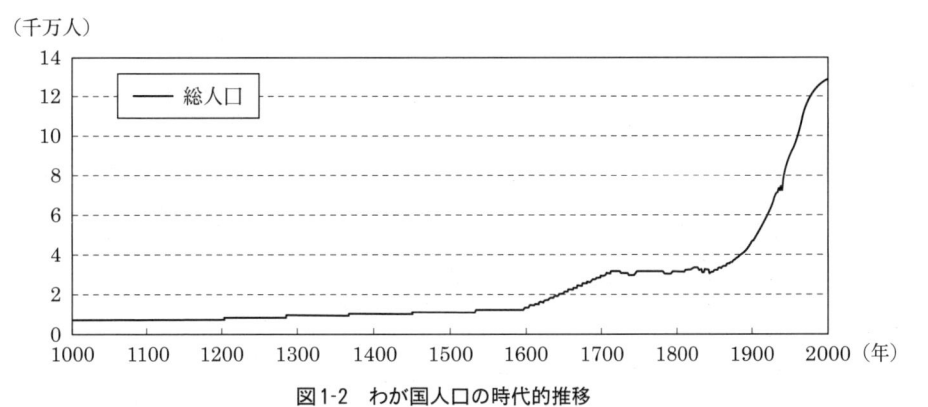

	人口（千人）	年平均増加率 (%)	人口性比（女100対男）
大正 9 (1920) 年	55,963	—	100.4
〃 14年	59,737	1.3	101.0
昭和 5 (1930) 年	64,450	1.5	101.0
〃 10年	69,254	1.4	100.6
〃 20年	72,147	0.1	89.0
〃 30年	89,276	1.4	96.6
〃 40年	98,275	1.0	96.4
〃 50年	111,940	1.4	96.9
〃 60年	121,049	0.7	96.7
平成 2 (1990) 年	123,611	0.4	96.5
〃 12年	126,926	0.2	95.8
〃 14年	127,435	0.1	95.5
〃 16年	127,687	0.1	95.3
〃 17 (2005) 年	127,756	0.1	94.5

図1-2　わが国人口の時代的推移

資料：1872年以前は、鬼頭宏「人口から読む日本の歴史」講談社（2000年），森田優三「人口増加の分析」日本評論社（1944年）による．1872年から2004年までは総務省統計局「国勢調査」，「10月1日現在推計人口」による．

一方、世界の人口は約63億人、そのうち中国が約13億人、インドが約11億人、そして、米国が3億人、インドネシアが2億人で、世界の総人口に占める割合が高い。わが国は9番目に多いが、人口密度（1平方km当たり）は338人で最も高い（表1-4）。

表1-4 世界の人口と人口密度

	順位	推計人口（万人）	人口増加率（%）	人口密度（1km²当たり）
世界	—	631,400	1.2	46
中国	1	128,840	0.7	134
インド	2	106,821	1.7	325
アメリカ合衆国	3	29,081	1.8	30
インドネシア	4	21,425	…	112
ブラジル	5	17,899	2.2	21
日本	9	12,765	0.2	338

平成15年（2003）

（2） 平均寿命・平均余命

わが国の平均寿命は1947（昭和22）年では、わずかに女性53.96年、男性50.06年であった。その後の20年間の年代的変化をみると、1965（昭和40）年は女性72.92年、男性67.74年と延び、1985（昭和60）年は女性80.48年、男性74.78年で女性は80歳を超え、2005年（平成17）年には女性85.49年、男性78.53年とさらに延びている（表1-5および図1-3）。他の国と比較すると、スイスが女性83.7年、男子78.6年で長く、イタリア、フランスも長い（表1-6）。図1-4によると、日本人女子の平均寿命は1985年より連続世界一であり、アイスランドは男女とも平均寿命が長い。日本人の20歳の平均余命（よめい）は1947年では男子40.89歳、女子44.87歳が、2005年では男子59.05歳、女子65.9歳である（表1-7）。大学の1～2年生の平均余命は60年前後と言うことである。

表1-5 わが国の平均寿命の推移

	男性	女性
昭和22（1947）年	50.06	53.96
〃 30（1955）年	63.60	67.75
〃 40（1965）年	67.74	72.92
〃 50（1975）年	71.73	76.89
〃 60（1985）年	74.78	80.48
平成2（1990）年	75.92	81.90
〃 12（2000）年	77.72	84.60
〃 14（2002）年	78.32	85.23
〃 16（2004）年	78.64	85.59
〃 17（2005）年	78.53	85.49

（厚生労働省）

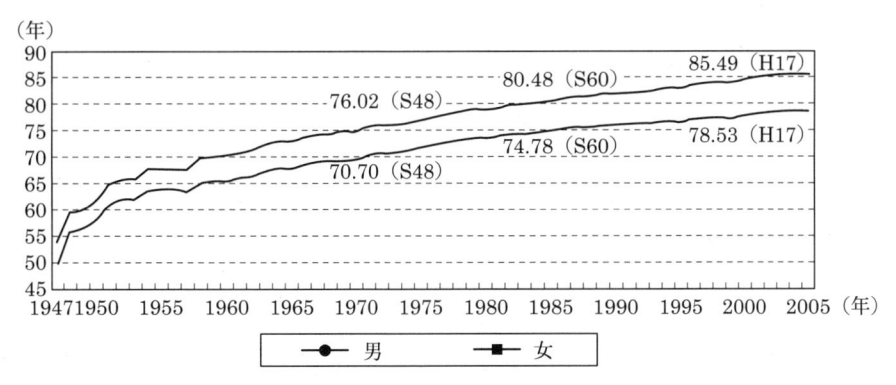

図1-3 平均寿命の年代的推移
資料：厚生労働省大臣官房統計情報部「完全生命表」「簡易生命表」

表1-6 平均寿命の国際比較

国名	男性	女性
日本	78.53	85.49
中国	69.63	73.33
インド	61.6	63.3
韓国	73.87	80.82
アメリカ合衆国	74.8	80.1
フランス	75.9	82.9
ドイツ	75.89	81.55
イタリア	77.11	82.96
スイス	78.6	83.7
イギリス	76.26	80.73

（国連人口動態年鑑，2003）

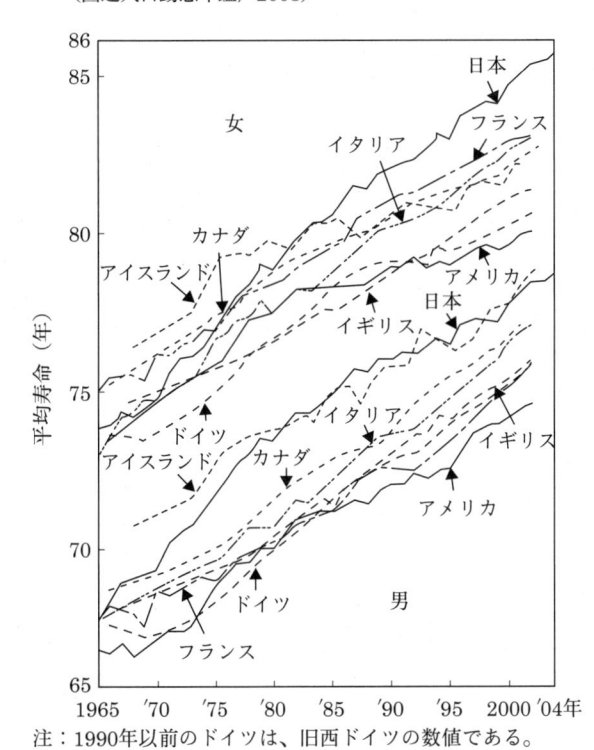

注：1990年以前のドイツは、旧西ドイツの数値である。
（U. N.: Demographic Yearbook等）

図1-4 諸外国の平均寿命の比較

表1-7　20才男女の平均余命

暦年	男子	女子
1947（昭和22）	40.89	44.87
60（昭和35）	49.08	53.39
70（昭和45）	51.26	56.11
80（昭和55）	54.56	59.66
90（平成2）	56.77	62.54
2000（平成12）	58.33	65.08
03（平成15）	58.89	65.79
05（平成17）	59.05	65.90

（3）　出生数および出生率の減少

　出生数と出生率の年代的推移は、図1-5のとおりである。出生数は戦前から、いわゆる「第1次ベビーブーム」まで増加し、その後、急速に減少に転じている。1962（昭和37）年以降は、「第2次ベビーブーム」にかけて増加するものの、減少傾向が続き、1987（昭和62）年は約135万人と減少し、2005（平成17）年では106万人とさらに減少している。

　出生率は1970年代前半の3.0人台が、1989（平成元年）は1.57人、1995（平成7）年は1.43人、2003（平成15）年は1.29人、2005（平成17）年は1.25人と減少している。

　2005（平成17）年の人口動態統計（概数）によれば、出生数は約106万人、死亡数は約108万人で、出生数と死亡数の差である自然増加数は約2万人減となり、わが国は現在、人口減少時代に入ったと考えられている。

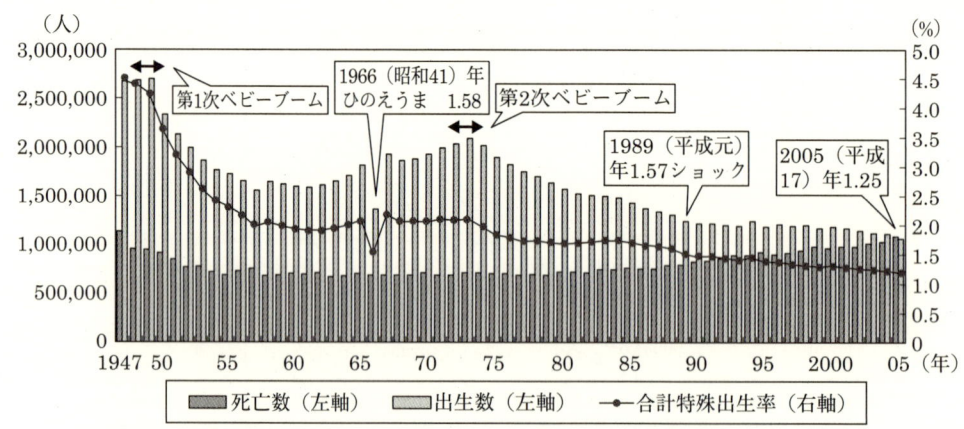

図1-5　出生数、死亡数、合計特殊出生率の年代的推移
資料：厚生労働省大臣官房統計情報部「人口動態統計」

注：2005年は概数である。

（4）　初婚年齢

　出生数や出生率の変化の原因は、晩婚化、未婚化および夫婦出生児数などの要因がある。初婚年齢の変化は、表1-8のとおりである。晩婚化については、1950（昭和25）年は夫25.9歳、妻23.0歳であったのが、50年後の2000（平成12）年には夫28.8歳、妻27.0歳と遅くなり、2002（平成14）年は夫29.1歳、妻27.4歳。2005（平成17）年は夫29.8歳、妻28.0歳と晩婚化が進

表1-8 初婚年齢の変化

	夫	妻	年齢差
昭25年（'50）	25.9歳	23.0歳	2.9歳
35 （'60）	27.2	24.4	2.8
45 （'70）	26.9	24.2	2.7
55 （'80）	27.8	25.2	2.6
平 2 （'90）	28.4	25.9	2.5
7 （'95）	28.5	26.3	2.2
12 （'00）	28.8	27.0	1.8
14 （'02）	29.1	27.4	1.8
17 （'05）	29.8	28.0	0.8

資料：厚生労働省「人口動態統計」

んでいる。1950年と2005年の55年間に初婚年齢を比較すると夫3.9歳、妻5.0歳と遅くなり、夫と妻の初婚年齢の差は当時2.9歳が0.8歳と減少し、女子の晩婚化が進んでいる。

（5） 生産年齢の減少と高齢者の増加

生産年齢や老年人口の年代的推移を図1-6に示した。生産年齢人口（15～64歳）は、1947（昭和22）年の4,678万人から戦後一貫して増加していた。しかし、その伸びは年々小さくなり、1995（平成7）年の8,716万人を頂点に減少し、2005（平成17）年には8,337万人になった。全人口に占める生産年齢人口の割合は、1947年の59.9%から上昇していたが、1995年の69.4%を頂点に減少し、2005年には65.13%になっている。

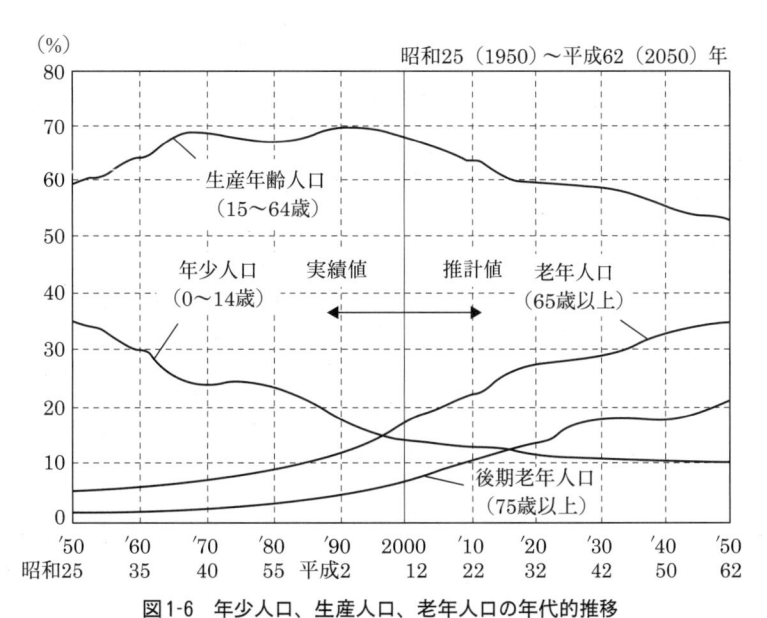

図1-6 年少人口、生産人口、老年人口の年代的推移
（昭和25年～平成12年は総務省統計局：国勢調査報告，推計人口　平成13年以降，国立社会保障・人口問題研究所：日本の将来推計人口（平成14年1月推計）の中位推計値）

また、65歳以上の人口は、1947年の374万人から戦後一貫して増加し、1970（昭和45）年には739万人、1995年には1,826万人と増え、2005年には2,682万人と増加している。高齢化率（総人口に占める65歳以上の人口の割合）は、1947年には5%に満たなかったが、1970年に7%を超え、1994（平成6）年に14%を超え、2005年には21.0%になっている。さらに、2025（平成37）年は25.4%（4人に1人）になると推計されている。すなわち、わが国に人口構成は図1-7の人口ピラミットでも分るように年少人口（0～14歳）は少なく、生産人口は減少し、高齢・後期高齢人口は増加するという現象を示している。

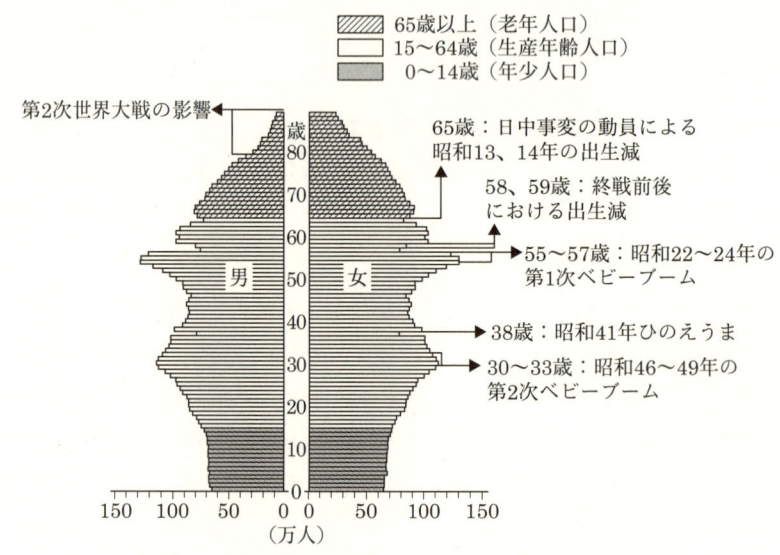

図1-7 わが国の人口ピラミッド（平成16年10月1日当時）
90歳以上人口（男24万7千人，女76万9千人）については，年齢別人口が算出できないため，省略した．
資料：総務省統計局「平成16年10月1日現在推計人口」

（6） 死因の変化

主要死因別にみた死亡率の変化は図1-8のとおりである。1950（昭和25）年は結核、脳血管疾患、肺炎で病原菌による死亡が多かった。1970（昭和45）年は脳血管疾患、悪性新生物（がん）、心疾患となり、動脈硬化による高血圧やがんの台頭が始まった。2000（平成12）年の死因とその割合は、悪性新生物（30.1%）、心疾患（15.3）、脳血管疾患（15.2）、肺炎（8.6）、不慮の事故（4.3）、自殺（82.6）、老衰（2.3）であった。2005（平成17）年でも死因順位は同様で、悪性新生物、心疾患、脳血管疾患、肺病、不慮の事故、自殺、老衰の順番に多い。

年齢別にみると、乳児（0歳）、幼児（1～4歳）では先天性奇形・変形および染色体異常、不慮の事故などが多く、学童期では（5～14歳）では、不慮の事故、悪性新生物が多い。

青少年（15～29歳）では不慮の事故と自殺が多い（大学生の死因は不慮の事故、自殺が多い）。30～40歳代になると自殺と悪性新生物、心疾患が多く、50歳代では悪性新生物、心疾患、自殺が多く、55歳以上では悪性新生物、心疾患、脳血管疾患のいわゆる3大死因が大きな割合

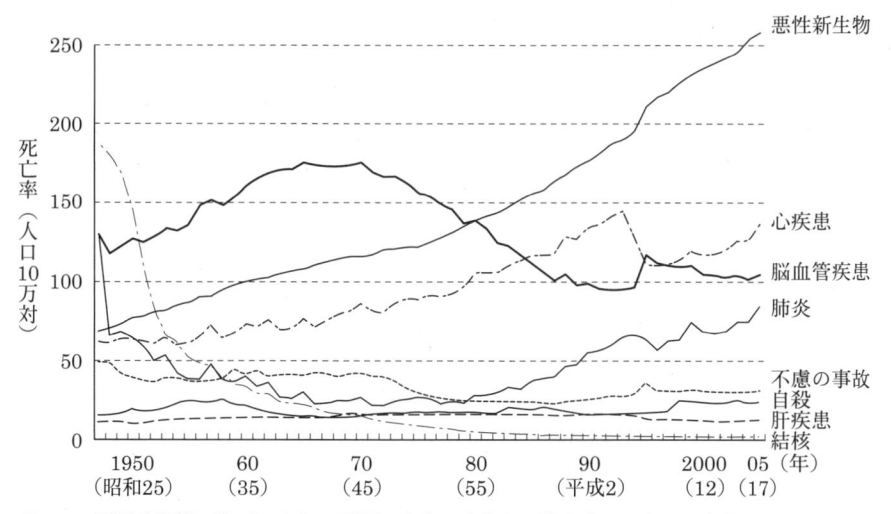

図1-8 主要死因別にみた死亡率の年次推移
資料：厚生労働省大臣官房統計情報部「人口動態統計」

注：1. 死因分類等の改正により、死因の内容に完全な一致をみることはできない。
2. 2005（平成17）年は概数である。

を占めている。

（7） 医療費の高騰

わが国の国民医療費と対国民所得比を図1-9に示した。国民医療費は、1985（昭和60）年は16兆円、1955（平成7）年は27兆円、2003（平成15）年は31.5兆円と高齢者の増加と共に高

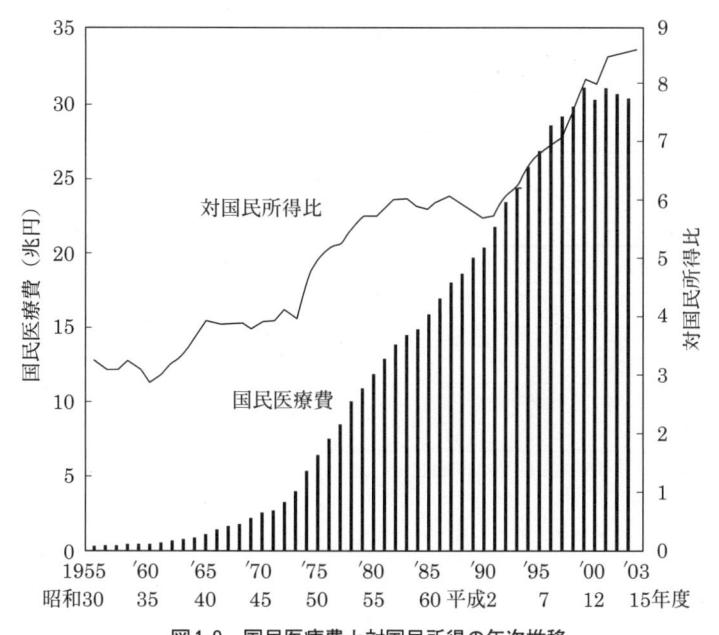

図1-9 国民医療費と対国民所得の年次推移
（厚生労働省：15年度国民医療費（概数））

騰している。また、対国民所得比も1985（昭和60）年の6.1%に対して、2003（平成15）年には8.6%と増加している。

参考・引用文献
1) 厚生労働省編（2006）：平成18年度厚生労働白書，ぎょうせい．
2) 厚生労働省編（2007）：平成19年度厚生労働白書，ぎょうせい．
3) 体育の科学編集部（2006）：国民衛生の動向2005（1）（2），体育の科学56巻2号，3号，杏林書院．
4) 体育の科学編集部（2007）：国民衛生の動向2006（1）（2），体育の科学57巻2号，3号，杏林書院．

（徳永幹雄）

3. 生活習慣病と運動不足病

（1） 生活習慣病

現在、日本は世界一の長寿国であるが、中でも沖縄県は「世界長寿地域宣言」を1995年に発表しており長寿地域として有名である。しかし、2000年に厚生労働省から発表された男性の平均余命調査結果によれば、沖縄県の65歳の平均余命は18.45歳で第1位であるにもかかわらず、40歳では第9位に、20歳では23位に、0歳（平均寿命）では26位となっている（沖縄26ショック、沖縄クライシスと呼ばれる）。これは主に中年世代（男性）の死亡率の高さによるものと考えられており、沖縄県では男性の短命化が非常に早い速度で進んでいることになる。特に、脳血管障害や糖尿病の罹患は全国のワースト上位に位置している。また、沖縄における肥満者の割合は5年連続（2000～2005年調査）で全国1位である。この原因としては、自動車の普及などによる運動不足や食生活の欧米化などが挙げられ、生活習慣の変化がもたらした影響といえる。

国民の意識改革と行動変容を促すため、わが国では、2000年から国民健康づくり運動である「健康日本21（第三次国民健康づくり対策）」がスタートした。特に健康日本21では、生活習慣に関する数値目標を設定していることが特徴である（表1-9）。

表1-9 健康増進と疾病予防の目標

運動・身体活動の項目（抜粋）	基準値	目標値
日頃から日常生活の中で、健康の維持・増進のために意識的に体を動かすなどの運動をしている人の増加	男性 52.6% 女性 52.8%	63.0% 63.0%
日常生活における歩数の増加	男性 8202歩 女性 7282歩	9200歩 8300歩
運動習慣者の増加（1回30分の運動を、週2回以上実施し、1年以上継続している人）	男性 28.6% 女性 24.6%	39.0% 35.0%
外出について積極的な態度を持つ者（日常生活の中で買い物や散歩などを含めた外出について「自分から積極的に外出する方である」とする者）の増加	男性（60歳以上）59.8% 女性（60歳以上）59.4% 80歳以上の男女 46.3%	70.0% 70.0% 56.0%

（健康日本21推進ガイドライン，2001）

生活習慣病は、遺伝因子と外部環境（生活習慣など）により発症する慢性疾患であり、短期間での完治は困難である。生活習慣病の定義は、「食習慣、運動習慣、休養、喫煙、飲酒などの生活習慣が、その発症・進行に関与する疾患群」とされている。

　食習慣、運動習慣などの各生活習慣と関連性の深い疾患は下記のとおりである（表1-10）。

表1-10　生活習慣病

食習慣	2型糖尿病、肥満、高脂血症（脂質異常症、家族性のものを除く）、高尿酸血症、循環器疾患（先天性のものを除く）、大腸がん（家族性のものを除く）、歯周病など
運動習慣	2型糖尿病、肥満、高脂血症（脂質異常症、家族性のものを除く）、高血圧症など
喫煙	肺扁平上皮がん、循環器疾患（先天性のものを除く）、慢性気管支炎、肺気腫、歯周病など
飲酒	アルコール性肝炎

（厚生省、1997を一部改変）

（2）運動不足病

　今から約半世紀前に生活習慣病と運動習慣の関係を記した「運動不足病‐Hypokinetic disease-Disease produced by lack of exercise」という本が海外で出版された。著者であるクラウスとラープ（Kraus and Raab）は、運動不足が骨や筋肉の疾患だけでなく心臓病などの内科的疾患を引き起こすことを指摘した。骨格筋は組織レベルでみれば男性の体重の約45%、女性の体重の約36%とされている。からだの約2分の1～3分の1の重量を占める骨格筋を動かす機会が少ないと、どうなるのであろうか？

　運動不足の状態が長く続くと、①内臓脂肪の増加　②最大酸素摂取量の低下　③骨格筋に分布する毛細血管密度の減少　④糖の輸送担体（GLUT4）の減少がみられ、インスリン抵抗性の増大（インスリン受容体の数の減少と機能の低下）、すい臓のB細胞からインスリン分泌の増大を生じる。インスリンは標的細胞により、その作用が異なるが、肝臓や骨格筋では細胞への糖の取り込み作用を有するホルモンである。したがって、B細胞からのインスリン分泌が低い場合やインスリンが末梢（骨格筋など）で上手く作用しない場合（インスリン抵抗性）では、食後の血糖値のすみやかな低下が見られなくなる。また、インスリン抵抗性は内臓脂肪との関連性が高いことが示されている。日本人はインスリン分泌能が低いこと、倹約遺伝子を高い割合で有していることが報告されており、軽度の肥満でも耐糖能異常を生じやすい。したがって、運動不足、過食や偏った栄養状況（脂質摂取の増大）によって、2型糖尿病に罹患しやすい民族であると言える。

1）メタボリックシンドローム

　近年では、インスリン分泌の低下やインスリン抵抗性の増大は糖尿病だけでなく、高血圧、高脂血症（脂質異常症）の発症や疾患の合併にも強く関与していることが明らかとなった。特に、内臓脂肪とインスリン抵抗性により惹起される動脈硬化性疾患の複合型リスクの集積をメタボリックシンドロームと呼称されるようになった。わが国では、メタボリックシンドロームの診断基準を日本肥満学会、日本動脈硬化学会、日本糖尿病学会、日本高血圧学会、日本循環器学会、日本腎臓病学会、日本血栓止血学会、日本内科学会の8学会がまとめ、2005年4月に公

表した。

メタボリックシンドロームの診断基準：内臓脂肪の蓄積を必須として、①空腹時血糖が110mg/dl以上　②トリグリセリド150mg/dl以上、あるいは、HDLコレステロール40mg/dl未満　③血圧130/85mmHg以上の3項目のうち、2項目以上を有する者をメタボリックシンドロームと定義している。内臓脂肪の蓄積は、男女とも内臓脂肪面積が100m²以上の場合とし、簡易な指標としてウエスト周囲径が男性85cm以上、女性90cm以上を内臓脂肪蓄積とする。なお、内臓脂肪の判断基準となるウエスト周囲径は国により数値が異なる。

2）がん

運動不足は、動脈硬化性疾患だけでなく、がん（部位により異なる）の罹患リスクを高めることが報告されている。運動と発がん抑制のメカニズムは十分明らかではないが、適度な運動は、リンパ系細胞の一種であるナチュラルキラー（Natural Killer：NK）細胞などの免疫機能を向上させることが明らかとなっている。

われわれの1つの細胞には約2〜3万個の遺伝子が存在している。がんは、その中の「がん遺伝子」や「がん抑制遺伝子」に異変が生じた場合に生じる疾患である。

森本たち（1998）は下記の8つの健康習慣とリンパ球小核形成頻度（遺伝子の集塊である染色体異常の指標）の関連性を明らかにしている（図1-10）。

① 毎日朝食を食べている
② 1日平均7〜8時間は眠っている
③ 栄養摂取バランスを考えて食事をしている
④ タバコは吸わない

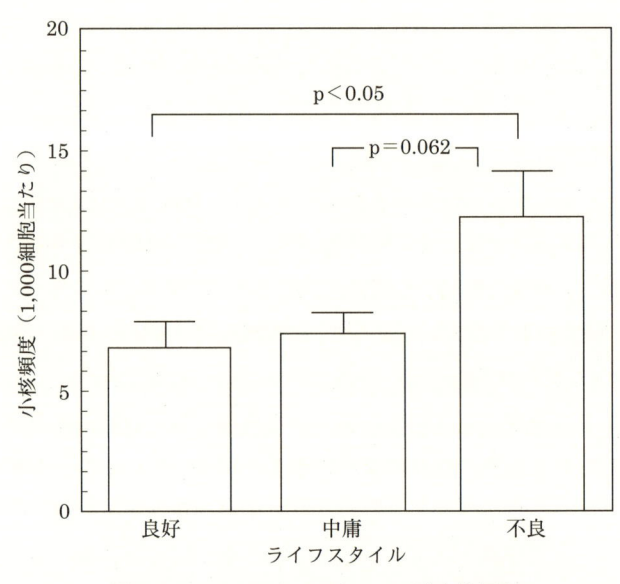

図1-10　ライフスタイルとリンパ球小核頻度
（森本兼曩，1998）

⑤　運動や定期的スポーツをしている
⑥　毎日、そんなに多量のお酒を飲んでいない（日本酒2合以下、ビール大瓶2本以下）
⑦　労働時間は1日9時間以内にとどめている
⑧　自覚的なストレスはそんなに多くない

以上の①～⑧に該当する項目数により、下記の3段階に判定する。
該当7～8＝良好、該当5～6＝中庸、該当0～4＝不良

調査結果から、ライフスタイルが悪い者では良好または普通の者に比べ、リンパ球小核形成頻度が高く、運動習慣は重要な因子であると述べている。また、その他に喫煙と睡眠が重要な因子としてあげられている。

参考・引用文献
1) 田口貞善・山地啓司（1998）：若い時に知っておきたい運動・健康とからだの秘密，近代科学社.
2) 安部孝・琉子友男（2007）：これからの健康とスポーツの科学（2版），講談社サイエンティフィック.
3) 池永満生・野村大成・森本兼曩（1998）：環境と健康Ⅱ，へるす出版.
4) 浅野勝巳・田中喜代次編（2004）：健康スポーツ科学，文光堂.

（山崎先也）

4.　わが国の健康政策

厚生労働省はわが国の健康づくりの歩みを、「成人病対策を中心とした疾病予防の時代」「生活習慣に着目した健康づくりの時代」「新しい知見に基づく総合的な生活習慣病予防と職場における新たな健康確保対策の時代」の3つの時代区分に分けている。

（1）　成人病対策時代（1955頃～1996年）

昭和25年頃は結核、脳血管疾患、肺炎が3大死因であった。結核と肺炎は治療薬の普及により大幅に死亡率が減少した。現在では悪性新生物、心疾患、脳血管疾患が3大死因になっている。40歳前後から急に死亡率が高くなることで成人病といわれ、そのための対策が行われてきた。

表1-11にみられるように、第一次国民健康づくり対策が1978（昭和53）年に始まり、①生涯を通じる健康管理　②健康づくりの基盤整理　③健康づくりの啓発普及を健康づくり体制の3本柱とし、検診の徹底による疾病の早期発見・早期治療に努めた。また、「栄養」「運動」「休養」が健康増進の3要素であるという観点に立って、乳幼児から老人に至るまでの健診制度の充実、市町村保健センターの整備、市町村保健師・栄養士の設置などが進められた。

第二次国民健康づくり運動は1988（昭和63）年に始まり、健康づくりの3要素のうち、特に「運動」の意義を積極的に取り上げた「アクティブ80健康プラン」が示され、運動プログラムの

表1-11 主な健康増進施策

昭和39（1964）年	国民の健康・体力の増進対策
〃 53（1978）年	第一次国民健康づくり対策
〃 63（1988）年	第二次国民健康づくり対策（アクティブ80健康プラン）
	健康運動指導士認定事業（平成15年　10,304人）
	健康増進施設認定事業
	温泉利用型健康増進施設
	健康増進施設の医療費控除
平成元（1989）年	健康運動実践指導者認定事業（平成15年　18,124人）
平成5（1993）年	健康づくりのための運動指針
〃 6（1994）年	健康づくりのための休養指針
〃 9（1997）年	生涯を通じた健康づくりのための身体活動のあり方
〃 12（2000）年3月	第三次21世紀における国民の健康づくり運動（健康日本21）
〃 12（2000）年	健康づくりのための食生活指針
〃 14（2002）年	健康増進法制定
〃 15（2003）年	健康づくりのための睡眠指針
〃 16（2004）年	健康フロンティア戦略
〃 19（2007）年	新健康フロンティア戦略（9つの力）
〃 20（2008）年	生活習慣病検診・保健指導事業の義務化（「特定検診」「特定保健指導」）

作成および指導を行う「健康運動指導士」「健康運動実践指導者」の認定事業が開始された。平成15年現在、前者は1万人、後者は1万8,000人が養成されている。

（2）生活習慣に着目した健康づくり時代（1996頃～2005年）

　食習慣、運動習慣、喫煙、飲酒といった生活習慣が成人病といわれた悪性新生物、心疾患、脳血管疾患の発症に深く関係することが明らかになってきた。

　そして、1993年に健康づくりのための「運動指針」、1994年に「休養指針」が提起され、1996（平成8）年に「成人病」から「生活習慣病」と名称を変更し、生活習慣を見直すことによる健康づくり対策に導入された。

　そして、2000（平成12）年に、第三次の国民健康づくり運動として、「21世紀における国民健康づくり運動（健康日本21）」がスタートした。以下のような内容について国民の健康づくり運動を開始している。

① 運動：身体活動に対する意識、運動習慣など
② 栄養：適正な栄養物（食物）の摂取、そのための行動の変容、行動変容を支援する環境づくり
③ 休養・こころの健康：ストレスの低減、睡眠の確保、自殺者の減少
④ その他、たばこ、アルコール、歯、糖尿病、循環器病、がん

　さらに、2002（平成14）年には「健康日本21」を積極的に推進する法的基盤として「健康増進法」が制定された。国や地方公共団体が健康増進計画を策定すること、職域・地域・学校などにおける健康診査などの指針を定めること、そして、「多数の者が利用する施設を管理する者に

対し、受動喫煙を防止する措置を採る努力義務を課すこと」などが内容とされている。

(3) 総合的な生活習慣予防と職場の健康対策時代
1) 新しい知見に基づく健康づくり対策（2005年以降）

新しくメタボリックシンドローム概念（腹囲が男子85cm以上、女子90cm以上は要注意）が導入された。該当者・予備軍を早期に発見し、生活習慣病の予防を図ることが期待されている。

2004（平成16）年に「健康フロンティア戦略」が制定され、国民の健康寿命を伸ばすことを基本目標に、働き盛り、女性、高齢者の国民各層を対象に、それぞれについて重要性の高い「生活習慣病対策の推進」「女性のがん緊急対策」「介護予防の推進」に係る施策を進めると共に、それらを支える科学技術の振興を図ることを目的にしている。

そして、2007（平成19）年には、内閣官房長官が主宰する健康国家への挑戦として、「新健康フロンティア戦略（9つの力…）」が策定された（図1-11）。こころの健康力、スポーツ力、介護予防力では、以下のことが強調されている。

① こころの健康づくり（こころの健康力）…認知症の発症予防、感情障害（うつ病など）の発症予防
② 運動・スポーツの振興（スポーツ力）
　a. 外遊びやスポーツを通じた子どもの体力の向上
　b. 一生涯にわたる豊かな「スポーツライフ」の実現
③ 介護予防対策の一層の推進（介護予防力）
　a. 介護予防に関する国民意識の向上、効果的な介護予防サービスの提供
　b. 運動器疾患対策の推進、骨・関節・脊椎の痛みによる身体活動低下、閉じこもりの防止

2) 職場における新たな健康確保対策（2000年以降）

2002（平成14）年に「過重労働による健康障害防止のための総合対策」が制定され、2006（平成18）年には新たな「過重労働による健康障害防止のための総合対策」が制定されている。また、2000（平成12）年には「事業場における労働者の心の健康づくりのための指針」が策定され、2006年には「労働者の心の健康の保持増進のための指針」が新たに策定された。

近年、わが国の保健医療構造の見直しと改革が急速に進められている。2008年より健康保険

図1-11 新健康フロンティア戦略と9つの力

組合など医療保険者の40歳以上から74歳までを対象に、生活習慣病について検診を行い、その必要な保健指導をしなければならない生活習慣病検診（「特定検診」）・保健指導事業（「特定保健指導」）が義務化された（通称「メタボ健診」巻末資料参照）。

参考・引用文献
1) 厚生労働省編（2006）：平成18年度厚生労働白書，ぎょうせい．
2) 厚生労働省編（2007）：平成19年度厚生労働白書，ぎょうせい．
3) 体育の科学編集部（2006）：国民衛生の動向2005（1）（2），体育の科学，56巻2号，3号，杏林書院．
4) 体育の科学編集部（2007）：国民衛生の動向2006（1）（2），体育の科学，57巻2号，3号，杏林書院．

（徳永幹雄）

5. あなたの健康度を診断する

(1) 何を診断すればよいか

国民の健康や生活習慣病への関心が急速に高まる中で、保健体育の授業やスポーツ指導を通して健康の維持・増進や生活習慣の改善を指導することは、重要な課題と考えられるようになった。そのためには、健康度や生活習慣の現状を分析したり、ある一定期間の変化を明確にできる診断法が必要である。そこで、中学生から社会人までの健康度（身体、精神、社会面）および生活習慣（運動、食事、休養）を57項目の質問から調査する診断法を開発した。名称は「健康度・生活習慣診断検査（Diagnostic Inventory of Health and Life Habit、略してDIHAL.2、ディハル・ツー、中学生～成人用）である。多くの研究結果から、次のような代表的質問で、健康度や生活習慣を推測することができる。

1) 健康度の診断内容
① 身体的健康度…ぐっすり眠る、食欲がある、体力がある、肥えすぎ・やせすぎがない
② 精神的健康度…集団・グループに適応している、対人関係がよい、イライラがない、勉強がスムース
③ 社会的健康度…生活が充実している、教養・趣味活動をしている、希望や夢がある、行事やクラブ・サークルに参加している

2) 生活習慣の診断内容
① 運動…運動の実施、運動条件、運動意識
② 食事…食事のバランス、食事の規則性、嗜好品
③ 休養…睡眠の規則性、睡眠の充足性、休息、ストレス回避

(2) 診断方法

本テキストでは、健康度、運動、食事、休養に関連する章で、それぞれ自分の実態を診断し、第7章（144頁）で、それらを「健康度・生活習慣診断」として、まとめることにした。

ここでは、章末で「健康度診断検査」を実施する。個人の結果は、自己採点により、因子別に確認することができる。

(3) 研究結果の概要
1) 運動・スポーツ実施程度の多い者は健康度・生活習慣が望ましい

本検査と運動・スポーツの実施程度との関係を調べると、週平均の運動・スポーツ実施程度が多い者は少ない者に比較して、健康度得点や生活習慣の得点が高いことが実証された。また、運動の変容ステージごとに比較すると、維持期・実行期の人は健康度・生活習慣が望ましいことが明らかにされた。

2) 生活習慣が健康度評価に影響する

中学生、高校生、大学生の生活習慣と健康度評価の関係をみると、生活習慣は健康度評価に著しく影響していることが確認された。すなわち、中学生、高校生、大学生とも男女に共通して、望ましい生活習慣をしている者は健康度評価が高く、その傾向は身体的健康度で顕著であった。

3) 健康度・生活習慣の年代的差異がある

① 中学生、高校生は健康度・生活習慣とも高学年になるほど望ましくなく、特に精神的健康面で劣った。
② 大学生は他の年代に比較して、健康度、生活習慣とも最も望ましくなく、特に食事面で最悪だった。
③ 社会人は他の年代に比較して、健康度・生活習慣とも良好であった。

4) 運動が少ない者および修学状況が悪い者は、「要注意型」が多い

大学生について健康度得点と生活習慣得点から4つのパターンに判定して、運動の実施状況および1年間の単位修得の関係を分析した。運動量の少ない者や単位修得数の少ない者には「要注意型」が多く、運動量の多い者や単位修得の多い者は「充実型」が多かった。特に単位修得の少ない者は食事の規則性、嗜好品(酒・タバコ)で望ましくない傾向が認められた。

以上のように、運動・スポーツの実施と健康度や生活習慣に密接な関係があることから、運動・スポーツ実施を望ましい状態で継続することが重要である。

1. 健康度診断検査

下記に、健康に関する12の質問項目が書いてあります。質問に対する答えは、すべて次の5段階に統一されています。順番に読んで、自分の状況に、最もあてはまる番号を右の回答欄の中に書き入れてください。

答え

1. ほとんどそうでない（0〜10%）
2. ときたまそうである（25%）
3. ときどきそうである（50%）
4. しばしばそうである（70%）
5. いつもそうである（90〜100%）

回答欄

1. 毎日ぐっすり眠っている ……………………………………………………… ☐
2. 集団やグループにうまく適応していない ………………………………… ☐
3. 毎日の生活は充実している …………………………………………………… ☐
4. 食欲はある ………………………………………………………………………… ☐
5. 対人関係で気まずい思いをしている ………………………………………… ☐
6. 教養・趣味的活動を行っている ……………………………………………… ☐
7. 勉強や仕事ができる体力はある ……………………………………………… ☐
8. いつもイライラしている ……………………………………………………… ☐
9. 自分の人生に希望や夢を持っている ………………………………………… ☐
10. 肥えすぎややせすぎはない …………………………………………………… ☐
11. 勉強（あるいは仕事）がはかどらず困っている ………………………… ☐
12. 地域（学校も含む）での、いろいろな行事参加、或いはクラブ・サークルに参加している ……………………………………………………………………… ☐

採点法

① 身体的健康度（4項目）：質問の1, 4, 7, 10番の回答の合計点 ………………… ☐
② 精神的健康度（4項目）：質問の2, 5, 8, 11番の回答を逆にした合計点（例、1→5、2→4） ……………………………………………………………………………………………… ☐
③ 社会的健康度（4項目）：質問の3, 6, 9, 12番の回答の合計点 ………………… ☐

☆あなたの健康度（合計点）の判定は（　　　　　　　　）。表1-12で判定する。
☆38点以下の人は、問題があるので指導者に相談してください。

表 1-12 健康度得点の判定表

尺度	因子（質問項目数）	1（かなり低い）	2（やや低い）	3（もうすこし）	4（やや優れている）	5（非常に優れている）
健康度	身体的健康度（4）	4-10	11-13	14-16	17-18	19-20
	精神的健康度（4）	4-9	10-12	13-15	16-18	19-20
	社会的健康度（4）	4-8	9-11	12-14	15-17	18-20
	合計（12）	12-32	33-38	39-44	45-50	51-60

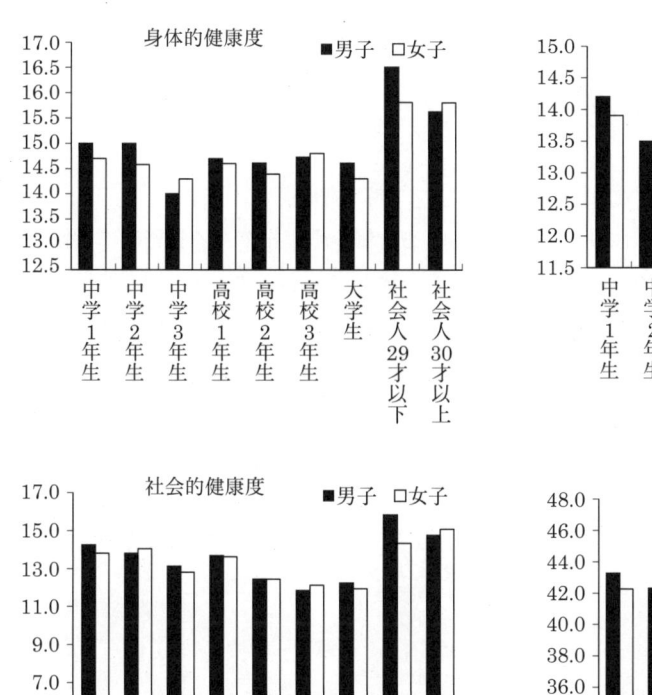

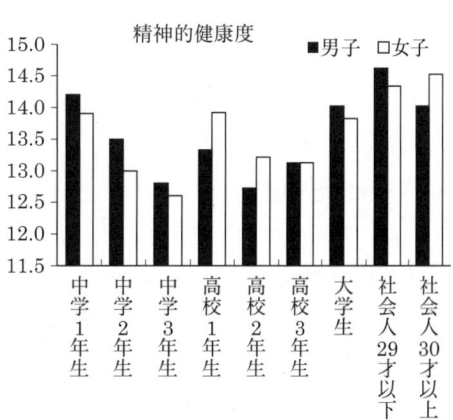

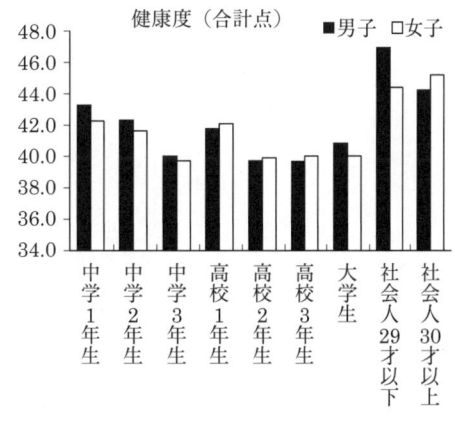

図1-12 健康度得点の年代的差異

参考・引用文献

1) 徳永幹雄（2003）：健康度・生活習慣診断検査用紙（DIHAL.2, 中学生～成人用），トーヨーフィジカル発行（TEL.092-522-2922）．

2) 徳永幹雄（2004）：健康度・生活習慣診断検査（DIHAL.2, 中学生～成人用）―手引き―，トーヨーフィジカル発行．

3) 徳永幹雄・岩崎健一・山崎先也（2004）：学生の運動及び修学状況と健康度・生活習慣に関する研究，第一福祉大学紀要，創刊号，59-73頁．

（徳永幹雄）

第2章

からだの健康と運動

1. からだの健康と運動前の健康度チェック

(1) からだの健康

　ヒトは、考えたこと、意思決定した動作（脳の指令）を脊髄から末梢である骨格筋に情報を伝えることにより筋が収縮運動を行い、その結果として身体が動くわけである（随意運動）。また、身体を動かすことで骨格筋や骨が太くなるし、心肺機能が向上する。一方、寝たきりなどで身体活動レベルが著しく低下すると短期間で筋萎縮や骨量減少、心肺機能の低下を生じてしま

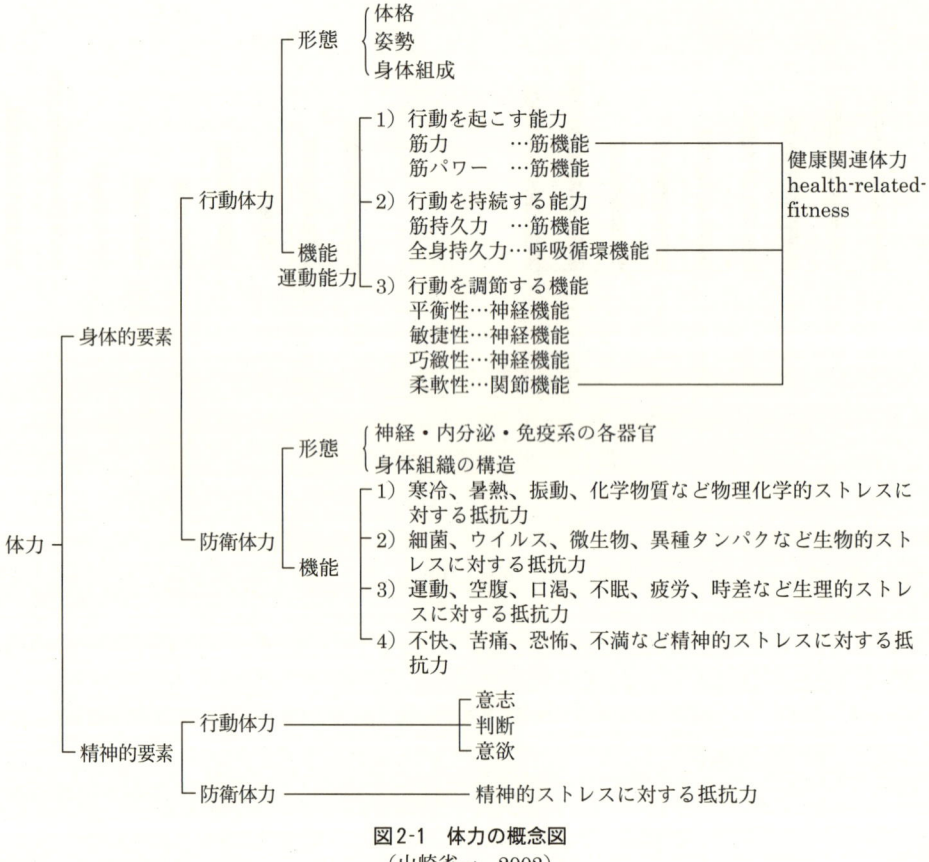

```
体力 ─┬─ 身体的要素 ─┬─ 行動体力 ─┬─ 形態 ─┬─ 体格
      │              │            │        ├─ 姿勢
      │              │            │        └─ 身体組成
      │              │            │
      │              │            └─ 機能  1) 行動を起こす能力
      │              │               運動能力  筋力    …筋機能  ┐
      │              │                        筋パワー …筋機能  │
      │              │                     2) 行動を持続する能力  │ 健康関連体力
      │              │                        筋持久力 …筋機能   ├ health-related-
      │              │                        全身持久力…呼吸循環機能 │ fitness
      │              │                     3) 行動を調節する機能   │
      │              │                        平衡性…神経機能     │
      │              │                        敏捷性…神経機能     │
      │              │                        巧緻性…神経機能     │
      │              │                        柔軟性…関節機能   ┘
      │              │
      │              └─ 防衛体力 ─┬─ 形態 ┤ 神経・内分泌・免疫系の各器官
      │                            │       │ 身体組織の構造
      │                            │
      │                            └─ 機能  1) 寒冷、暑熱、振動、化学物質など物理化学的ストレスに
      │                                        対する抵抗力
      │                                     2) 細菌、ウイルス、微生物、異種タンパクなど生物的スト
      │                                        レスに対する抵抗力
      │                                     3) 運動、空腹、口渇、不眠、疲労、時差など生理的ストレ
      │                                        スに対する抵抗力
      │                                     4) 不快、苦痛、恐怖、不満など精神的ストレスに対する抵
      │                                        抗力
      │
      └─ 精神的要素 ─┬─ 行動体力 ─┬─ 意志
                     │              ├─ 判断
                     │              └─ 意欲
                     │
                     └─ 防衛体力 ───── 精神的ストレスに対する抵抗力
```

図2-1　体力の概念図
（山崎省一，2002）

う。ヒトの身体は適切に使用すれば、その機能を維持・向上させることができ、使いすぎて、その機能を疲弊させ、時には破綻してしまう。また、使わなければ退化する。一方、脳が指令を出しても行動を起こす能力、行動を持続する能力、行動を調整する機能が不十分であればイメージ通りの身体動作はできない。この能力や機能は行動体力と呼称され、体力の身体的要素の1つに位置づけられている（図2-1）。特に、筋力、全身持久力および柔軟性は健康関連体力と呼称されている。

一方、暑さ、寒さなどの物理的ストレス、細菌やウイルスなどの生物的ストレス、不眠、空腹などの生理的ストレス、不快や不満などの精神的ストレスに対する抵抗力を防衛体力と呼ぶ。からだの健康は、行動体力や防衛体力の水準との関連性が深いといえる。

（2） 運動前の健康度チェック

運動は体力向上の唯一の方法であるが、運動を開始する前には健康度チェックが必要である。特に高齢者や疾患の有る者では、運動負荷試験や医師による診断が必要となることがある。図2-2は、身体活動アンケートであり、軽度から中等度の運動強度を行う際の最低限度のチェック法として奨励されている。

米国スポーツ医学会（運動処方の指針、2006）では、運動参加前の医学的な検査と運動負荷テストの必要性について3つのリスク層に分類し勧告している（表2-1）。何よりも安全に運動を行うことが重要である。

表2-1　リスク層別にみた医学的検査と運動負荷テストの必要性

低リスク層	男性45歳、女性55歳未満、無症状であり、冠動脈疾患の危険因子（家族歴、喫煙、高血圧、肥満、脂質代謝異常、空腹時血糖異常、運動量の少ない生活）が1以下	検査や運動負荷テストは不可欠ではない
中リスク層	男性45歳、女性55歳以上、冠動脈疾患の危険因子（上記と同様）が2以上	60%VO$_2$max、6METsの運動を行う場合、医学的な検査と運動負荷テストを行う
高リスク層	動悸または頻脈、既知の心雑音や日常身体活動による異常な疲労感または息切れ、間欠性跛行の徴候や症候を1個以上認める者、心疾患、脳血管疾患、肺疾患（慢性閉塞性肺疾患、気管支喘息など）、代謝性疾患（糖尿病、肝疾患、甲状腺機能異常など）がわかっている者	40%VO$_2$max、または4METsの運動を行う場合、医学的な検査と運動負荷テストを行う

（運動処法の指針，2006）

PAR-Qとみなさん
（15〜69歳の方々）

定期的な運動は楽しく健康的であり、たくさんの人が毎日より活動的になろうと試みています。運動量を増やすことは、ほとんどの人にとって安全なことです。しかし、なかには運動を始める前に主治医に相談すべき人もいます。

あなたが今よりずっと活発に身体活動を行おうとしているなら、下記の7つの質問に答えてください。あなたの年齢が15〜69歳の間であれば、このアンケートにより、運動を実際に始める前に主治医に相談する必要があるかどうかがわかります。69歳より上の方で運動に慣れていない方は、運動を始める前に必ず主治医に相談してください。

おのおのの質問をよく読んで、答えを"はい"か"いいえ"に正直に印を付けてください。

はい	いいえ	
□	□	1. 今までに、心臓に問題があるから医師に許可された運動以外は行ってはいけないと医師にいわれたことがありますか？
□	□	2. 運動中に胸の痛みを感じますか？
□	□	3. 過去1カ月の間に運動中以外にも胸の痛みを感じたことがありますか？
□	□	4. めまいのためにふらついたこと、または失神したことがありますか？
□	□	5. 運動量を増やすことによって悪化するおそれのある骨や関節の問題がありますか？
□	□	6. 現在、血圧または心臓のお薬を飲んでいますか？（例：利尿薬）
□	□	7. 上記の質問のほかに、身体活動を行えない理由が何かありますか？

答に"はい"が1つ以上あった方

運動量を増やす前、あるいはあなたの適正レベルを調べるテストを受ける前に主治医に連絡し、"はい"と答えた質問について話してください。
- 軽い運動から始め、徐々に運動量を増やしていく限り、どんな運動を行ってもかまわないといわれる方もいれば、安全な運動に限り許可される方もいます。主治医にどんな運動をするのかを話し、指示に従ってください。
- あなたにとって、どのような集団の運動プログラムが安全で効果的であるか、よく検討してください。

すべての答が"いいえ"だった方
- 軽い運動から始め、徐々に運動量を増やしていくという原則に従って、運動量を増やし始めましょう。これが最も安全で行いやすい方法です。
- 適正評価に参加しましょう。これは運動を始める前のあなたの適正レベルを決定し、それで最も効果的な運動計画をたてる優れた道です。

次の方は運動量を増やすのは待ってください
- カゼや発熱など一時的な病気のために気分がすぐれないときは、治るまで待ってください。
- 現在妊娠中、または妊娠の可能性がある方は医師に相談してからにしましょう。

注意
あなたの健康状態が変化し、上記のいずれかの質問が"はい"になったときは、指導者、または医療スタッフに運動プログラムを変更すべきか相談してください。

PAR-Q使用の説明：カナダ運動生理学会、ヘルスカナダ、そしてその行為者は、運動を行う人に対し責を負わない。そしてこの質問表に答えるうえで疑問があれば、運動を始める前に主治医と相談してください。

PAR-Q全ページをコピーし、どうぞ参考にしてください

（注釈：PAR-Qを運動プログラムまたは適正評価の開始前に本人に渡すときには、この部分は法的あるいは管理的目的に使うことができる）

私は、この質問用紙の質問をよく読み理解したうえで、自分の責任において回答しました。

氏　名 _____　　日　付 _____
サイン _____　　連帯署名人 _____
保護者のサイン _____
（参加者が未成年の場合）

> 注：身体活動許可は、ご回答いただいてから12ヵ月間は有効です。ただし、その後、上記の7つの質問のいずれかに、"はい"と答えるようになった場合は、許可無効となります。

図2-2　PAR-Q
（運動処方の指針，2006，原典　Canadian Society for Exercise Physiology, 2002）

参考・引用文献

1) 日本体力医学会体力科学編集委員会監訳（2006）：運動処方の指針（第7版）.

（山崎先也）

2. 運動・スポーツの身体的効果

　正しい処方による運動やスポーツが身体機能の向上や改善に対して有益であること、さまざまな疾患を抑制することは、多くの論文により報告されている。
　特に、身体機能の維持、向上や改善は、生活の質（Quality of Life: 以下 QOL）とも関連している。例えば、疾患を有していても介助を必要としない歩行や階段昇り、食事摂取や排便などを行うことができれば、快適な生活を営むことが可能であろう。したがって、身体機能の維持、向上や改善は高齢期の QOL を維持するために非常に重要である。

（1）運動の効果

　定期的な運動・スポーツにより①身体組成（体脂肪率）の適正化　②呼吸循環機能（全身持久力）の維持・向上　③筋機能（筋力、筋パワーなど）の維持・向上　④関節機能（柔軟性）の維持・向上　⑤神経機能（敏捷性、平衡性、巧緻性など）の維持・向上が認められる。

（2）健康づくりのための運動指針

　わが国においては、2006年に「健康づくりのための運動指針2006～生活習慣病予防のために～」が示された。以下に内容の一部を示す。

1）現在の身体活動量の評価

　目標：週当たり23エクササイズ（MET・時）の活発な身体活動（運動・生活活動）。そのうち、4エクササイズは活発な運動を行う（表2-2）。
＊1エクササイズ（量）＝身体活動の強度（MET）×時間（時）……（巻末資料の資料3、資料4を参照、3METsを1時間行なった場合は3エクササイズとなる。また6METsを30分行った場合も3エクササイズとなる。）

2）持久力の評価

① 持久力の評価：3分間ややきついと自分で感じる速さで歩き、その距離を測定する。
② 測定した距離（m）から表2-3で持久力を評価する。
③ 測定した距離（m）が表中の性・年代に対応する距離以上の場合は、現在の持久力は生活習慣病予防のために目標となる持久力にほぼ達している。
④ 一方、測定した距離（m）が表中の距離未満の場合は、目標となる持久力に達していない。

3）筋力の評価

① 椅子の座り立ちを10回行い、ストップウォッチで時間を測定する。
② 測定した時間（秒）から表2-4で筋力を評価する。座る姿勢に戻したときにお尻が椅子につかない場合や膝が完全に伸びていない場合は回数に数えない。
③ 測定した時間（秒）の結果が表2-4の性・年齢別に対応する「普通」「速い」に該当する

表2-2　現在の身体活動量の評価：[チェックシート] により評価する

	活動内容					運動	生活活動	合計
月						Ex	Ex	Ex
火						Ex	Ex	Ex
水						Ex	Ex	Ex
木						Ex	Ex	Ex
金						Ex	Ex	Ex
土						Ex	Ex	Ex
日						Ex	Ex	Ex

	運動	生活活動	合計
合計	Ex	Ex	Ex
目標	4 Ex	19 Ex	23 Ex

①電車通勤をしているサラリーマンAさんの場合

	活動内容					運動	生活活動	合計
月	通勤	通勤				0Ex	2Ex	2Ex
火	通勤	通勤				0Ex	2Ex	2Ex
水	通勤	通勤	バレーボール			1Ex	2Ex	3Ex
木	通勤	通勤				0Ex	2Ex	2Ex
金	通勤	通勤				0Ex	2Ex	2Ex
土	犬と散歩	子供と遊ぶ	子供と遊ぶ			0Ex	3Ex	3Ex
日	犬と散歩	洗車	洗車	速歩	速歩	2Ex	3Ex	5Ex
合計						3Ex	16Ex	19Ex

Aさんの1週間の身体活動

○　運動
バレーボール（20分）　：1回1Ex
　　　　　　　　　　　　　週1回
速歩（30分）　　　　　：1回2Ex
　　　　　　　　　　　　　週1回

○　生活活動
通勤の徒歩（往復40分）：1日2Ex
　　　　　　　　　　　　　週5回
週末の犬の散歩（20分）：1回1Ex
　　　　　　　　　　　　　週2回
子供と活発に遊ぶ（30分）：1回2Ex
　　　　　　　　　　　　　週1回
車の洗車（40分）　　　：1回2Ex
　　　　　　　　　　　　　週1回

表2-3　性・年齢別の歩行距離

		20代	30代	40代	50代	60代
男性	3分間の歩行距離（m）	375	360	360	345	345
	歩行速度（m/分）	125	120	120	115	115
女性	3分間の歩行距離（m）	345	345	330	315	300
	歩行速度（m/分）	115	115	110	105	100

（参考　Nakagaichi et al, 1998, Astrand et al, 1986, 厚労省, 2006）

場合は、生活習慣病を予防するための筋力にほぼ達している。
④　一方、表2-4の「遅い」に該当する場合は目標となる筋力に達していない。

(1) 背筋を伸ばして椅子に座る
(2) 両手は胸の前で腕組みをする

(3) 膝が完全に伸びるまで立ち上がる
(4) すばやく開始時の座った姿勢に戻す（(1)～(4)で1回）

図2-4
（健康づくりのための運動指針，2006）

表2-4　性・年齢別の時間（秒）

年齢	男性 速い	男性 普通	男性 遅い	女性 速い	女性 普通	女性 遅い
20-39	-6	7-9	10-	-7	8-9	10-
40-49	-7	8-10	11-	-7	8-10	11-
50-59	-7	8-12	13-	-7	8-12	13-
60-69	-8	9-13	14-	-8	9-16	17-
70-	-9	10-17	18-	-10	11-20	21-

（参考　早稲田大学福永研）

（3）身体活動、全身持久力および筋力と疾患

身体活動水準と疾患の関係を明らかにした古典的な報告としては、約50年前に2階建てロンドンバスの運転手と車掌を対象にした研究が有名である。それによれば、車掌（階段のぼり）は運転手（座業）に比べ冠動脈疾患リスクが低いことが明らかとされている。それ以降、生活習慣病リスクと職業上の身体活動水準に関する報告が多くみられるようになった。一方、パッフェンバーガー、ジュニア（Paffenbarger, Jr）教授グループの大規模疫学研究は、調査規模の大きさや日常の身体活動量を評価している点でユニークである。

パッフェンバーガー、ジュニア（Paffenbarger, Jr）教授のグループは、下記の方法で日常の身体活動量やスポーツ活動を評価し、身体活動とさまざまな生活習慣病との関連性を明らかにしている。

歩行：1.6km＝100kcal　階段：100段＝40kcal　スポーツ活動によるエネルギー消費量は、主にMETs法を用いて推定（エネルギー消費量＝体重×運動強度（METs）×時間（時））

これまでの一連の研究報告から高血圧、2型糖尿病、冠動脈疾患、脳血管障害、がんといった疾患のリスク減少を目的とした場合、日常身体活動によるエネルギー消費量は1週間あたり約2,000～3,000kcalが妥当のようである。また、エネルギーの消費方法としては、中強度のスポーツ活動（男性、4.5～6.0METs：35ページを参照）を含むことが望ましい。また、疾患リ

スク（タバコ、家族歴、肥満など）を有しているものほど、高い日常身体活動量や中強度のスポーツ活動が効果的であるとの報告が多い（図2-3）。

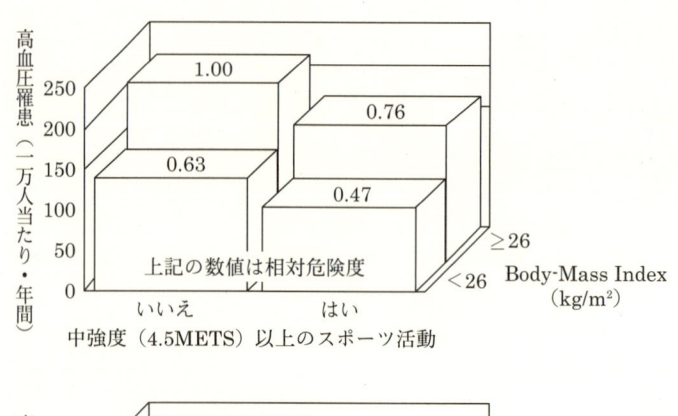

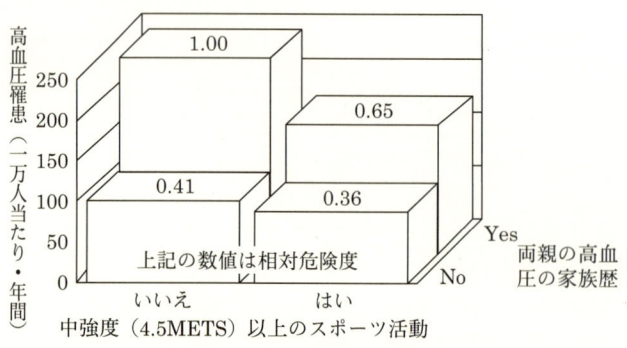

図2-3　高血圧罹患とスポーツ活動
（Paffenbarger, Jr and Lee IM, 1997）

　また、高い全身持久力は、①高血圧　②2型糖尿病　③高脂血症（脂質異常症）　④冠動脈性心疾患　⑤脳血管障害　⑥一部の悪性腫瘍の予防に効果があることが報告されている。さらに、筋力トレーニングは、骨粗鬆症の予防のみならず、冠動脈性心疾患の予防に効果があることが報告されている。

参考・引用文献
1）　日本体力医学会体力科学編集委員会監訳（2006）：運動処方の指針（第7版）．
2）　厚生省保健医療局地域保健・健康増進栄養課生活習慣病対策室（1997）：生活習慣病のしおり．
3）　運動所要量・運動指針の策定検討委員会（2006）：健康づくりのための運動指針2006〜生活習慣病予防のために〜（http://www.health-net.or.jp/topics/kenkouzukuri/kenkouzukuri_shisin.pdf#search='健康づくりのための運動指針2006'）．

（山崎先也）

3. 肥満の評価法と改善法

(1) 肥満の評価法

近年、男性ではすべての年代で過去に比べ肥満化がみられている。一方、女子では20代で瘦身化がみられ、30代以降では男性と同様に肥満傾向にある（Body Mass Index（BMI）による評価）。BMIは身長と体重から算出される体格指数であり、体脂肪率は評価できない。したがって、BMIでは標準体重と判定されても体脂肪率が高ければ肥満となる。特に、BMIで痩せ型と判定されたにもかかわらず、体脂肪率が高いとされた場合は、隠れ肥満の可能性がある。隠れ肥満は内臓脂肪との関連性が指摘されており、生活習慣病のリスクが高い。特に痩せ願望が強い若い女性などが無謀なダイエットを行うと筋肉（骨格筋量）が減少し、体脂肪は減少しにくくなる。高齢者においては、BMIの値が標準の範囲内であっても活動量の減少や加齢により骨格筋の筋量が減少する傾向にあるので体脂肪の割合が相対的に高くなっている可能性がある。

生体内の脂肪には2つの種類（役割）がある。1つは生体の諸機能を維持するためなくてはならない必須脂肪であり、もう1つはエネルギー源として体内に貯蔵されている貯蔵脂肪である。必須脂肪は男性で3%、女性で12%である。標準体脂肪率が男性15%、女性25%であるので、貯蔵脂肪は男女ともに12～13%となる。

1) 身長、体重を用いて評価する方法

① BMI（体格指数）：
　BMI＝体重（kg）／（身長（m）×身長（m））

② 標準体重を基準とした評価法：
　標準体重＝身長（m）×身長（m）×22
　肥満度＝（実測体重－標準体重）／標準体重×100
　20%以上、軽度肥満：30%以上、中等度肥満：50%以上、高度肥満

表2-5　BMIによる肥満度の判定

18.5未満	痩せ型
18.5～25未満	標準
25～30未満	肥満度1
30～35未満	肥満度2
35～40未満	肥満度3
40以上	肥満度4

＊各種の疾患合併率が最も少ないBMIは22である（20～60歳の調査結果）

2) その他の形態パラメーターを用いて評価する方法

① ウエスト周囲径：
　男性85cm、女性90cm以上の場合、腹腔内の内臓脂肪面積が100cm^{2}以上とされ、内臓脂肪型肥満と判定される。

② ウエスト・ヒップ比：
　ウエスト周囲径をヒップ周囲径で除することのより算出される。わが国では男性1.0以上、女性0.9以上の場合、上半身（腹部）肥満と判定される。

③ ウエスト・身長比：
　ウエスト周囲径を身長で除することのより算出される。男女ともに0.5以上の場合、肥満と判定される。

3) 機器（器具）を用いて評価する方法

① 皮下脂肪厚測定法

肩甲骨下角部と上腕背側部の2点の皮下脂肪の厚みをキャリパー（写真2-1）にて測定し、判定を行う。合計した数値が男性40mm（体脂肪25%）、女性45mm（体脂肪30%）を超えると肥満と判定される。

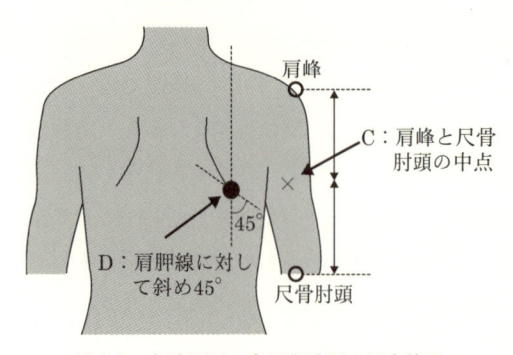

図2-5 上腕周囲、皮下脂肪厚の測定位置
（鈴木, 2007）

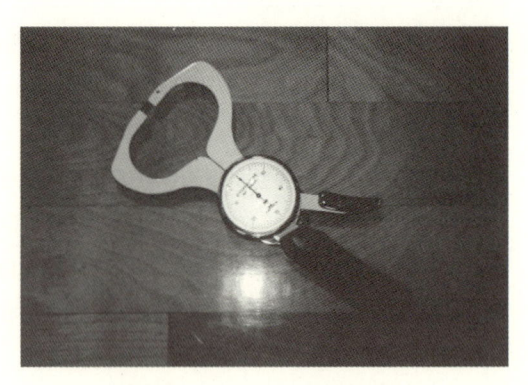

写真2-1 キャリパー（栄研式）

② 生体電気インピーダンス法

人体の電気抵抗は、筋肉や脂肪など、その比率により変わることから、人体に微量な電気を流し、その抵抗性により体脂肪率が算出される。近年では家庭用の体重計にこの原理が利用されている。しかしながら、測定条件（食事、水分摂取、室温や発汗状況など）に留意しないと誤差が大きく生じてしまう。

③ 画像法

画像（X線CT法、MRI、超音波法）により内臓脂肪の程度を評価する。特に画像法は、皮下脂肪型肥満と内臓脂肪型肥満の診断に優れている。臍部のX線CT法による画像で腹腔内脂肪面積と皮下脂肪面積の比（Visceral fat/Subcutaneous fat: V/S）を測定し、その比が0.4以上の場合、内臓脂肪型肥満と評価される。X線CT法は腹腔内の脂肪計測に有用な方法であるが、X線被爆の問題がある。MRI（核磁気共鳴画像法）ではX線の被爆はないが、脂肪組織の評価上の問題が残されている。超音波法は、皮下脂肪厚や内臓脂肪の厚さの評価が可能であり、X線CT法による内臓脂肪型肥満評価と高い相関を認めている。

4) その他

体水分法、体密度法（水中体重測定）、体内40K測定法、脂肪組織溶解性ガス摂取量測定法や中性子賦活法、近赤外線法など多数ある。

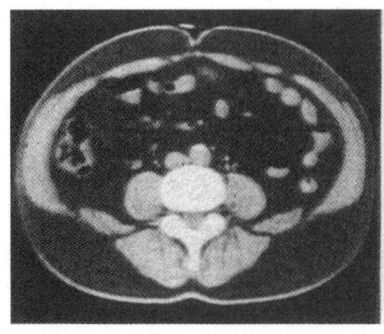

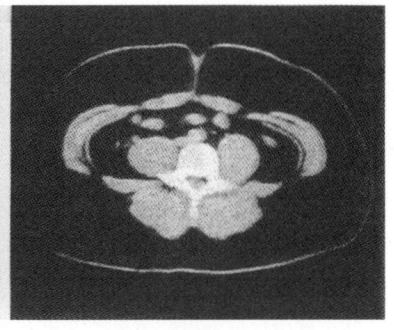

内臓脂肪型肥満　　　　　　　　　皮下脂肪型肥満

写真2-2　内臓脂肪型肥満と皮下脂肪型肥満
（肥満・肥満症の指導マニュアルより，2001）

（2）肥満の改善方法

　肥満の改善方法は、基本的には食事によるエネルギー摂取と消費のバランス（安静時代謝＋身体活動によるエネルギー消費）が中心となる。食事療法のみでは体脂肪の減少に限界があること、著しい食事制限は肥満改善効果が低いことなどが報告されている。なお、目標とする減量の割合は6か月間で体重の10%以下が好ましいようである。

　肥満改善のための食事摂取量の設定と運動処方の例を示す（表2-6）。

表2-6　食事摂取量の目標値の設定と運動処方の例

例）22歳（一般事務職）、合併症のない肥満男性（身長165cm、体重70kg）
目標：6か月で7kg（体重の10%）の減量。
1か月の目標はマイナス約1.2kg（脂肪は1kgあたり7,000kcal）。

① 食事による摂取エネルギーの算出
　食事による摂取エネルギー＝消費エネルギー（A）＋運動による消費エネルギー（B）－負のエネルギーバランスの目標値（C）……………………………………………………………（推定式1）

② 消費エネルギー（A）＝体重×生活活動強度
　70kg（体重）×25（巻末の生活活動強度資料1より一般事務職25を選択した場合）＝1,750（kcal／日）が算出される

③ 運動による消費エネルギー（B）を消費エネルギーの10%に相当する175kcal／日と設定する（巻末の運動種目エネルギー消費量資料2より体重70kgの者が175kcal／日消費するためにはジョギングで約20分の運動が必要）。

④ 負のエネルギーバランスの目標値（C）は、1か月で8,400kcalのため280kcal／日と設定する。

⑤ 上記の指定式1に算出されたすべての数値を代入する。
　（1,750kcal＋175kcal）－280kcal＝1,645kcal
＊1日の食事による摂取エネルギーは約1,650kcalと算出される。

上記の例によれば、食事摂取量は1日当たり約1,650kcalとし、軽いジョギングを毎日20分間継続すると、6か月後には7kgの減量を達成できる計算となる。

なお、一般的に食事制限により安静時代謝率が低下することから、算出された数値よりも食制限もしくは運動量を増やす必要性がある。特に、食事については過度な制限は危険であり、男性1,600kcal、女性1,400kcalのエネルギー摂取を維持が推奨されている。

持久性運動による安静時代謝率の向上は必ずしも認められていない。筋量の増大は安静時代謝を向上させる効果があることから、筋肥大をさせるような筋力トレーニングと持久性運動の組み合わせが体脂肪の減少には効果的であると思われる。また、リバウンドは過度な食事制限により基礎代謝が低下することが一因とも言われており、筋力トレーニングにより代謝を高めることは、リバウンド予防に対しても効果があると考えられている。

参考・引用文献
1) 日本臨床特別号 (1995)：肥満症, 日本臨床社.
2) 安部孝, 琉子友男 (2007)：これからの健康とスポーツの科学 (2版) 講談社サイエンティフィック.
3) 日本肥満学会編集委員会編 (2001)：肥満・肥満症の指導マニュアル (第2版), 医歯薬出版株式会社.

(山崎先也)

4. 全身持久力の高め方

(1) 持久力とは

持久力とは一般的に全身性の持久力を示し、これを全身持久力と呼称する。全身持久力は、心肺機能と共に、骨格筋の特性に大きな影響を受ける。

全身持久力の指標である最大酸素摂取量（$\dot{V}O_2max$）は、①肺の換気能　②肺の拡散能　③循環能　④組織の拡散能　⑤筋の酸素消費能により決定され、単位時間あたりどれだけ多くの酸素を活動筋へ送ることができるかの能力を示す（山地、2001）。

一方、活動筋である骨格筋は、その収縮特性から収縮速度が遅いが疲労耐性が高い遅筋線維（Type I 線維）と収縮速度は速いが疲労耐性が低い速筋線維（Type II 線維）の2つに大きく分類される。また、収縮特性と代謝特性から遅筋線維はSO（Slow Oxidative）線維、速筋線維は酸化能が高いFOG（Fast Oxidative Glycolitic）線維と酸化能が低いFG（Fast Glycolitic）線維に分類される。さらにSO線維とFOG線維の中間であるINT（Intermediate）線維がある（写真2-3）。なお、分子レベル（ミオシン重鎖や軽鎖）で分類すると筋線維タイプはさらに細かく分けられる。

一流マラソン選手の骨格筋は、短距離走の選手に比べ遅筋線維の割合が高く、収縮速度は遅いが長時間走行しても疲労しにくい酸化能の高い筋肉を多く有している。骨格筋の特性は遺伝的素因の影響が大きい。したがって、マラソン選手の子どもは長距離走が得意である可能性が高い。

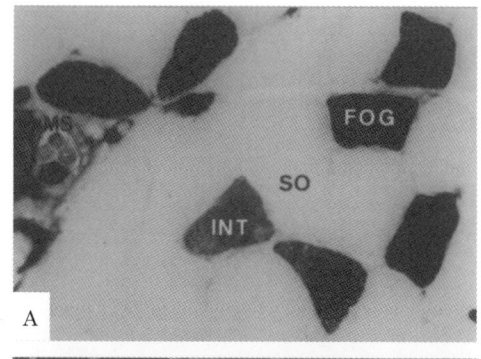

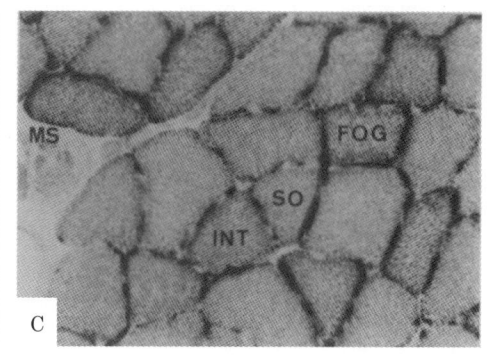

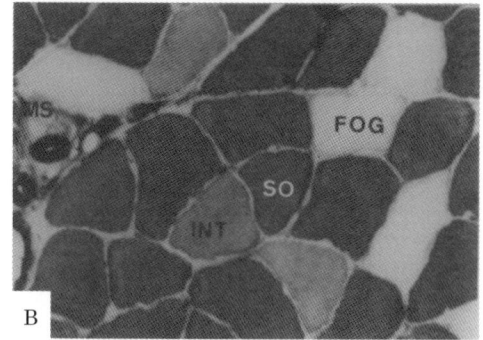

ATP ase preincubaetd at pH 10.4（A), at 4.5（B),
and succinate dehydrogenase（C).
MS, muscle spindle; SO, slow-twitch oxidative fiber;
FOG, fast-twitch oxidative glycolytic fiber; INT,
intermediate fiber between SO and FOG.

写真2-3　筋線維タイプ（げっ歯類）
（富山県立大学，岡本啓氏）

（2）全身持久力の評価法

　全身持久力の指標である最大酸素摂取量の評価法は、実際に最大運動を行う直接評価法と最大下運動などによる間接評価法がある。厳密には直接評価法が望ましいが、測定が困難（マンパワーの問題、危険度の存在など）であるため、精度の問題はあるが間接評価法が用いられることが多い。間接評価法は、最大下運動の生理的反応（心拍数など）を用いて推定する方法や20mシャトルランなどパフォーマンスから推定する方法がある。田中（1995）は、一般人を対象に質問紙によりおおよその全身持久力（または全身持久性体力）を評価する方法を開発している（図2-6）。

（3）全身持久力のトレーニング方法

　持久性トレーニングによる全身持久力の向上については、非常に多くの報告がある。持久性トレーニングによる効果は、遺伝、年齢や身体活動水準などにより影響されることから一概に結論を述べることはできない。しかしながら、全身持久力を効率的、効果的に高める時期は若年期であるといわれている。なぜなら、若い時に得た高い全身持久力は、持ち越し効果により、その後のライフステージにおいても高く維持されるからである。なお、中年期においても持久性トレーニングにより全身持久力の向上は認められるが、トレーニングに対する能力の向上幅が若年期に比べ低い。
　山地がこれまでの研究成果をまとめた報告によれば全身持久力の指標である最大酸素摂取量の向上が期待できる最低のトレーニング条件は、①最大酸素摂取量の40～50％の強度　②時間

34　第1部　健康と運動の科学

番号　　　　　氏名　　　　　　　　　　性（男・女）年齢　　　　歳

1～5の質問に対して、それぞれあてはまる番号に○をつけて下さい。1と5については、イメージして質問に答えて下さい。

1. 今、速いスピードで20分間ほど歩き続けたとします。自分の急歩能力は、同じ年齢の平均的な体力の人に比べてどのくらいだと思いますか。
　　1　非常に劣る　　　　2　やや劣る　　　　3　普通
　　4　やや優れる　　　　5　非常に優れる

2. 子供の頃、長距離を走ることが得意でしたか。
　　1　苦手　　　　2　普通　　　　3　得意

3. 最近どのくらいの頻度で運動をしていますか。
　　1　まったくしていない　　2　月に1～2回
　　3　1週間に1～2回　　　　4　1週間に4～5回

4. 電車やバスに乗り遅れないようにと、駅の通路や階段をあわててかけだしたとします。同じ年齢の平均的な体力の人に比べてあなたの心臓や肺はどのような状態になりますか。
　　1　非常に苦しくなる　　2　やや苦しくなる　　3　人並みである
　　4　やや余裕がある　　　5　非常に余裕がある

5. あなたの体脂肪率はどのくらいですか。表の中の1～3の中であてはまる番号に○をつけて下さい。体脂肪率がわからない人については測定を行います。
　　［男性］1　25％以上　　　2　14％～24.9％　　3　14％未満
　　［女性］1　30％以上　　　2　19％～29.9％　　3　19％未満

合計得点　（　　　）
予測 $\dot{V}O_{2max}$（　　　）ml/kg/min

$\dot{V}O_{2max}$の評価表

男　性　　　　　　　　　　　　　　　　　(ml/kg/min)

評　価	1	2	3	4	5
年齢／合計点	5	6～9	10～13	14～17	18～20
～24	38	42	47	53	57
25～29	34	38	44	49	53
30～34	31	35	41	46	49
35～39	29	33	39	44	47
40～44	28	32	37	42	45
45～49	26	30	35	40	43
50～54	25	29	34	39	42
55～59	24	28	33	38	41
60～64	22	26	31	36	39
65～69	21	25	29	33	37
70～74	19	23	27	31	35

女　性　　　　　　　　　　　　　　　　　(ml/kg/min)

評　価	1	2	3	4	5
年齢／合計点	5	6～9	10～13	14～17	18～20
～24	27	31	35	40	45
25～29	25	29	33	38	43
30～34	23	27	31	36	41
35～39	22	26	30	34	39
40～44	20	24	28	32	37
45～49	19	22	26	30	35
50～54	18	21	25	29	33
55～59	17	20	24	28	31
60～64	16	19	23	27	30
65～69	15	18	22	26	29
70～74	14	17	21	25	28

図2-6　全身持久性体力の簡易評価のための質問紙
（田中喜代次，1995）

※設問に対する回答番号が得点となる

は20〜30分　③頻度は週2〜3回　④期間は数週間であるとしている。加齢により最大酸素摂取量は低下する。最大酸素摂取量の50%は、20〜30歳代：約6METs、40〜69歳：約5METs、70歳代：約4METs、80歳以上：2〜3METsの運動強度に相当する（図2-7）。なお、年齢層の値は目安である。日常の身体活動やスポーツ活動のMETsは表2-7を参照。

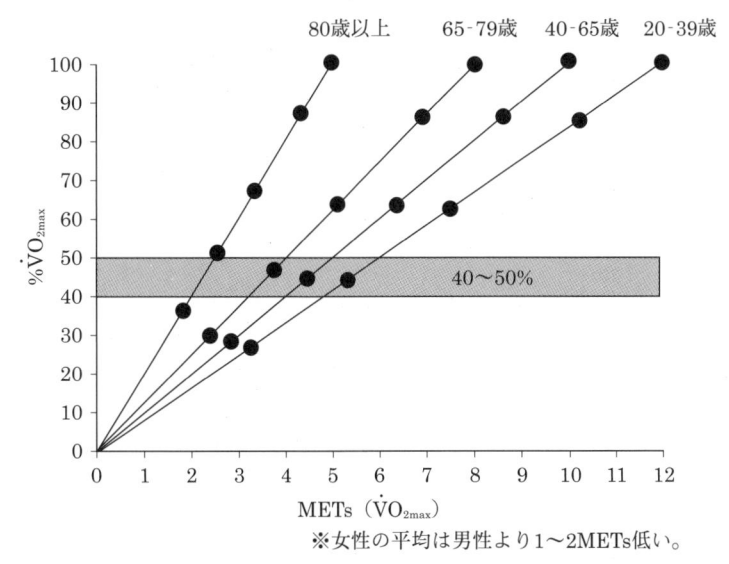

図2-7　各年齢層別の身体活動（60分まで継続可能）の相対強度（健常な男性）
（ACSM POSITION STAND, 1998より作図（一部加筆））

表2-7　METs別にみた身体活動

2〜3METs未満	料理や食材の準備（2）、洗濯物を洗う（2）、ゆっくりとした歩行（1分間に54m未満）(2)、皿洗い、ストレッチング（2.5）、ヨガ（2.5）、ピアノやオルガン（2.5）、キャッチボール（2.5）、ゆっくりとした歩行（1分間あたり54メートル）(2.5) など
3〜4METs未満	通常歩行（1分間に67m）(3)、部屋の掃除（3）、子どもの世話（3）、ボーリング（3）、フリスビー（3）、歩行（1分間に81m）(3.3)、モップ（3.5）、風呂掃除（3.8）
4〜5METs未満	速歩（1分間に95から100m）(4)、高齢者や障害者の介護（4）、卓球（4）、水中体操（4）、太極拳（4）、バドミントン（4.5）、クラブを自分で運ぶゴルフ（4.5）、バレエ（4.8）
5〜6METs未満	ソフトボールや野球（5.0）、ドッジボール（5.0）、速歩（1分間に107m）(5.0)、芝刈り（電動芝刈り機器を使用して歩く）(5.5)
6METs以上	ウエイトトレーニング（6）、ジャズダンス（6）、スコップで雪かき（6.0）、ゆっくりとしたストローク（6）、バスケットボール（6）、エアロビックス（6.5）、ジョギング（7）、サッカー（7）、テニス（7）、階段のぼり（8）、ランニング（1分間に134m）(8)、クロール（1分間に45m）、柔道（10）、空手（10）、ラグビー（10）、水泳（1分間に70m）(11)、階段を登るランニング（15）

（　）内：METs
（Ainsworth, 2002を改変）

なお、年齢が同程度でも活動的な生活をしている者と座りがちな生活をしている者では、同一の運動でも、その相対強度が異なる（図2-8）。したがって、個々の身体活動水準や体力水準を掌握する必要がある。

また、中高年では、最大酸素摂取量の水準が変わらずとも乳酸性作業閾値（Lactate Threshold：LT）が向上することもあり、これにより持久性のパフォーマンスは向上すると思われる。

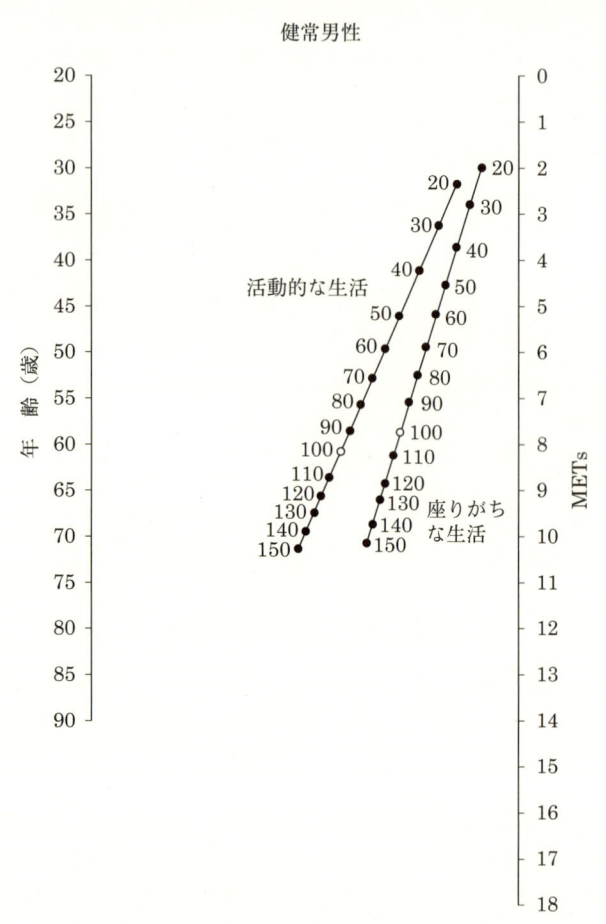

図2-8 各年齢で予測される運動耐容能に対する割合（％）を示すノモグラム
（年齢，METs，活動状態に基づく）
（運動処方の指針，2006，原典 Morris et al, 1993）

参考・引用文献
1) 山地啓司（2001）：最大酸素摂取量の科学，杏林書院．
2) 日本体力医学会体力科学編集委員会監訳（2006）：運動処方の指針（第7版）．
3) 前田如矢，田中喜代次（1999）：健康の科学，金芳堂．

（山崎先也）

5. 筋力の高め方

(1) 骨格筋の構造と収縮様式

骨格筋は、肉眼解剖でいう筋膜に覆われている。筋束は筋周膜により分離されており、多数の筋線維により構成されている。筋線維は直径20〜100μm、長さは数cmの比較的大きな細胞であり、横紋が観察できる。横紋の暗い部分をA帯、明るい部分をI帯と呼称する（図2-9、写真2-4）。

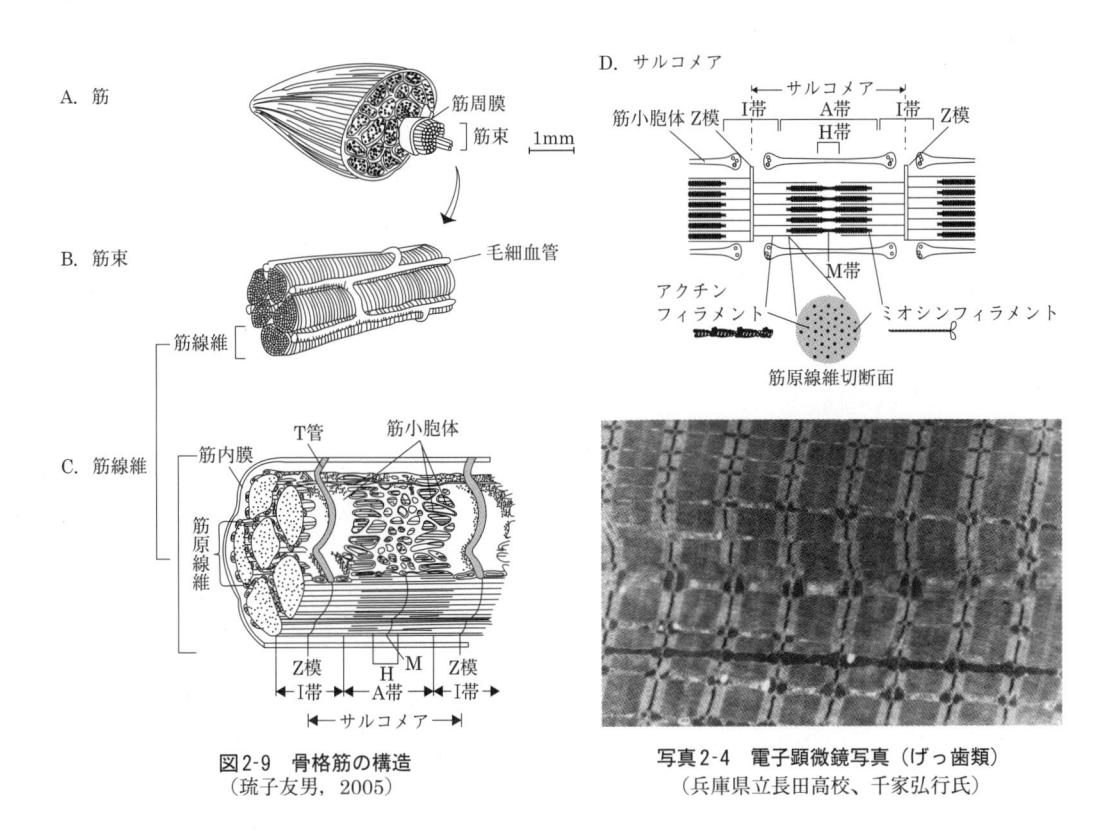

図2-9 骨格筋の構造
（琉子友男，2005）

写真2-4 電子顕微鏡写真（げっ歯類）
（兵庫県立長田高校、千家弘行氏）

筋は、機能で分類すると随意筋（骨格筋）と不随意筋（心筋、内臓筋、血管筋など）にわけられる。随意筋とは自らの意思で動かせる筋であり、不随意筋とは自らの意思では動かせず、自律神経により支配されている筋である。

大脳連合野、特に前頭前野でつくられた運動指令は、大脳運動野に伝えられ、脊髄前角の運動ニューロンに情報が伝わる。運動ニューロンは多数に枝分かれしており、筋細胞の表面に接している。この部分は神経・筋の接合部位であり、運動終板と呼ぶ。運動終板からは、アセチルコリンなどの神経伝達物質が放出されており、筋線維にある受容体がこれを受ける。これにより筋線維膜にインパルスが発生し、筋肉内部に興奮が伝わることにより筋が収縮する（図2-10）。

1本の神経細胞は幾つかの筋線維を支配しており、その神経細胞が興奮すると支配されているすべての筋線維が収縮する。眼球などのように支配する筋線維が少ないほど細かい動きが可能であり、臀部などのように支配されている筋線維数が多い場合では大雑把な動きしかできない。また、運動ニューロンと支配されているすべての筋線維は、同じ特性を有する。この神経と筋の関係を運動単位（Motor Unit）と呼ぶ。

速筋線維を支配しいている運動ニューロンの軸索直径は遅筋線維を支配している運動神経より大きく、活動電位の神経伝達速度が速い。すなわち、遅筋線維に比べ、速筋線維では運動神経での情報の伝達が速く、なおかつ筋線維の収縮速度が速いことになる。

骨格筋収縮の強さは、運動単位が筋収縮活動に参加している数（動因数）と運動ニューロンの

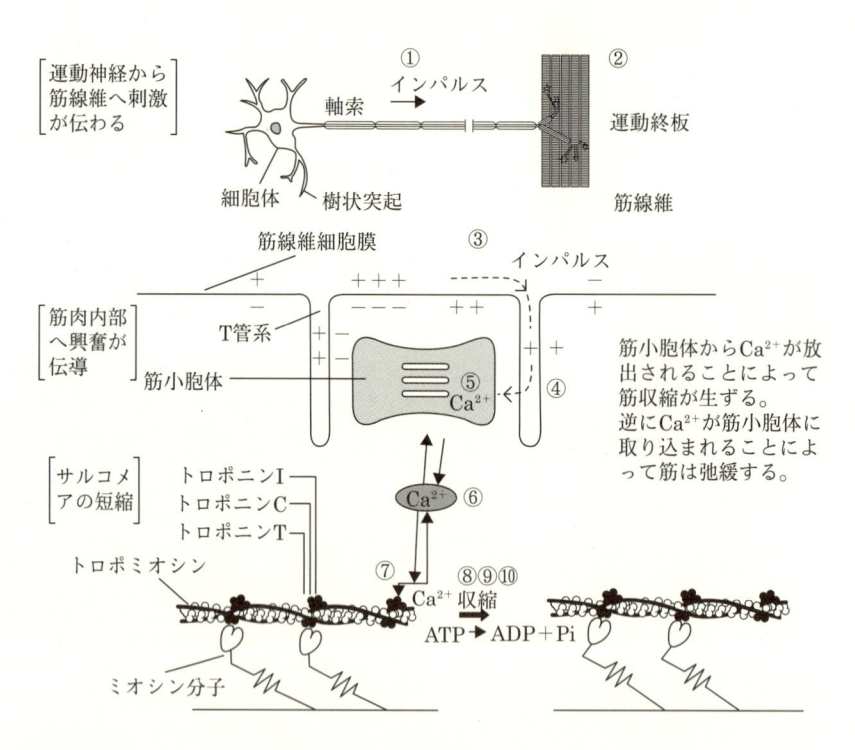

①運動神経からインパルスが神経の末端（運動終板：end plate）に到達する。
②運動終板からアセチルコリンという神経伝達物質が分泌され、それが筋線維にある受容体（レセプター）に入り込む。
③筋線維の膜上をインパルスが伝搬する。
④筋線維の膜上には横行小管系（T管系：T tubule）と呼ばれる管状陥入があり、そこへインパルスが送られる。
⑤T管系近くの、Ca^{2+}の貯蔵庫である筋小胞体へ、インパルスの衝撃が伝わる。
⑥筋小胞体から細胞形質へCa^{2+}が遊離される。
⑦Ca^{2+}とトロポニンの結合、そしてアクチンとミオシンの結合を阻害していたトロポミオシンの障害除去。
⑧アクチンとミオシンが接触し、ミオシンにあるATPアーゼが活性化され、ATPの分解が起こり、エネルギーを放出する。
⑨ミオシンヘッドの形態が変化し、ミオシンがアクチンを引き込む（滑走）。
⑩サルコメアが短縮され、筋原線維が短縮し、筋線維が収縮する。

図2-10　骨格筋収縮メカニズム
（琉子友男，2005）

インパルス発射頻度（頻度）により決定される。小さな力発揮時では神経細胞体が小さく動因閾値が低い遅筋線維が主に収縮するが、徐々に力発揮を強めようとすると、神経細胞体が大きく動因閾値が高い速筋線維が収縮するようになる（ヘネマンのサイズの原則）。しかし、急に素早い動きを行うなど、動きによっては必ずしもこのとおりでない。いずれにしても、筋肥大を効率的に生じさせるには、速筋線維を動因させる程度の大きな負荷が必要となってくる。

速筋線維と遅筋線維から構成されている骨格筋は、筋タンパクの合成と分解の動的平衡により、筋量が維持されている。したがって、適切なる筋力（レジスタンス）トレーニングにより筋タンパクの合成が分解を上回ると筋肥大を生じる。一方、寝たきりなどの不活動状態では筋タンパクの分解が合成を上回り、筋萎縮が生じる。また、オーバートレーニングでも筋タンパクの分解が亢進することがある。

一般的に骨格筋量（筋厚）は加齢により減少するが、その減少の程度は部位により異なる。男性の上腕部の前・後部と大腿部の後部の筋厚は、50歳代まで20～30歳代の値が維持されている。一方、女性では60歳代まで維持される。しかしながら、抗重力筋である大腿部の前部では男女ともに30代から筋厚の減少が認められる（安部と福永、1995）。

（2） 筋力の評価法

1） 静的筋力：静的筋力とは、骨格筋が長さを変えないで収縮する時に発揮される力である。すなわち、等尺性収縮により得られる張力である（Isometric strength）。代表的な測定方法は、握力計や背筋力計による力の測定である。

2） 動的筋力：関節運動を伴っている時に発揮される力である。フリーウエイトを用いた測定は、規定運動（重量の挙上など）の回数により最大筋力を推定する。具体的には、10RMは最大筋力の2/3、30RMは最大筋力の1/2とされている（石井、1986）。なおRMは、筋肉が疲労もしくは機能不全に陥り、負荷に対して十分に筋収縮ができない状態である（運動処方の指針、2007）。また、スポーツクラブなどに設置してある等速性負荷装置サイベックスマシーンなどを用いることで動的筋力は測定できる。

（3） 筋力トレーニングとは

筋力トレーニングは、筋力、筋持久力および結合組織の強化と共に骨粗鬆症、腰痛、高血圧、糖尿病や冠動脈疾患のリスクを減少させる。

筋力トレーニングによる最大筋力の増加は、①神経・筋機能の改善、②筋肥大によるものである。

1） 神経・筋機能の改善：筋力トレーニングの初期には筋肥大を生じないにもかかわらず、最大筋力の向上がみられる。これは主に神経・筋機能の改善（神経伝達物質量の増大や接合部面積の増大など）によるものである。

2） 筋肥大：神経・筋機能の改善が見られた後に筋の肥大が生じる。筋肥大は、各筋線維の肥大により生じ、一般的に筋線維数は増えないと考えられている。なお、トレーニングに

よりサテライト細胞が筋線維に融合することが分かっている。筋肥大に影響をおよぼす因子としてメカニカルストレス、ホルモン、局所循環などが挙げられているが、詳細なメカニズムは不明である。

（4） 筋力トレーニングの原則

1） 過負荷の原則：最大筋力または最大に近い筋力でトレーニングを行う。低負荷では筋力向上は認められない。
2） 過負荷漸増の原則：トレーニングを長期に続けると、初期設定の負荷が相対的に軽くなりトレーニングに適さなくなる。したがって、トレーニング期間中に適時、負荷の再設定を行う必要がある。
3） 運動配列の原則：大筋群は小筋群より前にトレーニングを行う（小筋群が疲労しやすいため）。同じ筋群を続けてトレーニングするのは好ましくない。

森谷たち（Moritani et al, 1980）は、高齢者（平均年齢 70 歳）と大学生を対象に同様な筋力トレーニングプログラム（3分の2最大筋力漸増負荷、10回3セット、週3回）を8週間にわたり行わせると、高齢者、大学生ともに筋力が増加することを認めている。また、高齢者と大学生では、この適応過程が異なることを明らかにしている。すなわち、トレーニングの初期では両グループともに神経・筋機能の向上（学習効果による運動単位の動因様式の変化、インパルス発射頻度の増加などによる神経・筋興奮水準の上昇など）により筋力の増加を認めているが、トレーニング後期では大学生が筋肥大により筋力増加を認めたのに対し、高齢者では著しい筋肥大は認められておらず、筋力の増加は主に神経系機能の向上であるとしている。

（5） 筋力トレーニングの方法

米国スポーツ医学会による筋力トレーニングのガイドラインを記す（運動処方の指針、2007）。

1） 腰、大腿、背部、胸、肩、腕、腹部のおおきな筋肉を鍛えるように8～10種類の異なった運動を行う。主たる目標は全身の筋力と筋持久力の向上を時間の効率よく行うことである。1回1時間以上もかかるレジスタンスプログラムのドロップアウト率は高い。
2） 各種の運動について、きちんとしたフォームを保ちながら、それぞれで疲れたと感じるまで行う。
3） 8～12回繰り返す運動は良い。さらに反復期間を長めにして反復回数を3～20回行うのも取り入れる。
4） それぞれの筋群について週に2～3回使わない日を入れ、もし可能なら2～3回ごとに同じ筋群に対して異なった負荷をかける。
5） 心血管系のリスクのある人や慢性疾患（高血圧、糖尿病）では、きちんとしたフォームを保っても自覚的強度が高くなったら（RPE15、16、巻末資料5参照）、その運動を止める。

6） 正常の呼吸を保つ。息こらえは血圧を急上昇させる。

また、主要筋群を使用する8～10種類（施行回数は8～12回）の運動を1セットとし、週2～3回行うことが望ましい（運動処方の指針、2005）。筋肥大を起こすためには最大拳上負荷（1RM）の65%以上の負荷が必要であるが、90%以上の高強度負荷でインターバルを長くとれば、筋肥大効果は必ずしも大きくない。70～80%の負荷で10～15回／セットでインターバルを短くする（3条件）ことが筋肥大に効果的である（山田、2007）。

参考・引用文献
1） 渋川侃二・石井喜八・浅見俊雄・宮下充正（1986）：体育学実験・演習概説，大修館書店．
2） 福永哲夫（2002）：身体の形と力への興味，東京大学大学院総合文化研究科，福永哲夫教授退官記念誌編集委員会．
3） 森谷敏夫編（2001）：運動と生体諸機能，NAP．

（山崎先也）

6. 柔軟性の高め方

（1） 柔軟性とは

柔軟性は、からだの柔らかさであり、「1つの関節あるいは一連の関節の可動範囲」である。一般的には静的な姿勢での関節の可動範囲（静的柔軟性）と受け取られているが、スポーツなどの場合は動的な姿勢での、からだの屈曲、伸展、回旋などでの柔らかさも大切である。体操やフィギアースケートなどでのからだの柔らかさは、動的柔軟性といわれ、大切な要素である。よく、柔軟性は若さのシンボルであると言われるように、高齢になると老化度の指標にもなる。さらに、柔軟性の減少は転倒や腰痛などの原因にもなる。

（2） 柔軟性の測定法
1） 立位体前屈

図2-11のように、両足を揃えて立ち、両手を揃えた前屈がどの程度できるかを測る。反動をつけず、膝を曲げないで、上体を前屈する。

2） 長座体前屈

図2-12のように、長座姿勢をとる。壁に背・尻をぴったりとつけ、背筋を伸ばす。両手を測定板の手前端に置き、両肘を伸ばす。両手を測定板から離さずにゆっくりと前屈して、できるだけ遠くまで滑らせる。この時、膝が曲がらないように注意する。最初の姿勢から、どのくらいまで前屈できたかの移動距離を、傍らに設置された巻尺から読み取る。

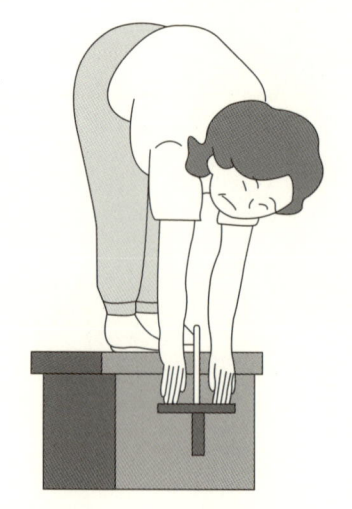

図2-11　立位体前屈の測定

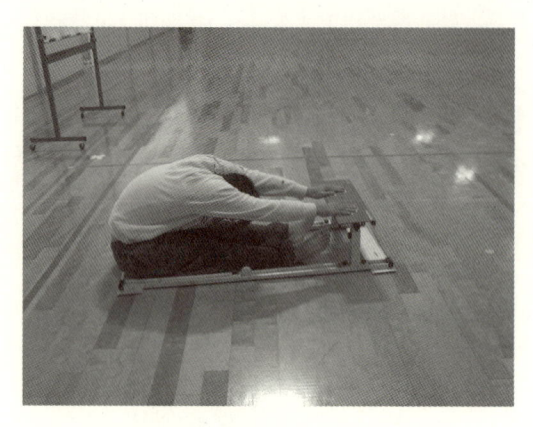

写真2-5　膝を曲げないで!!
（実際には背・尻をぴったり壁につけて測定する）

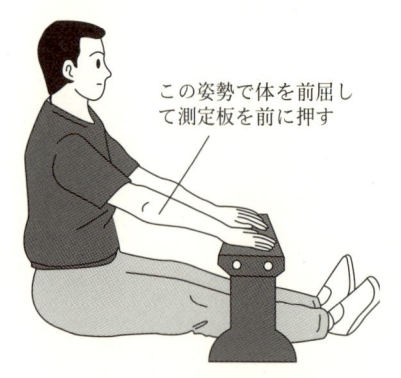

図2-12　長座体前屈の測定
この姿勢で体を前屈して測定板を前に押す

3）伏臥上体そらし

うつ伏せに寝て、両手を腰の後ろで組む。補助者は脚の間に入って、膝で被験者の膝を押さえ、体重をやや前にかけるようにして両手で大腿の後面を押さえる。

この姿勢から、どのくらい上体を後ろに反らすことができるかを測定する。床から顎の高さまでを計測する。

（3）柔軟性を高める方法

1）静的ストレッチング（Static stretching）

疲れた時などに、両手を上にあげて背伸びをしたり、両手を横に倒して筋肉をのばす。これが静的ストレッチである。図2-13のようなストレッチの姿勢（ポーズ）をとり、反動をつけないで、10秒から30秒間、筋肉を伸ばす。心地よい痛みがするくらいゆっくり伸ばす。しかも、ストレッチの途中に、呼吸を止めないで、普通に行う。そして、ストレッチ直後に血液の流れが末端の毛細血管に流れ、手足が温かくなる（温かい感じなる）ようなストレッチをする。また、図2-14には腰痛予防のストレッチと腰部の筋肉強化を示した。なお、図2-15には「ぎっくり腰」予防の持ち方を示した。荷物にできるだけ近づくことや膝を曲げて腰を落として持つことが、腰への負担を軽減する。さらには、持つ時だけでなく、降ろす時も注意が大切である。

2）PNFストレッチング

PNF（Proprioceptive neuromuscular facilitation）とは、自動調節器を刺激するという意味で、筋肉を最大に収縮させて、その後、ストレッチさせることにより、「引き伸ばされると筋が収縮する」という反射を利用して柔軟性を高めることができるという理論に基づいている。例えば、大腿屈筋群のストレッチでは、図2-16のように2人1組をつくり、補助者は①の方向に力

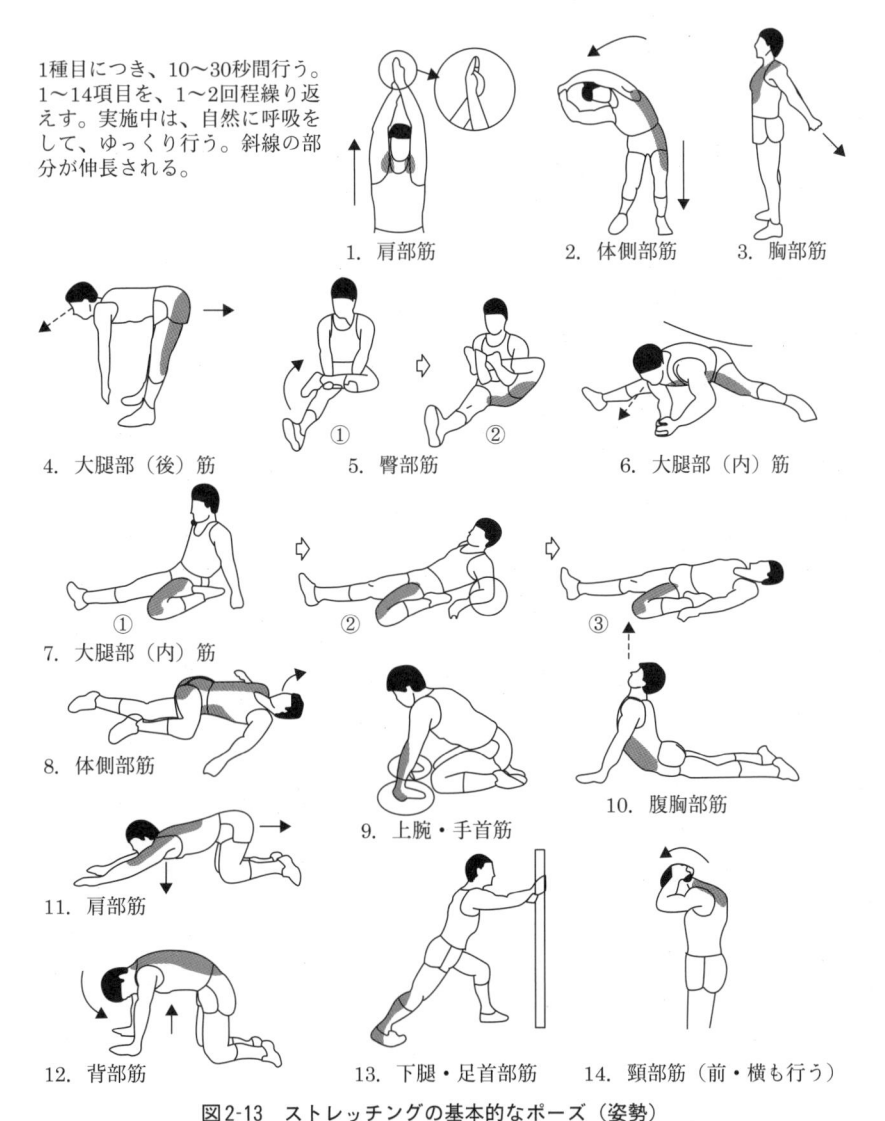

1種目につき、10〜30秒間行う。1〜14項目を、1〜2回程繰り返えす。実施中は、自然に呼吸をして、ゆっくり行う。斜線の部分が伸長される。

1. 肩部筋
2. 体側部筋
3. 胸部筋
4. 大腿部（後）筋
5. 臀部筋
6. 大腿部（内）筋
7. 大腿部（内）筋
8. 体側部筋
9. 上腕・手首筋
10. 腹胸部筋
11. 肩部筋
12. 背部筋
13. 下腿・足首部筋
14. 頸部筋（前・横も行う）

図2-13　ストレッチングの基本的なポーズ（姿勢）

を入れ、トレーニングする人は②の方向に力を入れ、その後、リラックスする。それを3〜5回繰り返す。同じように、2人1組になっていろいろな部位のストレッチをすると良い。

3）バリスティック・ストレッチング（Ballistic stretching）

反動をつけて行うストレッチと言う意味である。1人で行う時は、ラジオ体操のように号令に合わせて反動をつけて行う。2人組で行う時は、図2-17のように1、2、3の合図で反動をつけて押したり、引いたりする。無理に押して、関節や筋肉を痛めないようにすることが大切である。

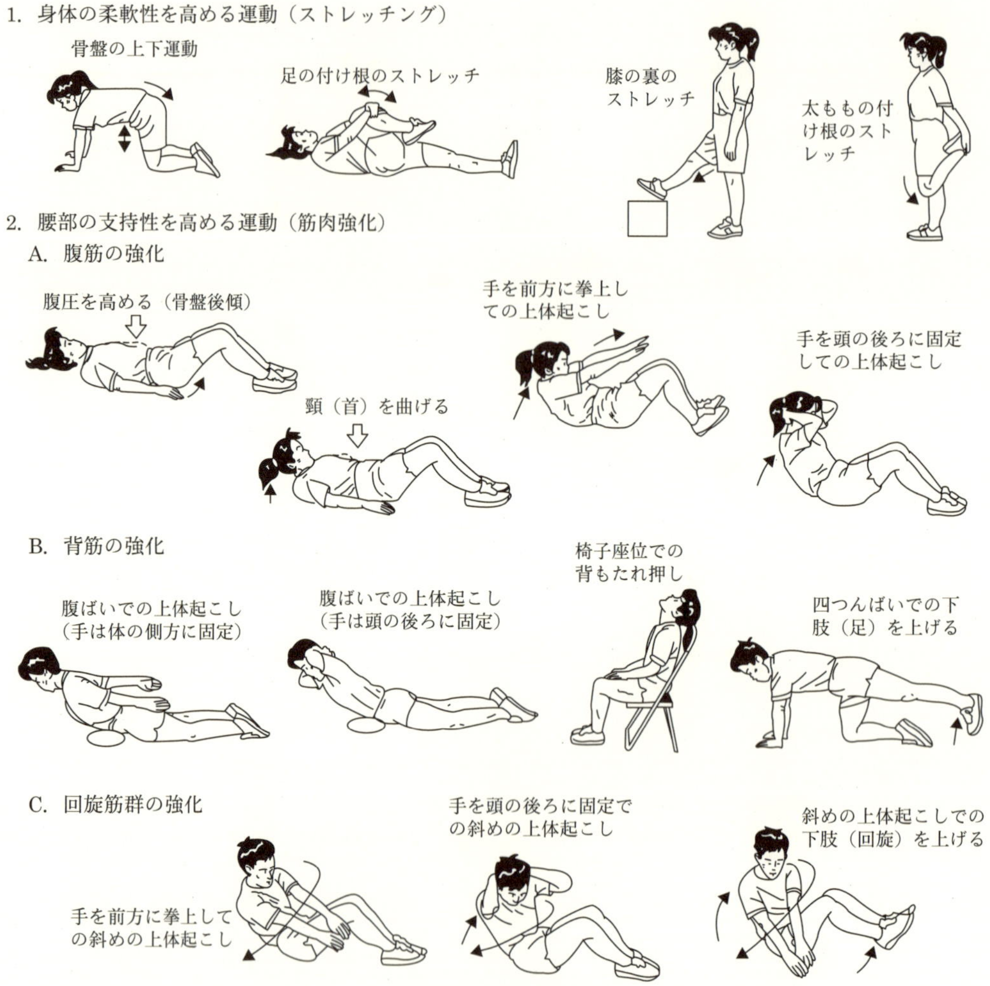

1. 身体の柔軟性を高める運動（ストレッチング）
   骨盤の上下運動　　足の付け根のストレッチ　　膝の裏のストレッチ　　太ももの付け根のストレッチ

2. 腰部の支持性を高める運動（筋肉強化）
   A. 腹筋の強化
   　腹圧を高める（骨盤後傾）　　手を前方に挙上しての上体起こし　　手を頭の後ろに固定しての上体起こし
   　頸（首）を曲げる

   B. 背筋の強化
   　腹ばいでの上体起こし（手は体の側方に固定）　　腹ばいでの上体起こし（手は頭の後ろに固定）　　椅子座位での背もたれ押し　　四つんばいでの下肢（足）を上げる

   C. 回旋筋群の強化
   　手を前方に挙上しての斜めの上体起こし　　手を頭の後ろに固定での斜めの上体起こし　　斜めの上体起こしでの下肢（回旋）を上げる

図2-14　腰痛体操

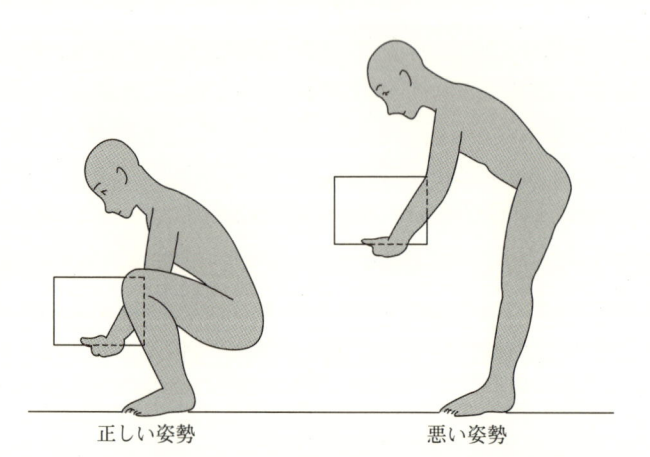

正しい姿勢　　悪い姿勢

図2-15　ぎっくり腰の予防法－荷物の持ち方と置き方－

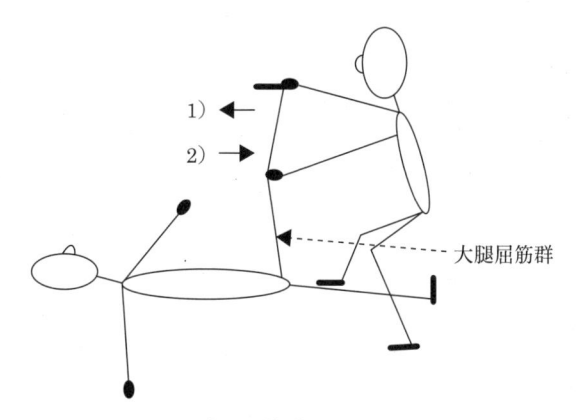

図2-16　大腿屈筋群のPNFストレッチ

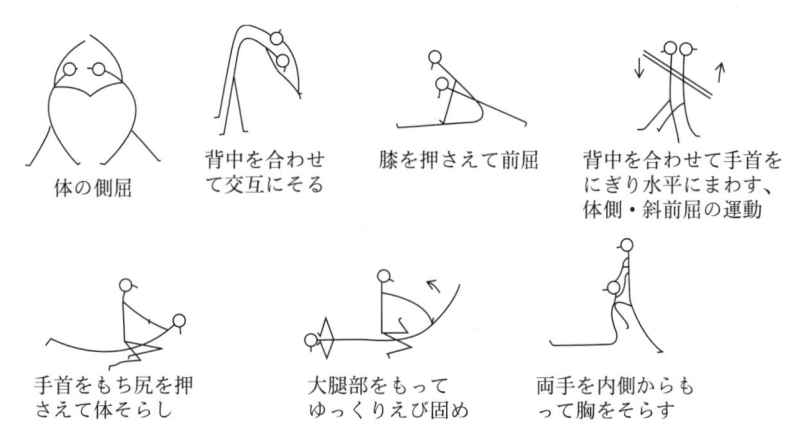

図2-17　反動をつけて行う2人組の柔軟体操

（4）ストレッチングの利用法と効果

　運動やスポーツをする時の準備運動に最も利用されている。一般的には朝起きた後、仕事や勉強で同じ姿勢を長くした後、身体が疲れた時、休憩時間、風呂上りなど、そして、腰痛などのリハビリテーションにも用いられている。特別に運動をしていない人は、ストレッチくらいはしましょう。

　効果としては、①筋肉、スジの障害の予防　②筋肉の緊張をやわらげ、精神的ストレスを減らし、リラックスする　③関節や筋肉が思いどおりに動きやすくする　④関節の柔軟性を向上し、可動範囲を大きくする　⑤筋ポンプ作用を高め、血行を促進し、疲労を緩和する、などがある。

参考・引用文献
1) 健康・体力づくり事業財団（2005）：健康運動指導士養成講習会テキストⅡ，289-296頁，第一出版株式会社．
2) 徳永幹雄・田口正公・山本勝昭（2002）：実力発揮のスポーツ科学．大修館書店．
3) 栗山節郎・山田　保（1986）：ストレッチングの実際，南江堂．
4) 安田矩明・小栗達也・勝亦紘一（1981）：ストレッチ体操—伸展運動と動きづくり—，大修館書店．

（徳永幹雄）

7. 調整力の高め方

（1） 調整力とは

　調整力は敏しょう性、平衡性、協応性、巧緻性、正確性、緩衝性、予測性といった能力を総合した能力である。運動をする場合、常に強さ、方向、速さ、タイミング、持続時間などが的確に作動するように諸情報を認知し、総合的に判断し、処理しなければならない。走・跳・投、回転運動、ボール運動、泳ぐ、滑るなどは調整力が必要な運動である。また、ピアノ、オルガン、バイオリンなどの楽器や絵画、書道、硬筆などのパフォーマンスもまた調整力が必要な動きである（写真 2-6、写真 2-7）。

（2） 調整力の測定法

① 敏しょう性のテスト…単純反応時間、選択反応時間、全身反応時間、タッピング、棒反応時間、反復横とび、アジリティラン、バーピーテストなどがある。
② 平衡性のテスト…片足立ち（閉眼・開眼）、閉眼片足つま先立ち、直線歩行検査、棒状片足立ち（閉眼・開眼）などがある。
③ 協応性のテスト…ジグザグドリブル、連続逆上がり、ジャンプステップテスト、飛び越しくぐりなどがある。
　そのほか、巧緻性、緩衝性、予測性を見るテストがある。

（3） 調整力トレーニングの背景

　スキャモン（Scammon, R. E.）は 1630 年に、身体の諸臓器の発育パターンを一般型（身長、体重など）、神経型（脳、脊髄など）、リンパ型（胸腺など）、生殖腺型（睾丸、卵巣、前立腺など）の 4 種類に分類し、図 2-18 のような模式図を発表した。この中で運動と関係しているのは神経型で、脳、脊髄、眼器官の発達が調整力と関係している。しかも、神経系の発達は 2 歳で成人の 60％、4 歳で 80％、8 歳で 90％、9 歳で 95％、12 歳で 100％ に達すると言われている。すなわち、運動の走・跳・投、回転運動、バランス運動、ボール運動、泳ぐ、滑るなどの動きは、神経型の発育曲線と関係している。つまり、この種の調整力に関する運動は小学校の中・高学年で、成人と同じくらいに発達するので、この時期に調整力に関する動きを体験させることが大切である。「延びる機能は、延びる時期に鍛える（英才教育の原理）」と言われるように、小学生では走・跳・投、回転運動、バランス運動、ボール運動、泳ぐ、滑るなどの調整力に関連した動きを体験しておくことが重要である。成人して、自分は不器用と思っている人は、調整力運動の神経回路が形成されていないのである。不器用と思っている人は、残念ながら、器用な人がしたようなことを経験していないとも言える（図 2-19）。そのように考えると、小学校の中・高学年で、いろいろな運動の体験ができる環境の重要性（家庭教育とも関連）が指摘される。自転車乗りや水泳などは一度覚えておくと、一生涯、忘れることがない。

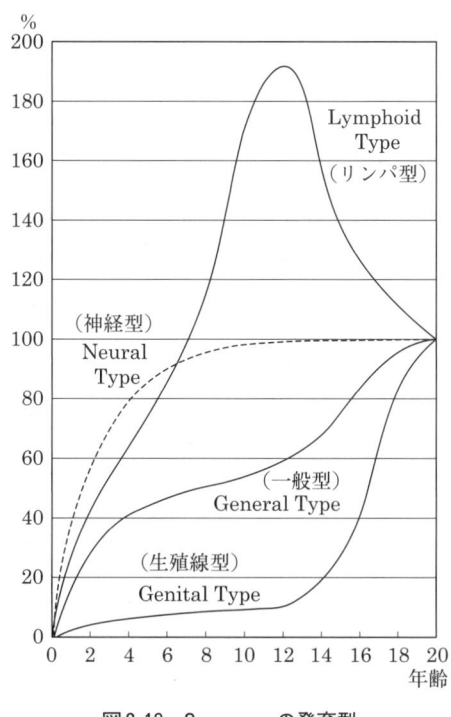

図2-18　Scammonの発育型

写真2-6　ピアノの習い始めは早期に!!

写真2-7　バランスや回転運動も早期に!!

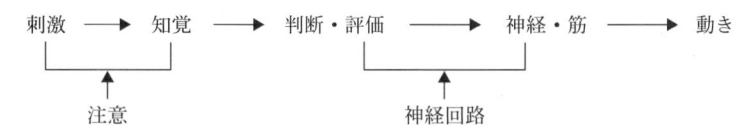

図2-19　運動の神経回路の形成過程

(4) SAQトレーニング

近年、SAQ（Speed, Agility, Quickness、すばやく動く・方向を変える・動作を切り換える）トレーニングという方法で、いろいろな器具を用いて調整力に関連した動きが練習されている。プロの野球選手やサッカーの選手から高齢者（特に転倒予防）、リハビリテーションに至るまで幅広く、利用されている。

1) ポールやコーンなどを使った運動

ポールやコーンを自由に並べ、その間を前向き・横向き・後向き・ジグザグに、歩いたり・走ったり、駆け抜けたりする（写真2-8、写真2-9）。

2) ミニ・ハードルなどを使った運動

ミニ・ハードルがなければ、ペットボトルや本を重ねておく、などの工夫をしてすればよい。これも　前向き・横向き・後向きにまたいで歩いたり・走ったり、両足で、ケンケンパのジャンプなど、みんなで考えて、いろいろな方法で跳ぶとよい（写真2-10）。

写真2-8　コーンの間をすばやく歩く・走る

写真2-9　バランスボール、リング、ラダーを使って
　　　　SAQトレーニング

写真2-10　ミニ・ハードルを跳ぶ

写真2-11　最初は軽くラダーを歩く・走る

写真2-12　前後に横に移動する

写真2-13　両足開脚でラダー跳び

3) ラダー、リングなどを使った運動

　ラダーは「はしご」の意味である。ひもを結んで自分でつくればよい。ミニ・ハードルと同じように前向き・横向き・後向きにまたいで歩いたり・走ったり、両足で、ケンケンパのジャンプなど、みんなで考えて、いろいろな方法で跳ぶと面白い。リングはフラフープくらいの大きさか

ら、輪投げくらいの小さなリング（輪）を集めて、投げたり・転がしたり・回したりするとよい（写真2-11〜13）。

　4）　メディシンボール、バランスボール、テニスボールなどを使った運動

　メディシンボールは重たいボールだからトレーニングやリハビリに使える（図2-20）。バランスボールは大小さまざまだが、大きいボールはバランス感覚、音楽に合わせたリズム感、両手両足の協応性の練習にもなる。テニスボールを投げる・捕る、ジャックリングなどの遊びにも使える（写真2-14、写真2-15、写真2-16）。

図2-20　メデシンボールを使ったトレーニング

写真2-14　携帯電話の音楽に合わせてバランスボールで遊ぶ

写真2-15　ボールを足にはさんで跳びはねる

写真2-16　皆んなでバランス運動を終って

参考・引用文献

1）　健康・体力づくり事業財団（2005）：健康運動指導士養成講習会テキストⅡ，305-307頁，第一出版株式会社．
2）　日本SAQ協会編（2003）：SAQトレーニング，大修館書店．
3）　ブラウン，L. E., フェリーニョ，V., サンタナ，J. C.（山口英裕訳）（2003）：イラストでみるSAQトレーニングドリル180，大修館書店．

（徳永幹雄）

8. 骨密度の高め方

(1) 骨の構造と骨代謝

　骨は単にからだを支えるものではなく、カルシウムの貯蔵庫として生命の維持に関与している。成人の体内に存在しているカルシウムは、99%が骨に蓄えられており、血液中には約0.1%程度しか在存していない。骨は、コラーゲンなどからなる骨基質とリン酸カルシウムなどからなる骨塩から構成されているが、骨の強度（強さ）は骨塩の量により決定される。また、骨の骨幹を作る厚い骨を皮質骨（緻密骨）、骨端のスポンジ状の骨を海面骨と呼ぶ（図2-21）。

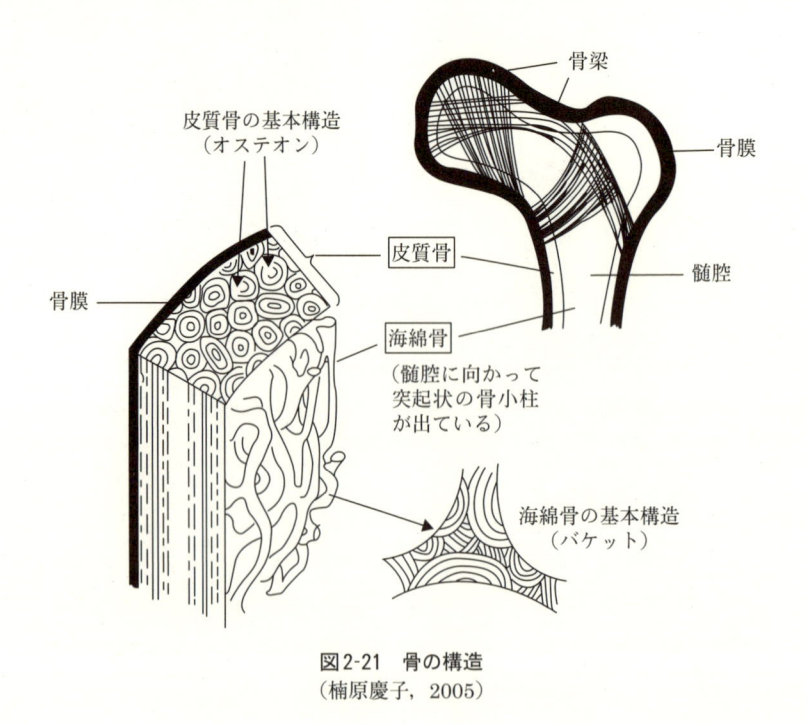

図2-21　骨の構造
（楠原慶子，2005）

　骨は常に破骨細胞による骨吸収と骨芽細胞による骨形成が繰り返されており常に新しい骨を形成している（図2-22）。したがって、現在の骨量や骨量は過去の生活習慣（ホルモン動態、カルシウム摂取や運動など）を反映している（疾患や薬物等の影響を除く）。
　生後間もない頃、骨の約4割は軟骨であるが、1歳頃では骨が完成し、立ち上がることができるようになる。10代前半の成長期では、骨端部成長層で軟骨の骨性骨化（長くなる）と骨の外側での骨膜性骨化（太くなる）により骨量が増える。これをモデリングと呼び、骨形成作用が主体となる。10代半ばから20代では長軸方向への骨量の増加がほぼ完了し、骨吸収作用と骨形成作用によって古い骨から新しい骨に置換されるようになる。このことをリモデリングと呼ぶ。骨吸収と骨形成のバランスが維持されている場合、骨量は一定に保たれる（カップリング）。しかしながら、骨吸収が骨形成を上回った場合では、骨量が減少していく（アンカップリング）。な

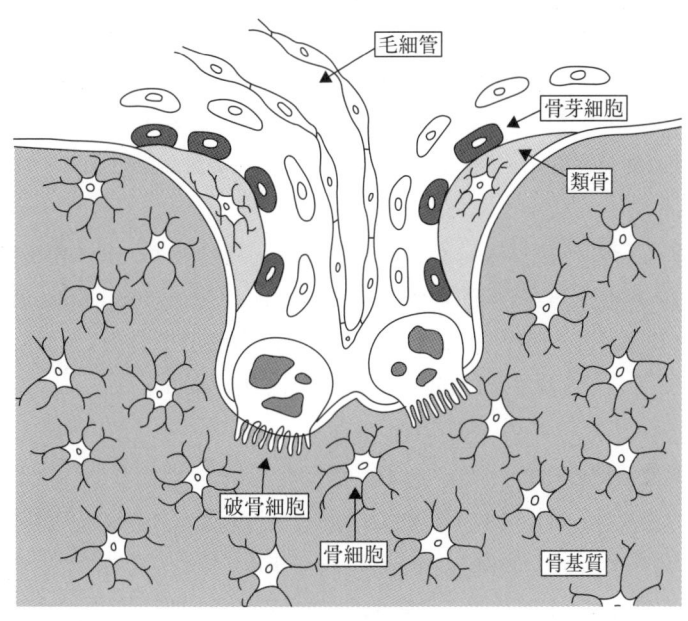

図 2-22　骨代謝
(真野と久米川，1999)

お、20代から30代ではリモデリングにより数年で全身の骨が入れ替わると言われている。

女性では閉経（エストロゲン消失）により急激な骨量の減少が生じるが、この時期には海面骨の減少が著しい。すなわち、エストロゲンは海面骨の増加に関与していることになる。閉経直後では骨吸収速度が高まり、骨形成が追いつけずに急速な骨量の減少がみられる。したがって、若い時にできるだけ骨量を高くする必要があるが、近年の女子学生の6名に1名が高齢者と同程度の骨密度であるとの報告がある。

また、老化により皮質骨の萎縮が生じ、海面骨では骨梁数が減少することから、骨粗鬆症が生じ易くなる。

骨吸収と骨形成は単に新しい骨に置換する作用だけでなく、例えば、血中カルシウム濃度が低下すれば骨吸収作用によりカルシウムが放出され、血液中のカルシウム濃度が維持される。このような骨代謝に影響をおよぼす因子としては性差、遺伝、加齢、疾患、内分泌環境（特にエストロゲン分泌量）、疾患、食習慣、運動、嗜好品（コーヒー、アルコール）、日光浴（ビタミンDの合成）などが挙げられている。

(2) 骨密度や骨強度の測定法

骨強度は骨量、骨の構造、骨の質などから評価されている。

1) 二重エネルギーX線吸収測定法（DEXA法）：X線被爆量は少なく、精度が高い。また、軟部組織の影響を除去できる。測定により全身骨量や局所の骨密度が評価される。

2) QCT（Quantitative Computed Tomography）法：X線CT装置を用い、椎体の骨密度

を計測する。海綿骨と皮質骨の密度を別々に算出でき、骨梁の分布状態の評価が可能である。測定時間や精度、X線の被曝量が多いなどの問題点がある。なお、pQCT法は、前腕骨のCT撮影により体幹部の骨を評価する方法であり、QCT法と同様に海綿骨と皮質骨の各々の骨密度が評価できる。また、QCT法より被曝量が極めて少ないことが特徴である。

3) 超音波法：X線を用いない。低周波の音波を局所にあて、その音波が伝播する速度（Speed of Sound, SOS）や減衰の程度（Broadband Ultrasound Attenuation, BUA）を測定し、Stiffnessなる指標を算出する。この測定は骨密度や骨量ではなく、骨質や骨構造を評価している。超音波法は、海面骨が多い踵骨が測定部位となる。

(3) 骨を強くするためには

骨を強くするためには、骨に対する物理的な刺激（メカニカルストレス）が必要である。骨に対するメカニカルストレスは、骨内のコラーゲン分子構造を歪め、骨内にマイナスの微小電位を発生させる。これによりカルシウムイオン（Ca^{2+}）が結合し、骨に骨塩が沈着する。また、骨内の血流量の増加により骨形成が促進されることが明らかとなっている。特に、持久性運動などの低い強度の繰り返し運動よりジャンプ動作など短時間ではあるが高強度運動負荷が骨量獲得に効果的である。運動トレーニングの効果は局所的な作用が強いが、適度な運動は小腸におけるカルシウム吸収率を高めることから全身性への影響も示唆されている。

力学的負荷と骨量に関し、フロスト（Frost, 1987）は、メカノスタット理論において骨のモデリングやリモデリングが生じるためには、閾値（Minimum Effective Strain: MES）が存在することを述べている（図2-23）。

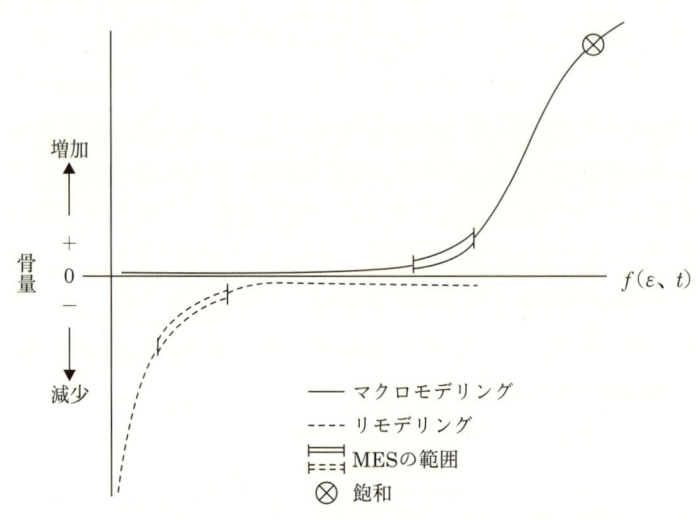

図2-23　ストレインとモデリング・リモデリングの関係
（Frost, 1987）

モデリングはMESを超えると活性化（骨量増加）され、リモデリングは、MESを超えると抑制（骨量維持）され、下回ると活性化（骨量減少）される。特に、MESは環境要因により、その閾値が変化するとされている。例えば、閉経（エストロゲン分泌が低下している）、加齢、栄養状態（低カルシウム）などによりMESが高まることが示唆されており、このような環境下では同一の運動強度でも効果が得にくい。

　骨量獲得に効果的な運動としては、重量挙げ、バスケットボール、バレーボール、サッカー、体操など骨に対する衝撃力の高い運動があげられる。一方、効果が低い運動としては水泳や自転車などの骨に対する衝撃力が低い運動があげられる。また、過剰なトレーニングや低い体脂肪を維持するために食制限を伴うトレーニングの場合、骨代謝に対して負の効果を生じることがある。図2-24は、食制限と激運動を行っており、体脂肪率が平均14％、月経異常の割合が高い、大学女子新体操選手の骨代謝を示したものである（山崎、2001）。運動トレーニングも環境（生体内）を考慮して行なわないとマイナス効果が生じてしまう（図2-24）。

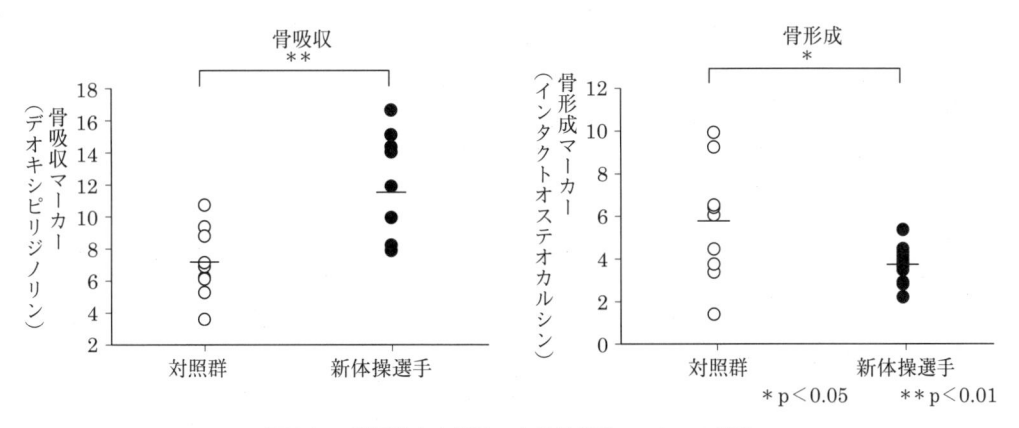

図2-24　激運動と食制限による骨代謝マーカーの変化
（山崎先也，2001）

　運動による最大骨塩量の獲得は、男性で15歳前後、女性で12歳前後が最も効果的とされている。したがって、この時期は特に適切なる栄養摂取と運動を負荷すべきであろう。一方、骨量の獲得は約30歳までであり、その後は緩やかに減少方向に向かう。したがって、この時期までにできるだけ骨量を高めることが望ましい。閉経後や高齢期でも骨量獲得に対する運動の効果は認められるが、その効果は小さいとの報告が多い。

（4）骨の健康を維持するための運動

　米国スポーツ医学会では学童期・思春期および成人期の骨の健康を維持するための運動として下記のような運動を推奨している（薄井、2005）。

1) 学童期・思春期

1) 活動様式：プライオメトリックスや器械運動、ジャンプのような衝撃を伴う中等度のレジスタンストレーニング。ランニングやジャンプを含むスポーツ（サッカー、バスケット

ボール）への参加は同様な効果があるようにみえるが、科学的根拠が不足している。
2） 強度：強くて骨にかかる強度。安全な範囲としてレジスタンストレーニングは、1RM の 60％未満。
3） 頻度：週に 3 回以上
4） 期間：10 〜 20 分（1 日 2 回ならより効果的）

2） 成人期
1） 活動様式：荷重負荷のかかる持久性運動（テニス、階段昇降、ジョギング、断続的なウォーキング）やジャンプの含まれる運動（バレーボール、バスケットボール）、レジスタンス運動（ウエイトリフティング）
2） 強度：中等度から高強度まで骨に負荷がかかる強度
3） 頻度：荷重負荷のかかる持久性運動は、週に 3 〜 5 回、レジスタンス運動は、週に 2 〜 3 回
4） 期間：荷重負荷のかかる持久性運動、ジャンプを含む運動、すべての大筋群を目標にしたレジスタンス運度の組み合わせで 1 日 30 〜 60 分

参考・引用文献
1) 森谷敏夫編著（2001）：運動と生体諸機能，適応と可逆性，NAP.
2) 森井浩世，矢部義雄責任編集（1996）：Clinical Calcium，特集　運動とカルシウム・骨，医薬ジャーナル，vol.6, No. 4.
3) 薄井澄誉子（2005）：身体活動と骨の健康，体育の科学，55：321-323 頁.
4) 沢井史穂（2007）：骨つくり，スポーツの百科事典（田口貞善編），丸善.
5) 中村利孝（1999）：ヒトの生涯における骨代謝，カルシウム，その基礎，臨床，栄養，全国牛乳普及協会.

（山崎先也）

9.　運動・スポーツを続けるには

（1）　運動・スポーツはなぜ続けられないのか

運動やスポーツは「上手・強い」ことも必要だが、「何歳まで続けることができるか」ということは、さらに重要である。運動やスポーツはなぜ続けられないのだろうか。スポーツを実施している人と実施していない人を予測する決定因は、スポーツをする意志（行動意図）があるかないかである。この行動意図を決定づける心理・社会的要因として、次の 3 要因がある。

①　運動に対する感情的態度…運動をするのは楽しいと感じるかどうか。
②　運動の効果に対する信念（認知）…運動の身体的、心理的、社会的効果をどのように認知しているか。
③　重要な他者の期待に対する信念（規範信念）…自分にとって大切な人（重要な他者：友人、家族、地域の人びとなど）が、「自分が運動することをどう期待している」と思ってい

るかということ。われわれは、周りの人が、どう期待しているかを評価しながら行動することが多い。スポーツの場合も同様である。

次にスポーツ行動を予測する3要因を表2-7によって診断してみよう。次の方法で回答と採点を行う。

① 表2-8の前文と質問を読み、回答番号を□の中に記入する。
② 採点は表2-9をみて態度、信念、規範信念の得点を算出する。
③ 表2-10の「スポーツ意識のプロフィール」の各得点に○印をつけ、線で結び、プロフィールを作成する。

これらの結果は、各内容の判定が「5」に近ければ、望ましいスポーツ意識であり、スポーツを実施することが予測され、「1」「2」が多ければ、スポーツをしない理由がそこにある。

以上のことを含め、運動を続けられない心理的要因をあげると、次のとおりである。

① 技術や体力が低かったり、競争（試合）に負けると楽しくないとだけ考える。
② どのような運動の仕方をすると、効果が高まるか分っていない。
③ 自分が運動をすることを、誰からも期待されていない。
④ 自分に合った目標がたてられなく、しかも状況が変化しても、適切な目標に切り換えることができない。
⑤ 運動やスポーツの仕方をコントロールする能力がない。

要は、楽しく効果があるように、運動やスポーツの仕方をコントロールする能力を養うことと、運動・スポーツを習慣化する方法を考え出すことが大切である。

表2-8 スポーツ意識の診断表

回答肢 ─ 1. まったくあてはまらない　3. かなりあてはまる
　　　　　 2. あまりあてはまらない　　4. 非常によくあてはまる

① もし「今日から2週間以内に何かのスポーツをする」としたら、下記のような気持ちはどれくらいあてはまりますか。（態度）
1. スポーツの後は満足感が得られるだろう……□1
2. 何となく心配でおちついていられない………□2
3. 考えるだけでうきうきした気持ちになる……□3
4. みじめなことに会いそうな気がする…………□4
5. 楽しいことがあるに違いない…………………□5
6. はずかしいことが起こりそうな気がする……□6
7. スポーツの後は快い気持ちになるだろう……□7
8. こわいめに会いそうな気がする………………□8

② もし「今後何かのスポーツを何か月も続ける」としたら、下記のようなことはどれくらいあてはまりますか。（信念）
9. 忍耐力の強い性格になる………………………□9
10. 思いやりのある協力的な性格になる…………□10
11. 胃や腸の調子がよくなる………………………□11
12. 競争する楽しさを味わうことができる………□12
13. グループの連帯感（むすびつき）が増す……□13
14. ぐっすり眠るのに役立つ………………………□14
15. 将来、役に立つ特技が得られる………………□15

16. エチケットやマナーがよくなる………………□16
17. 素早い動きができるようになる………………□17
18. 自分の可能性（実力や限界）を試すことになる…………………………………□18
19. 毎日の生活がいきいきとし、充実したものになる………………………………□19
20. 身体の余分な脂肪がとれる……………………□20
21. 自分の能力を他人に認めてもらえる…………□21
22. 明るい性格になる………………………………□22
23. ふとりすぎの予防になる………………………□23

③ 下記のことについて、どのくらいあてはまりますか。（規範信念）
24. 私の家族は、私が「少なくとも2週間以内にスポーツをすること」を期待している……………………………………□24
25. 私の友人は、私が「少なくとも2週間以内にスポーツをすること」を期待している……………………………………□25
26. 地域の人々の中には、私が「少なくとも2週間以内にスポーツをすること」を期待している人がいる…………□26

表 2-9 採点法

1. 態度
   快感情…質問 1、3、5、7 の合計点 …………… ☐
   不安感情…質問 2、4、6、8 の合計点 ………… ☐
   （得点を逆にする、例：4→1）
2. 信念
   心理的効果…問 9、12、15、18、21 の合計点 ☐
   社会的効果… 〃 10、13、16、19、22 の合計点 ☐
   身体的効果… 〃 11、14、17、20、23 の合計点 ☐
3. 規範信念　24、25、26 の合計点 …………… ☐

表 2-10　スポーツ意識のプロフィール

尺度	意識	内容	判定 1	2	3	4	5
1	態度	快感情	4　5　6	7　8　9	10　11　12	13　14　15	16
2		不安感情	4 5 6 7 8	9　10　11	12　　　13	14　　　15	16
3	信念	心理的効果	5 6 7 8 9	10　11　12	13　14　15	16　17　18	19　　20
4		社会的効果	5 6 7 8 9 10	11　12　13	14　15　16	17　18　19	20
5		身体的効果	5 6 7 8 9 10	11　12　13	14　15　16	17　18　19	20
6	規範信念		3	4	5　　6	7　8　9	10　11　12

（2）運動行動の段階を変える

マルカスらの運動の行動変容過程（Marucus ら、1994）によれば、運動行動のステージ（段階）は、次の5つの段階があり、それぞれの段階に応じた対策が必要なことを指摘している。

① 計画前段階…現在、運動を行っておらず、近い将来も運動を行う意志がない。
② 計画段階…現在は運動を行っていないが、近い将来運動を行う意思がある。
③ 準備段階…現在運動を行っているが、定期的ではない。
④ 行動段階…運動を行っているが、最近始めた。
⑤ 維持段階…現在運動を行っており、少なくとも6か月は継続している。

運動ステージが「⑤維持段階」に近づくには、どのようすればよいかを考えると同時に、「①計画前段階」に近づき、逆戻りしなようにしなければならない。

参考・引用文献

1) 徳永幹雄（1999）：「運動・スポーツはなぜ続けられないのか」，九州大学健康科学センター編，健康と運動の科学，大修館書店.
2) 竹中晃二・橋本公雄監訳（2005）：身体活動の健康心理学，大修館書店.

（徳永幹雄）

10. あなたの運動状況を診断する

2. 運動診断検査

下記に、運動に関する8つの質問項目が書いてあります。質問に対する答えは、すべて次の5段階に統一されています。順番に読んで、自分の状況に、最もあてはまる番号を右の回答欄の中に書き入れてください。

答え

1. ほとんどそうでない（0〜10%）
2. ときたまそうである（25%）
3. ときどきそうである（50%）
4. しばしばそうである（70%）
5. いつもそうである（90〜100%）

回答欄

1. 運動やスポーツの友人・仲間に恵まれている ……………………………□
2. 運動を続けると生活習慣病の予防など、良いことが多いと思う ……………□
3. 運動やスポーツのための時間はとれる ……………………………………□
4. 運動やスポーツをすると楽しい気持ちになる ……………………………□
5. 今日から2週間以内に何か運動やスポーツをするつもりである ……………□
6. 運動・スポーツ（散歩・歩行を含む）はどれくらいしていますか（下記の回答肢をみる）………□
7. 友人や家族などから運動やスポーツをすることを期待されている ……………□
8. 運動やスポーツの場所・施設に恵まれている ……………………………□

採点法

④ 運動行動・条件（5項目）：質問の1, 3, 5, 6, 8番の回答の合計点 …………………………□

⑤ 運動意識（3項目）：質問の2, 4, 7番の回答の合計点 ………………………………………□

☆あなたの運動（合計点）の判定は（　　　　　）。
　表2-11で判定する。

☆24点以下の人は、問題があるので指導者に相談してください。

質問6の回答肢

ほとんどしない	→1
月に2〜3日する	→2
週に1〜2日する	→3
週に3〜4日する	→4
週に5日以上する	→5

表2-11 運動得点の因子別、合計得点の判定表

尺度	因子（質問項目数）	1（かなり低い）	2（やや低い）	3（もうすこし）	4（やや優れている）	5（非常に優れている）
運動	運動行動・条件（5）	5-9	10-14	15-19	20-23	24-25
	運動意識（3）	3-7	8-10	11-12	13-14	15
	合計（8）	8-18	19-24	25-31	32-37	38-40

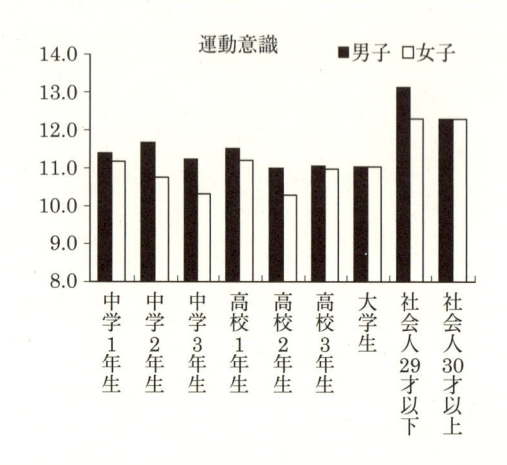

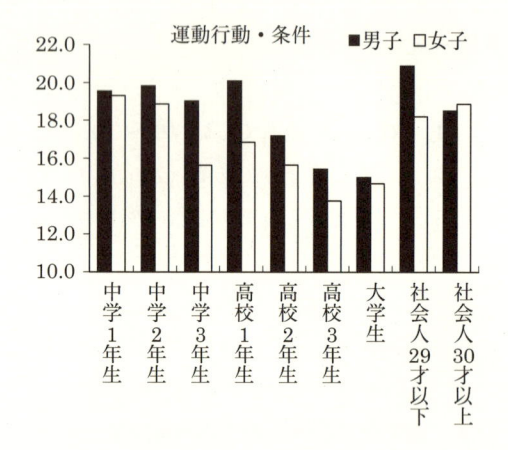

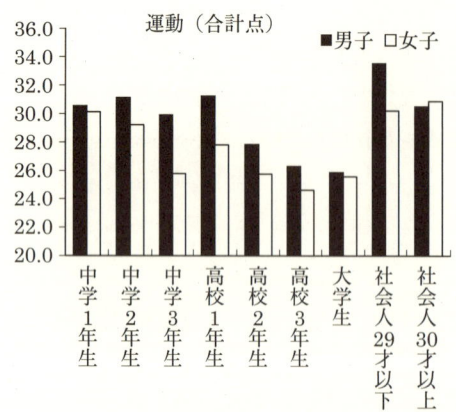

図2-25 運動状況の年代的差異

参考・引用文献

1) 徳永幹雄（2003）：健康度・生活習慣診断検査用紙（DIHAL.2, 中学生～成人用），トーヨーフィジカル発行（TEL. 092-522-2922）.
2) 徳永幹雄（2004）：健康度・生活習慣診断検査（DIHAL.2, 中学生～成人用）―手引き―，トーヨーフィジカル発行.

（徳永幹雄）

第3章

心の健康と運動

1. 心の健康とは

(1) 一般人に必要な心の指標

近年、「心の健康」や「メンタルヘルス（精神保健）」と言う言葉が多く用いられている。しかし、WHOの健康の定義では、「精神的に良好な状態（Mental well-being）」と述べられているだけで、具体的な心の健康の内容は明らかではない。メンタルヘルスは、人びとの健康のうち、主として精神面の健康を対象にして、精神障害を予防・治療し、また一般人の精神的健康を保持・向上させる諸活動を総称すると述べ（小林、1993）、心の健康の中でも特に精神面を強調している。

厚生労働省は「健康日本21（2000）」で、「休養・こころの健康づくり」を提言している。その中で、こころの健康とは、いきいきと自分らしく生きるための条件であり、下記の4つの内容を大切にして、ストレス、睡眠、心の病気（統合失調症、躁うつ病、人格障害、薬物依存）への対策を推奨し、心の健康は広い意味に用いられている。

① 自分の感情に気づいて表現できること（情緒的健康）
② 状況に応じて適切に考え現実的な問題解決ができること（知的健康）
③ 他人や社会と建設的でよい関係を築けること（社会的健康）
④ 人生の意味を見いだし、主体的に人生を選択すること（人間的健康）

さらに、厚生労働省（2007）は、新健康フロンティア戦略（9つの力）の中で、こころの健康づくり（こころの健康力）として、以下のことを提言している。

① 認知症の発症予防…今後、特に後期高齢者が増加することに伴い、認知症を有する者の数が確実に増加すると予想されており、その発症予防が重要な課題。
② 感情障害（うつ病など）の発症予防…近年、躁うつ病を含む気分（感情）障害の患者が増加、男女ともに20歳代から多くの患者が治療を受けている。うつに対する本人や周囲の理解を進め、早期に相談や治療につなげることが必要。

以上のように、一般人の心の健康の具体的内容としては、今ひとつ、明確ではない。そこで、心理学者のシュルツ（Schultz, D., 1977）が著名な心理学者7名（オールポート、ロジャース、フロム、マスロー、ユング、フランクル、パールズ）が共通に取り上げている心の健康の内容を、以下に紹介したい。

① 自分の生活を意識的にコントロールできること
② 自分は誰か、自分は何であるかについて知っていること
③ 現在にしっかりと結びつけられていること
④ 挑戦し、新しい目標や経験をめざしていること
⑤ その人らしい独自性をもっていること

これらは、外国の心理学者が提示した内容ではあるが、運動を実施することによる目標として掲げるには最適ではないかと考えられる。つまり、運動をすることにより、これらの5つの内容を高めることが、運動が目指す心の健康の内容であろう、と考えることができる。

一方、大学生については、国立大学保健管理施設協議会（1994）が学生に必要な精神的健康の内容として、以下のことをあげている。大学生が目指す精神的健康の内容として、示唆に富んでいる。

① 授業に出席して単位をとり、就職・大学院進学などの進路を決めて卒業する
② 友人を持ち、活動的で、ある程度の社会性を身につけている
③ 自分が生活の中で、どのように生きていくべきか（アイデンティティ、Identity；独自性、自分らしさ、自己同一性）を模索しており、年齢相応の悩みを悩む力を持っており、また、それを解決する柔軟性と能力を持っている
④ 在学中にふりかかる不慮の不幸な事態にも対処できる能力を有することや社会そのもののあり方について考える力のあること

以上のように、心の健康は「精神的障害がない」「精神的に安定している」といった状態から「生きがい、さらには認知症や感情障害の予防といった広い意味に捉えられてきた。その中で、心の健康やメンタルヘルスは同義語的に使用されていることが多いようである。しかも、その具体的内容となると、発達段階や研究領域などで心の健康として、強調される視点が異なることが分かる。

（2） 競技者に必要な心の指標
1）「精神力」から「心理的競技能力」

競技成績を向上させるためには、技術、体力と共に通称「精神力」が必要である。しかも、「精神力」は競技場面での実力発揮と密接に関係しているので、競技者にとっては非常に重要な心の指標である。

競技場面で勝敗を競ったり、実力を発揮したりする時、わが国では、「精神力」とか「根性」と言った言葉がよく使われてきた。しかし、「精神力」を語る時、「精神力」とは何かを究明することは、あまり行われず、ただ、猛練習が繰り返されてきた。

競技者に必要な「精神力」とは、具体的にどのような内容なのか、その内容を明確にしない限り、「精神力」の診断もできないし、何をどのようにトレーニングすればよいかは、明らかにならない。

徳永ら（2000）は、多くの研究を積み重ね、「精神力」を、表3-1のような5つの因子（競技

表 3-1 スポーツ選手の心理的競技能力

1.	競技意欲………………	①忍耐力　②闘争心　③自己実現意欲　④勝利意欲
2.	精神の安定・集中……	⑤自己コントロール能力　⑥リラックス能力　⑦集中力
3.	自信…………………	⑧自信　⑨決断力
4.	作戦能力……………	⑩予測力　⑪判断力
5.	協調性………………	⑫協調性

意欲、精神の安定・集中、自信、作戦能力、協調性）に分け、さらに、12の内容（忍耐力、闘争心、自己実現意欲、勝利意欲、自己コントロール能力、リラクセーション能力、集中力、自信、決断力、予測力、判断力、協調性）に分類した。この内容を、従来の「精神力」という抽象的言葉と区別する意味で、「心理的競技能力」と呼んでいる。つまり、競技者が競技場面で必要な心理的能力であり、これが競技者に必要な心の指標であり、競技者に必要なメンタル面の内容である。

2）心理的競技能力は「心理的スキル」

近年、欧米ではメンタルトレーニングが普及したこともあり、わが国でも、この分野への関心が急速に高まっている。日本スポーツ心理学会では「スポーツメンタルトレーニング指導士」の資格認定事業を2000年から開始したばかりである。欧米では、こうした心理的競技能力を心理的スキル（Psychological skill）と呼んでいる。つまり、集中力や忍耐力といった心理的競技能力は心理的スキル（技術）と考えている。技術であるから、練習しないと上達しないし、学習理論に沿ってトレーニングすれば向上する。優れたスポーツ選手は多くの競技や練習を通して、様々な心理的技術を身につけていると考えるのである。

参考・引用文献
1) 小林　司編（1993）：カウンセリング事典, 新曜社.
2) 安藤延男・村田豊久共編（1990）：これからのメンタルヘルス, ナカニシヤ出版. Schults, D.（1977）：Growth Psychology：Model of the Healthy Personality.
3) 徳永幹雄（2003）：改訂版・ベストプレイへのメンタルトレーニング, 大修館書店.

（徳永幹雄）

2. 運動・スポーツの心理的効果

運動・スポーツの心理的効果は、運動の仕方（短期的・長期的、軽度・強度、個人的・集団的など）によって異なる。ここでは運動やスポーツをすることが、一般的にどのような効果があるかを考える（表3-2）。

表 3-2　運動・スポーツの心理的効果

1. 感情の安定やコントロール能力の向上
2. 目標達成意欲の向上
3. 自信の高揚
4. 判断力や予測力の向上
5. 適応性の向上

（1）感情の安定やコントロール能力の向上

1）筋肉のリラクセーションは心的緊張を低下させる

体を動かすことは、手足や体幹の筋肉を緊張させたり、弛緩させたりすることである。運動中は緊張することもあるが、運動後の筋肉の弛緩は交感神経の興奮をやわらげ、大脳皮質の緊張を低下させる。すなわち、運動によって身体的リラクセーションが行われ、その結果、不安、イライラ、抑うつなどが軽減し、感情が安定することになる。このことは、心的緊張によって生ずる体の異常が正常にもどり、体調（快眠、快食、快便など）がよくなることを意味している。

2）運動に夢中になり、ストレスを忘れ、気分転換する

日常の学業や仕事から離れて、運動に参加し、運動に夢中になることによって、日常生活のストレスを忘れることができる。すなわち、「日常的世界」から「非日常的世界」へ移行することにより、気分転換が行われ、精神的にリラックスして、心身によい影響を与えることができる。

3）欲求を充足し、満足感や達成感を得る

我々は運動をしたいという欲求を持っている。あるいは、適度な運動をする必要があると考えている。運動のしかたは、人びとの欲求や目的によって異なるが、いずれもその運動に楽しさを感じ、満足感や達成感を味わうことができる。運動によって快適な感情を体験することが、気分を爽快にし、感情の安定に影響する。

以上、述べてきた内容を、図3-1のようにまとめた。運動やスポーツを行うことによって、身体的・精神的リラクセーションが得られ、快的ホルモンの分泌や日常生活で緊張した交感神経の興奮が低下する。その結果、心的緊張の低下や気分転換が行われ、満足感や達成感を味わうことによって、気分爽快になり、感情が安定・活性化する。さらには、感情のコントロール能力が身につくことになる。

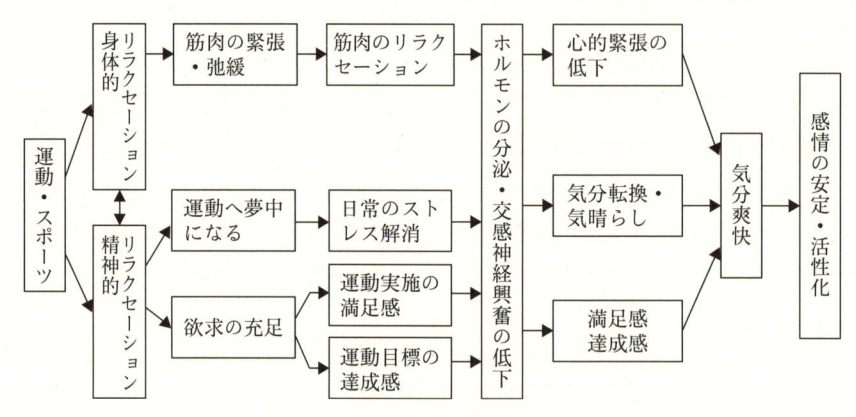

図3-1　運動・スポーツと感情安定・活性化の関係

4） 気分の変化のメカニズム

前述したような運動・スポーツと気分の変化のメカニズムについて、以下のような仮説が紹介されている。

① 生理学的仮説
   a. モノアミン仮説（神経伝達質）
      a) セロトニン：脳内に分泌されるセロトニンは、減少するとうつ病になり、分泌されると平常心・冷静さ・精神安定をはかる。運動することにより、セロトニンが分泌され、気分がすっきりしたり、感情が安定するのは、このためである
      b) ドーパミン：脳内に分泌されることにより、快感・多幸感、意欲を起こさせる
      c) ノルアドレナリン：ノルアドレナリンが分泌されると怒ったり、緊張・興奮する。不足すると不安やイライラが生ずる。恐怖を感じるとアドレナンが分泌される
   b. ベータ・エンドルフィン仮説：脳内モルヒネと呼ばれ、麻薬のモルヒネに似た快楽物質で鎮痛作用を持ったベータ・エンドルフィンの分泌が促進される。ランナーズ・ハイの気分はこのためである
   c. 温熱仮説：運動を行うと体温が上昇し、体調がよくなり、気分もよくなる
   d. 反動仮説：運動は緊張の後に、反動として弛緩（リラックス）がくる

② 心理学的仮説
   a. マスタリー（Mastery）仮説：達成感、成就感を味わい、気分がよくなる
   b. 心理的恩恵仮説：体に良いことをしていると信じ、よい気分になる
   c. 気晴らし仮説：ストレスを忘れ、気分を変えることができる
   d. 活動の楽しみ仮説：運動すること、そのこと自体が楽しい
   e. セルフエフィカシー仮説：体力や技術が高まると自信が高まり、心理機能が変化する

5） 学会が提言した精神面への効果

国際スポーツ心理学会（ISSP, 1992）は運動の精神面におよぼす効果として次のような提言をしている。運動が不安、抑うつ、神経症、ストレスの軽減に有効とする研究が報告されている。

① 状態不安を低減させる
② 軽度から中等度の抑うつレベルを低減させる
③ 神経症や不安症を低減させる（長期的運動において）
④ 重度のうつ病患者の専門的治療の補助となる
⑤ さまざまなストレス指標の低減をもたらす
⑥ 性・年代を問わず、情緒的な効果をもたらす

（2） 目標達成意欲の向上

目標（結果およびパフォーマンスに対する目標）を設定し、それを達成しようと努力する過程で、苦しい練習を体験する。苦しい練習に耐えるための身体的スポーツ耐性や集団活動の中での精神的ストレス耐性は、苦痛への耐性、すなわち「忍耐力」として高められる。ライアンら

(Ryan & Kovacic)は身体的接触のある競技者は接触のない競技者や競技をしていない人より苦痛への耐性が高いことを報告している。また、競技レベルの高い選手になれば、競争に打ち克つために必要な能力である積極性、闘争心、勝利意欲も高い。さらには、練習や競技を継続する中で自己の能力や限界に挑戦するといった自己実現意欲も高くなる。これらの忍耐力、闘争心、勝利意欲、自己実現意欲といった目標達成に必要な能力は、競技力の高い選手ほど優れていることが報告されている。一方、高齢者や障害者のスポーツでは、スポーツが生活の中心を占め「生きがい」となることも多い。

(3) 自信の高揚

運動・スポーツでは練習と競技が繰り返される。そして競争場面は「勝ち―負け」「成功―失敗」が体験される。相手に勝ち、あるいは成功をおさめると、はかり知れない自信が生まれる。したがって、競争で「勝つこと」「成功」をどのように位置づけるかは重要な問題である。危機的状況における能力発揮の自信や、努力すれば報われるといった成功への自信は積極性や自主性を生み、新たな価値ある目標の設定へと発展する。また、身体障がい者、軽度の疾病者、高齢者などの運動参加が健康・体力の向上に伴い、身体的能力への自信が高まることは数多く報告されている。

(4) 判断力や予測力の向上

技術習得や競争場面で、種々の状況に対して冷静で的確な判断力の必要性を体験する。また、対戦相手に対しては的中率の高い予測によって作戦を立て、それを遂行しなければならない。さらには危機的場面ではすばやい判断、失敗を恐れない決断をしなければならない。こうした体験の積み重ねは行動に対する判断力や予測力といった認知的能力の向上につながる。競技レベルの高い選手ほど判断力や予測力が高いことが報告されている。

(5) 適応性の向上

スポーツ集団への参加は集団所属への欲求を充足する。集団に所属していること自体がストレス社会での心の安定に貢献する。しかし、集団内での対人（友人）関係や集団への適応性は集団活動を継続する上で、体験しなければならない試練である。個人スポーツであれ、集団スポーツであれ、チームワーク、協調性、規範の遵守、そしてリーダーシップやフォロアーシップ、メンバーシップの発揮、コミュニケーションスキルなどは、集団への適応として欠かせない能力である。集団所属を継続する過程で個人対個人、個人対集団、集団対集団、そして、指導者と成員といったさまざまな人間関係への適応性が養われる。

参考・引用文献

1) 橋本公雄（2002）:「運動に伴う気分や感情の変化のメカニズム」, 徳永幹雄編, 健康と競技のスポーツ心理, 不昧堂出版.

2) 徳永幹雄（1993）：「運動・スポーツの心理的効果」「運動・スポーツによる心の健康づくり」，九州大学健康科学センター編，健康と運動の科学，大修館書店．
3) 徳永幹雄（2003）：「運動と心の健康」，健康・からだ力づくり事業財団，健康運動指導士養成講習会テキスト．

（徳永幹雄）

3. 運動によるストレス解消

（1） ストレスとは

ストレスは「歪。肉体的・精神的な緊張や圧迫」である。スポーツでは「あがり」や「プレッシャー」が同じような意味に使われている。ストレスを説明する時、生理学的な説明と心理学的説明がある。

1） ストレスの学説
① 生理学的説明

有名なハンス・セリエ（Selye, H.）のストレス学説がある。その特徴として、次の3点をあげることができる。

a. 「生体に対して一定以上の強い刺激が加えられると、その種類に関係なく生体内にさまざまな変化が生じ、それに適応しようとする反応が非特異的に生ずる」

b. ストレスは警告反応期（ショック相、抗ショック相）、抵抗、疲憊期の3つの段階を辿る（図3-2）。

c. 第2、第3のストレスが加わると抵抗できなくなる。

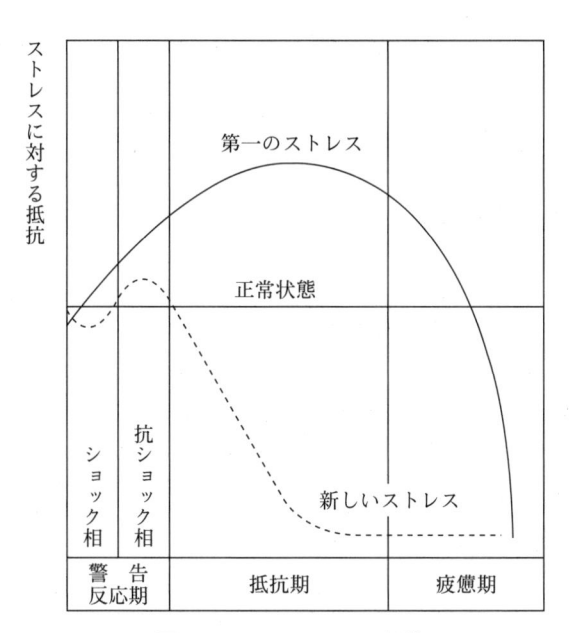

図3-2 ストレスの3つの段階
（加藤・森岡，1975）

以上のように、生理学的には一定以上の刺激が加わると、誰でもストレスを感じ、最初はショックを受けるが、その後は頑張り耐えることができるが、ストレスが続くと次第に抵抗できなくなり、最後は疲れ果ててしまう。加えて、次々に新しいストレスが加わると、新しいストレスに耐えられなくなる。

② 心理学的説明

ラザラス（Lazarus, R. S）の認知的評価理論は、以下のとおりである（図3-4参照）。

a. ストレッサーに対する認知的評価によってストレスは異なる。
b. 認知的評価は1次的評価、2次的評価、再評価が行われる。
c. 認知的評価には性格などにより個人差があるので、ストレスには個人差が生じる。

ストレスは個人の特性によって異なり、評価が繰り返される。したがって、ストレスを感じやすい人は個人的対策が必要である。

2） ストレスによる健康障害

ストレスによって生じる代表的な疾病は、以下のとおりである。

① 心身症…「身体的症状を主体とするが、その診断や治療に心理的因子についての配慮が特に重要な意味を持つ病態」。つまり、心の状態に異常が生じることにより、身体に異常が生じる病気である。胃・十二指腸潰瘍、過敏性大腸症候群、本態性高血圧、神経性狭心症、神経性呼吸困難、自律神経失調症、筋緊張性頭痛、睡眠障害などがある。

② うつ病…「基本症状は生命的悲哀と生命的抑止であり、そのほか離人、不安、絶望などの精神症状と、自律神経・内分泌障害を中心とする身体症状によって病状がいろどられる。精神症状は感情障害、思考障害、意欲・行為障害に分けられる」。

a. うつ病の9大症状…強いうつ気分、興味や喜びの喪失、食欲障害、睡眠の障害、精神運動の障害（制止または焦燥）、疲れやすさ・気力の減退、強い罪責感、思考力や集中力の低下、死への思い。

b. 「うつ病を疑うサイン」

　a）自分が気づく変化…悲しい憂うつな気分・沈んだ気分、何事にも興味がわかず・楽しくない、疲れやすく・元気がない（だるい）、気力・意欲・集中力の低下を自覚する、寝つきが悪くて朝早く目がさめる、食欲がなくなる、人に会いたくなくなる、夕方より朝の方が気分・体調が悪い、心配事が頭から離れず考えが堂々めぐりする、失敗や悲しみ失望から立ち直れない、自分を責め自分は価値がないと考える、など。

　b）周囲が気づく変化…以前と比べて表情が暗く元気がない、体調不良の訴え（身体の痛みや倦怠感）が多くなる、仕事や家事の能率が低下しミスが増える、周囲と交流を避けるようになる、遅刻・早退・欠勤（欠席）が増加する、趣味やスポーツ・外出をしなくなる、飲酒量が増える、など。

c. うつ病の予防とうつ病を支える方法

　a）うつ病の予防法…完全主義をやめる、自分のみすに厳しすぎるのをやめる、すべてをコントロールしようとするのをやめる、余計なかかわりを持つのをやめる、自分の体

調や健康を無視するのをやめる、仕事をストップして自分や家族のために時間をとる、自尊心が高いあまり助けを求めない、などが言われている。
  b) うつ病の人を支えるポイント…うつ病は治る病気である、周囲が体調や仕事ぶりの変化を見逃さない、うつ病の人は自殺する危険性が高い、不眠は睡眠薬やアルコールでは治らない、励まさず、ゆっくり休養させる、などが言われている。
③ 不安神経症…対象のない恐れである不安が前景に立つ神経症。急性の不安状態と慢性の不安状態があり、前者の不安状態を不安発作という。心理的防衛機制が不完全で、不安が種々の身体症状と結びつき苦痛となって直接表面に発作的に現われる。
④ アルコール依存症…長期間大量に飲酒続けると、肝障害、動脈硬化、心臓肥大、慢性胃炎などの循環系、消化器系の慢性症状が発現し、運動失調、手指震せん、神経痛、知覚障害などの神経症状が発現したりする。

3） ストレス・コーピング（Stress coping behavior、対処行動）
① 最適ストレスへのコーピング

　ストレス反応を軽減したり、解消するために行われる行動を対処行動（Coping behavior）と言う。通称、ストレス解消法である。ストレスコーピング（Stress coping）は、嫌悪的なストレス事態に対応することを目的にしたストレスへの対処行動である。対処とは、ストレスに耐える、受容できるようにする、あるいは無視するということであり、ストレスに強くなるためには、対処技術（Coping skills）が必要である。

　ここでは、ストレスを最適ストレスのコントロール（統御、制御）する方法について考えてみたい。つまり、強いストレスは軽減し、弱いストレスは少し強めて、最適なストレスになるようにすることである。最適ストレスにするためには、ストレッサーをコントロールするか、自分をコントロールするか、あるいはストレッサーと自分の両方をコントロールすることが必要となる。つまり、ストレスを自分に合った方法で、適度なストレスとして受け止め、あるいは適度のストレスを保ちながら、積極的に生きていくことが大切である。

② ストレスコーピングの分類

　近年、ラザラス（Lazarus, R. S.）らは、以下のように、問題中心型コーピングと情動中心型コーピングにストレスコーピングを分類している。

a. 問題中心型コーピング…ストレスとなる問題を解決するための手段的対処行動。
  a) 認知的対処行動…考え方を変えてみる、見通しや計画を立てる、など。
  b) 行動的対処行動…そのための資料を集める、解決のために最大限の努力をする、など。
b. 情動中心型コーピング…ストレスによって生じる不安・緊張・恐れといった情動の変化を解消することが中心となる対処行動。
  a) 認知的対処行動…心の安定を保ち、心理的な問題を解決することによって身体の正常化をはかろうとする方法（心の状態を変えて身体の状態を変える）がある。
  b) 行動的対処行動…からだを適度に動かしたり、筋肉を弛緩させることによって身体

写真3-1 古都を訪ね、心のやすらぎを!!
（奈良の法隆寺の五重塔）

のリラックスをはかり、心を安定させようとする方法がある。

たとえば、「試験」に対するストレス・ストレスコーピングは次のようにすると良い。

(a) 問題中心型…認知的には綿密な計画をたてるなど。行動的には資料を集め、勉強をするなど。

(b) 情動中心型…認知的にはベストを尽くせば良いと考えるなど。行動的には体を動かし、気分転換をするなど。

そして、積極的対処行動をすると、結果はよくなり、効果的対処行動となる。逆に消極的対処行動をすると、結果は悪くなり悪循環的対処行動となる。

一方、低いストレスに対しては、自分に合った目標を設定したり、積極的に活動に参加するなどが必要である。

③ コーピングの方略とスタイル

コーピングの方略は、次のような4段階に分類される。

a. ストレッサーの原因と性質を分析
b. コーピング能力や資源の把握
c. コーピング方略の選択（優先順位）
d. 予想される不成功への対策

また、コーピングスタイルは個人的コーピングと社会組織的コーピングに分類される。

a. 個人的コーピング…問題中心、解決の願望（祈り、楽観的観測）、価値観・感情の再構成（知性化）、回避・逃避（飲酒、薬物依存、登校拒否、自殺、自己隔離、自己非難）、発散・気分転換（スポーツ、旅行、趣味活動）など
b. 社会組織的コーピング…家族・友人・上司のサポート、問題への組織的対策など

(2) 運動によるストレス解消

1) 適度な運動量を求める

日常生活で生じたストレスを解消するためには、いろいろは方法がある。その中で、運動やスポーツによってストレスを解消することができる。運動不足解消としての運動、気分転換としての運動は、まさにストレス解消としての運動である。図3-3にみられるように、ストレスが多いときや「やる気」のなさが多いときに適度の運動を行うことにより「生き生き元気一杯」になるように運動量をコントロールして欲しい。運動の仕方とストレスの関係の説明は、次章である。また、なぜ運動をするとストレス解消になるかについては、前述の「気分変化のメカニズム」で、詳しく述べたので読み返して貰いたい。

2) 運動がストレスにならないように

　運動が必ずしもすべての人に快感情をもたらすとは限らない。運動がストレスになっては、何のための運動・スポーツをしているのか分からなくなる。運動が嫌いな人は、運動がストレスになるし、勝敗や技術や体力だけが強調されすぎると、ストレスは増大する。また、スポーツ選手は大きな試合になると、緊張しすぎて「あがる」とか「プレッシャーを感じる」ということがある。

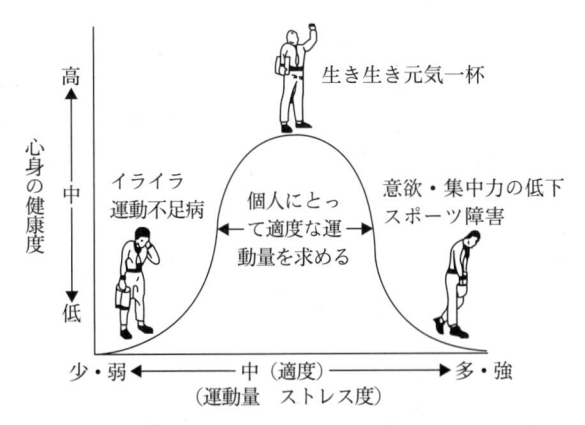

図3-3　運動量・ストレス度と健康度の関係
（徳永，1993）

市村（1965）は「あがり」の徴候として、次の5項目をあげている。
① 自律神経（交感神経）の緊張…のどがからから、胸がどきどき、筋肉が硬くなる、唾液がねばねば、尿意など
② 心的緊張の低下…注意力散漫、あくびが出るなど
③ 運動技能の混乱…いつものようにできない
④ 不安感情…失敗しそう、うまくできないのではないかと考える
⑤ 劣等感情…自分が下手、相手が強そうと思うようになる

渋倉（2005）は高校運動部員の心理的ストレス過程を図3-4のように示している。ストレスに

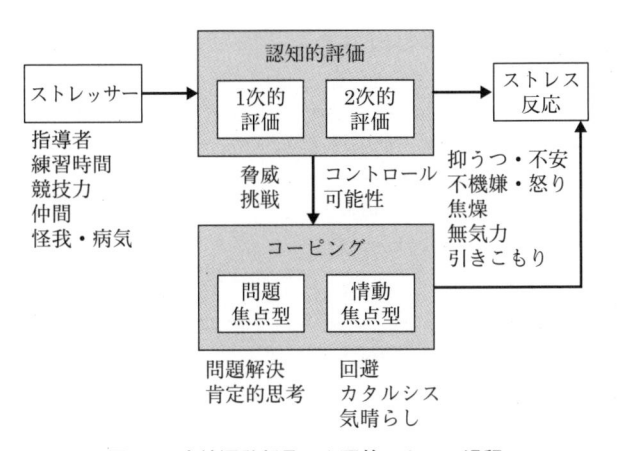

図3-4　高校運動部員の心理的ストレス過程
（渋倉・森，2004に加筆）

かかりやすい人は何らかの対策を考えなければならない。ここで、橋本・徳永（1994）が開発した精神的健康パターン診断検査でストレス度と生きがい度を測定してみよう（表3-3）。

表3-3　精神的健康パターン診断検査（MHP）

下記の設問に対し、回答肢の中から適当と思われる番号を選び、□内に記入してください。
　回答肢（1. 全くそんなことはない　2. 少しはそうである　3. かなりそうである　4. 全くそうである）

1.	心配ばかりしている……………………………□	21.	ときどき頭が重い…………………………□
2.	一つのことに気持ちをむけていることができない□	22.	夜中に目が覚める…………………………□
3.	人と話をするのがいやになる…………………□	23.	毎日楽しく生活している…………………□
4.	見知らぬ人が近くにいると気になる…………□	24.	何ごとに対しても意欲的に取り組んでいる…□
5.	何となく全身がだるい………………………□	25.	気持ちが落ち着かない……………………□
6.	寝つきが悪い…………………………………□	26.	ボーッとしている…………………………□
7.	しあわせを感じている………………………□	27.	にぎやかなところを避けている…………□
8.	やってみたいと思う具体的な目標をもっている…□	28.	他人に見られている感じがして不安である…□
9.	物事にこだわっている………………………□	29.	何かするとすぐ疲れる……………………□
10.	がんばりがきかない…………………………□	30.	さわやかな気分で目が覚めない…………□
11.	人と会うのがおっくうである………………□	31.	精神的にゆとりのある生活をしている…□
12.	周囲のことが気になる………………………□	32.	熱中して行っていることがある…………□
13.	なかなか疲れがとれない……………………□	33.	不快な気分が続いている…………………□
14.	眠りが浅く熟睡していない…………………□	34.	気が散ってしかたがない…………………□
15.	自分の生活に満足している…………………□	35.	なぜか、友人に合わせて楽しく笑えない…□
16.	将来に対して夢を抱いている………………□	36.	目上の人と話す時に汗をかく……………□
17.	神経が過敏になっている……………………□	37.	気分がさえない……………………………□
18.	何かにつけてめんどうくさい………………□	38.	朝、気持ちよく起きられない……………□
19.	一人でいたいと思う…………………………□	39.	生きがいを感じている……………………□
20.	多くの人々の中にいるとかたくなる………□	40.	何ごとに対しても楽観的にとらえている…□

橋本公雄（1999）：「メンタルヘルスはどんな方法で測定できるか」，九州大学健康科学センター編，健康と運動の科学，大修館書店.

表3-4　下位尺度ごとに合計点を計算する

	下位尺度	項目番号	合計点
心理的ストレス	1. こだわり	1. 9. 17. 25. 33.	(　)
	2. 注意散漫	2. 10. 18. 26. 34.	(　)
社会的ストレス	3. 対人回避	3. 11. 19. 27. 35.	(　)
	4. 対人緊張	4. 12. 20. 28. 36.	(　)
身体的ストレス	5. 疲労	5. 13. 21. 29. 37.	(　)
	6. 睡眠・起床障害	6. 14. 22. 30. 38.	(　)
生きがい	7. 生活の満足感	7. 15. 23. 31. 39.	(　)
	8. 生活意欲	8. 16. 24. 32. 40.	(　)

生きがい度（QOL）（　）点	下位尺度7～8の合計得点	
ストレス度（SCL）（　）点	下位尺度1～6の合計得点	

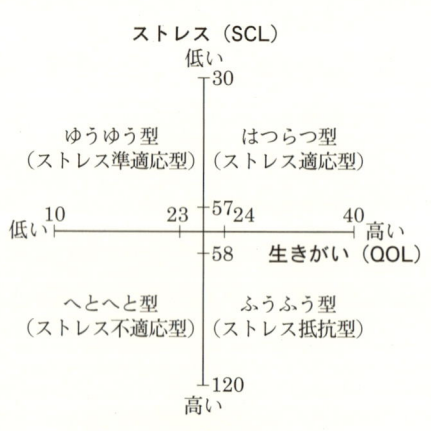

ストレス（SCL）
低い　30
ゆうゆう型（ストレス準適応型）　　はつらつ型（ストレス適応型）
低い 10　　23　57 24　40 高い
　　　　　　　　　58　生きがい（QOL）
へとへと型（ストレス不適応型）　　ふうふう型（ストレス抵抗型）
120
高い

図3-5　精神的健康パターン
（ストレス度得点と生きがい度得点が交叉するところが自分のパターンとなる）

参考・引用文献
1) 市村操一（1965）：あがる心理あがらない心理，児童心理，第222号.
2) 加藤正明・盛岡清美編（1975）：ストレス学入門，有斐閣.
3) ラザラス・林俊一郎編・訳（1990）：ストレスとコーピング―ラザラス理論への招待―，星和書院.
4) 渋倉崇行（2005）：「スポーツ活動とストレス」，徳永幹雄編，教養としてのスポーツ心理学，大修館書店.

（徳永幹雄）

4. 運動による心の健康づくり

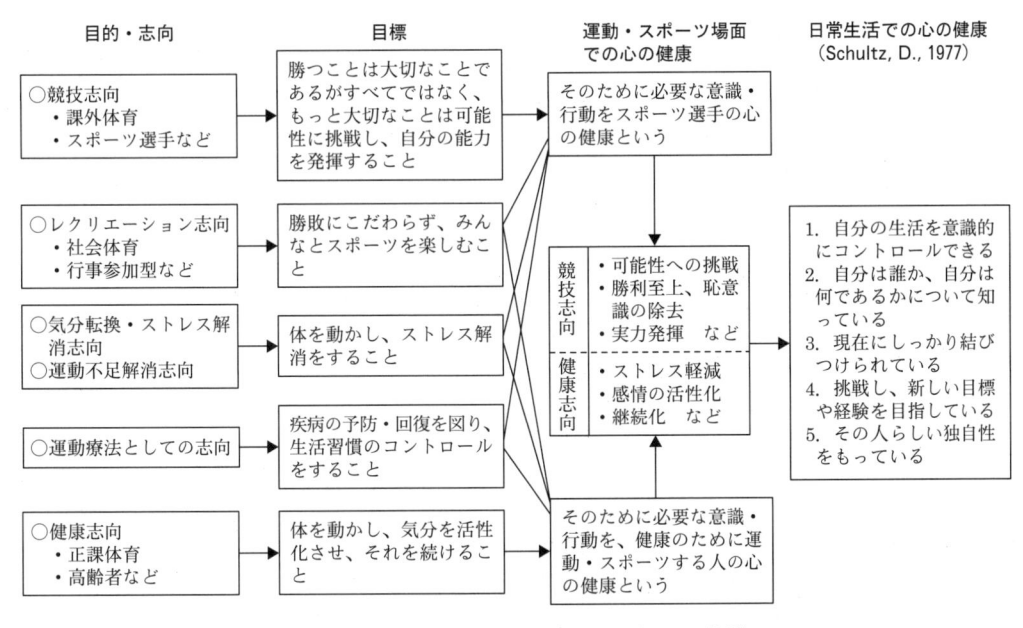

（1） 心の健康を考慮した運動・スポーツの指導

　運動・スポーツの目的や志向はさまざまである。例えば、競技志向、レクリエーション志向、気分転換・ストレス解消志向、運動不足解消志向、運動療法としての志向、健康志向などがある。それぞれの運動・スポーツの目的・志向によって目標も異なる。そうすると、運動・スポーツ場面での心の健康の具体的内容は異なることになる。運動・スポーツを実施することにより、健康志向や競技志向のあった心の健康を達成し、最終的にはいずれの運動・スポーツをしたとしても、日常生活で必要とされるシュルツが提唱した5つの心の健康に到達することが望ましい。図3-6はそのことを示したものである。そして、さらには健康度や生活習慣（ライフスキル、Life skill）を望ましい方向に変化させることを目指すことが、心の健康を考慮した運動・スポーツと言える。

図3-6　心の健康を考慮した運動・スポーツの指導

（2） 健康志向のスポーツ

1） 適度の運動量

　健康志向のスポーツでは、「からだを動かし、気分を変える」ことが基本となる。前述した図3-3のように、心身の健康状態を良好に保つためには、適度な運動量を求めることが必要である。過度な運動量であれば、意欲・集中力の低下やスポーツ障害につながる。また、運動が少なすぎれば、「やる気」のなさや運動不足になり、生活習慣病に発展する。からだの動かし方は、首や肩を回す、散歩、歩行、ジョギングなどの比較的軽い運動でよい。日常生活のストレスが強す

ぎれば、リラクセーション（Relaxation）としての運動が必要であるし、ストレスが弱すぎれば、アクティベーション（Activation、活性化）としての運動が必要である。

2） リラックスの原理

心身をリラックスさせるためには、からだを動かして心の状態を変える方法（身体的リラクセーション）と心（意識）を変えてからだの状態を変える方法（精神的リラクセーション）がある。いずれも、からだの状態を「頭寒足熱」に変える方法であり、このことがリラックスの原理である。したがって、運動やスポーツによってストレスが増し「頭温足冷」となっては、健康のための運動とはいえない。運動の前後には、柔軟体操やストレッチをしてからだを温めたり、運動後には、ゆったりと腰をおろし、仲間と談笑したり、地面や床に寝そべって筋肉をリラックスさせ、「頭寒足熱」にすることが必要である。また、勝敗や技術・体力の高低などにこだわらず、自分の成長・向上に目を向け、「健康のために行っている」という意識を大切にして、継続することが必要である。

要は、個人が自分にとって適度な運動量となるようにコントロール（管理、制御）することによって、快適な気分となり、感情を安定・活性化させ、継続することが健康志向のスポーツでは重要である。

（3） 競技スポーツと心の健康づくり

1） 勝敗は大切だが、実力発揮・目標達成はもっと大切

スポーツクラブなどに所属して、目標達成（可能性への挑戦、競争など）のために、競技スポーツをしている人にとっても、心の健康という視点は必要である。競技スポーツの心理的課題としては、いかにして実力発揮度を高めるかが重要であろう。そのためには、前述した12の心理的スキルを向上させることが必要である。また、後述される図3-25にみられるように、競技スポーツは単に「勝ち負け」だけで評価されるのではなく、「成功・失敗」として評価することがスポーツ選手の心の健康を得ることに有効である。そして、「勝つことも大切であるが、実力発揮・目標達成はもっと大切」といった考えが重要であり、勝者・敗者としての態度を示すこと、「できる・できない」だけの評価ではなく、競技スポーツでも記録や体力・技術・心理面の成長・向上を大切にすることが、さらに重要である。

2） 競技スポーツの見直し

現在、スポーツ界に対する最大の批判は、勝利中心主義（勝利至上主義、優勝劣敗主義）であり、その他にも、根性主義、体罰主義、技術中心主義、体力主義、全体主義、保守主義と多い。これらの批判に対する対策として、シュルツの心の健康の定義と関連させながら、運動の仕方について再考してみたい。

① 「勝利重視」型から「実力発揮・目標達成」型目標へ

勝つことはスポーツの重要な目標である。しかし、スポーツにおける「成功」とは、単に勝つことだけでなく、努力の過程が重要であり、自己の実力を十分に発揮して目標を達成することが重要である。「負けても成功」はあり得る。自己の目標を設定し、実力発揮・目標達成と

いう「成功」を重視することが、勝利中心主義の排除につながり、「挑戦し、新しい目標や経験をめざす」ことにより、自己実現という心の健康を高めることになる。そのためには、「勝利重視」型から「実力発揮・目標達成」型目標へ、目標の重点を移行したら、どうだろうか。

② 「集団」型練習から「個人」型練習へ

集団の競技力を向上させるためには個人の競技力を高めなければならない。集団的・同一的練習ばかりでなく、個性を伸ばす練習法の導入、集団の目標だけでなく、個人目標の設定、そして絶対服従的な縦型人間関係でなく、個人の自主性・創造性を尊重するといった練習法を取れ入れることが、全体主義、保守主義といった弊害の排除につながり、個性や独自性の発揮という心の健康に発展する。そのためには、「集団」型練習から「個人」型練習へ、練習方法の重点を変えたらどうだろうか。

③ 「体罰・命令」型から「納得・合意（認知）」型練習へ

うまくできなければ体罰、競技に負ければ体罰、そうした命令型の指導は古い。体罰や罵声は指導力不足の何物でもない。なぜできないのか、なぜ負けるのか、なぜ実力が発揮できないのか、を正しく認知させることが大切である。そのためには、スポーツ科学の導入が必要である。スポーツを通して自分の長所や短所を理解することは、「自分を知る」という心の健康へつながる。そのために、指導法を「体罰・命令」型から「納得・合意（認知）」型練習へ、変えたらどうだろうか。

④ 「猛烈」型から「効率」型練習へ

オーバートレーニングはスポーツ障害の発生ばかりではなく、自主性の欠如、集中力の低下などの精神的疲労を伴い、ドロップアウトやバーンアウト（燃えつき症候群）に発展する。

1日2〜3時間以内の練習、週1〜2日の定期的休養が必要である。効率的練習は、「自分の生活を意識的にコントロールできる」という心の健康を育てることになる。そのために、練習量を「猛烈」型から「効率」型練習へ変えたらどうだろうか。

⑤ 「不安・あがり」型から「楽しみ・思いきり」型競技参加へ

競技前の不安、プレッシャーといった心理的過緊張や競技中の「あがり」は、パフォーマンスに悪影響する。「今の自分にできることをすればよい」「実力を発揮すればよい」「自分のプレイをするのだ」「負けることは恥ではない」「思いきりすることが大切である」といった競技に対する認知を変えることによって好結果が生まれる。現在の自分の実力に合った目標を設定することにより、「現実にしっかりと目を向け」「積極的に取り組む」という心の健康を高めることになる。そのために、競技への参加態度を、「不安・あがり」型から「楽しみ・思いきり」型参加へ、変えられないものだろうか。

参考・引用文献

1) 徳永幹雄（1993）：「運動・スポーツによる心の健康づくり」，九州大学健康科学センター編，健康と運動の科学，大修館書店．
2) 徳永幹雄（2003）：「運動と心の健康」，健康・体力づくり事業財団，健康運動指導士養成講習会テキスト．

（徳永幹雄）

5. 競技に必要なメンタル面のトレーニング

(1) メンタル面の診断
メンタル面で強くなるためには、まず自分を知らなければならない。その意味で、心理的スキルを診断することが、メンタルトレーニングのスタートになる。一般的には、心理検査が用いられるが、選手自身やコーチ・指導者などによる分析が必要なことは言うまでもない。

1) 心理的な特性をみる検査
その人が持っている一般的で、あまり変化しない心理的特性をみる必要がある。以下は、心理的特性をみるための検査である。

①心理的競技能力診断検査（DIPCA.3、徳永ら、図3-7）の簡易版と判定基準を表3-5および表3-6に示した。その他に、②特性不安テスト（TAI, Spielberger, C. D.ら）③体協競技動機テスト（TSMI）④競技特性不安（SCAT, Martens, R.ら）⑤内田クレペリン精神検査（UK法）⑥矢田部・ギルフォード性格検査（Y-G性格検査）などがある。

2) 競技前の心理的状態をみる検査
競技前になると、心理状態が変化する。競技前にどのような心理状態になっているかをみる検査である。

①試合前の心理状態診断検査（DIPS-B.1、徳永）②競技状態不安（CSAI-2, Martens, R.）、

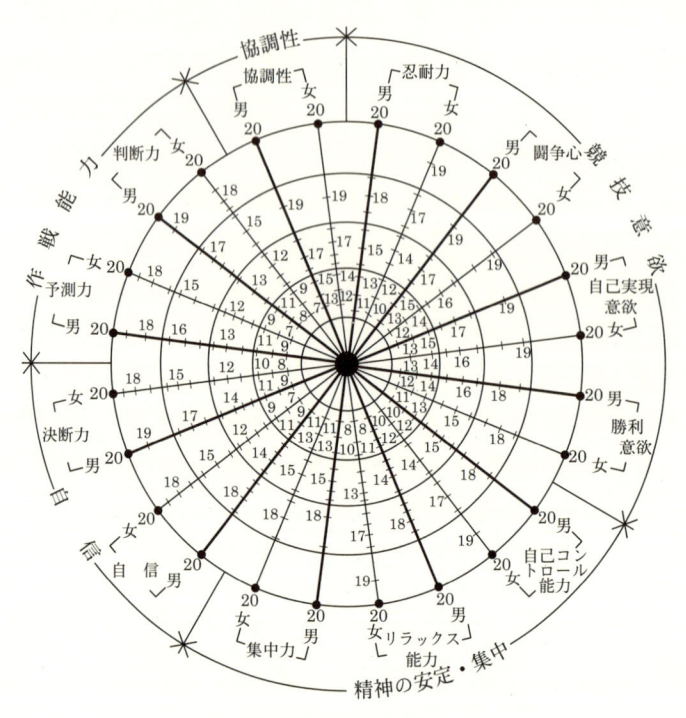

図3-7 心理的競技能力の尺度別プロフィール

表 3-5　あなたの心理的スキルは？
（5 段階評価で記入する）

1. 忍耐力……………………………□
2. 闘争心……………………………□
3. 自己実現意欲……………………□
4. 勝利意欲…………………………□
5. 自己コントロール能力…………□
6. リラックス能力…………………□
7. 集中力……………………………□
8. 自信………………………………□
9. 決断力……………………………□
10. 予測力……………………………□
11. 判断力……………………………□
12. 協調性……………………………□
　　　　　　　　　　　　合計点 □

評価法：
1. まったくない　　2. あまりない
3. どちらともいえない　4. かなりある
5. 非常にある

表 3-6　心理的スキルの判定法

	A	B	C	D	E
男子	53 以上	52-47	46-42	41-36	35 以下
女子	51 以上	50-45	44-39	38-33	32 以下

競技レベルが高い選手や経験年数の長い選手ほど自信・決断力や予測力・判断力が高い.

③気分プロフィール尺度（POMS）　④心理的コンディショニング診断テスト（PCI）　⑤状態不安調査（SAI, Spielberger, C. D. ら）などがある.

3）競技中の心理的状態をみる検査

実際の競技（パフォーマンス）中にどのような心理状態であったかをみる検査である．検査法は少ないので、研究者が指摘する「望ましい心理状態」を示す．

①試合中の心理状態診断検査（DIPS-D.2、徳永）　②「レーア（Loehr, J. E.）」の 12 の理想の心理状態（筋肉がリラックスする、プレッシャーがない、やる気がある、うまくいくような気がする、心が落ち着いている、プレイが楽しい、無理がない、無心にプレイしている、敏感に動ける、自信がある、集中力がある、自分をコントロールできる）　③「ガーフィールド（Garfield, C. H.）」の 8 つのピーク・パフォーマンス・フィーリング（精神的にリラックスしている、身体的にリラックスしている、自信と楽観性、今ここへ集中、精力的、高度な意識性、統制可能、守られている状態）　④「マイクス（Mikes, J.）」のバスケットボール選手に求める要素（集中、冷静さ、自信）　⑤「ワインバーグ（Weinberg, R. S.）」のテニス選手の 8 つの理想の心理状態（自信、集中力、身体的リラックスなど）　⑥「グラハム（Graham, D.）」のゴルフ選手がゾーンに入るのに必要な 11 項目（沈着冷静、肉体的リラクセーション、恐れのない心など）などがある．

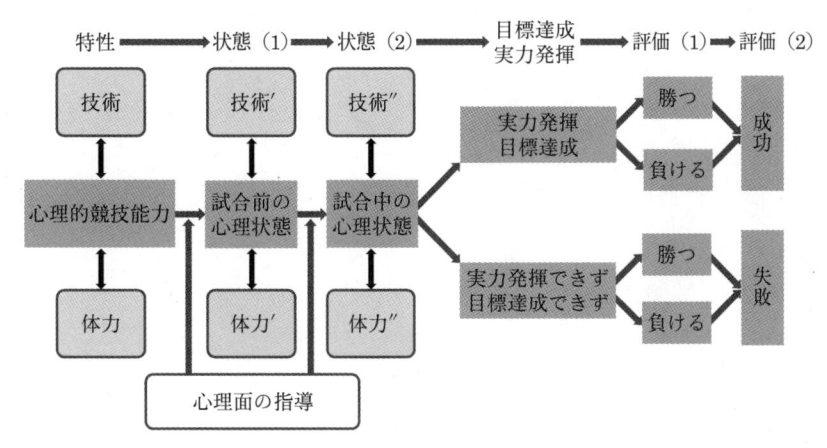

図 3-8　心理的スキルの特性、状態と実力発揮および評価の関係

以上の検査結果は、「特性―状態（1）（2）―目標達成・実力発揮―評価（1）（2）」として、それぞれが密接に関係していることを図3-8に示した。

（2）メンタルトレーニングの進め方

競技成績を高めるためには、技術を練習し、体力をトレーニングすると共に、メンタル面をトレーニングする必要がある（図3-9）。実力発揮度を高めるためには、前述した評価尺度や過去の競技で調子が良かった時と調子が悪かった時の違いを分析し、自分に欠けている心理的スキルを明確にして、その克服法を考え、トレーニングしていけば良い。これが通称、メンタルトレーニングである。

その概要は、以下のとおりである（図3-10）。競技者は、メンタルトレーニングによって、実力発揮度を高め、高い確率で安定するようにする。

① 心理的スキルの診断…自分の心理面の長所と短所を分析し、自分に欠けている心理的スキルを明確にする
② 「やる気」を高める…競技意欲を高める。その方法として目標を設定する

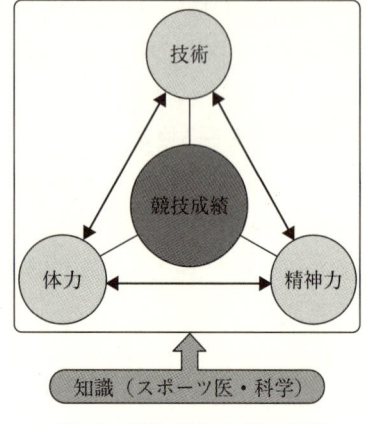

図3-9 競技成績と知識の関係

③ 「よい緊張感」をつくるトレーニング…体と心のリラックスおよびサイキング・アップの仕方を覚え、本番で「よい緊張感」がつくれるようにする
④ 集中力のトレーニング…注意を集中する方法、集中を乱されない方法、そして、集中力を持続する方法を覚える
⑤ 作戦能力のトレーニング…イメージトレーニングを用いて、競技の作戦能力をトレーニングする

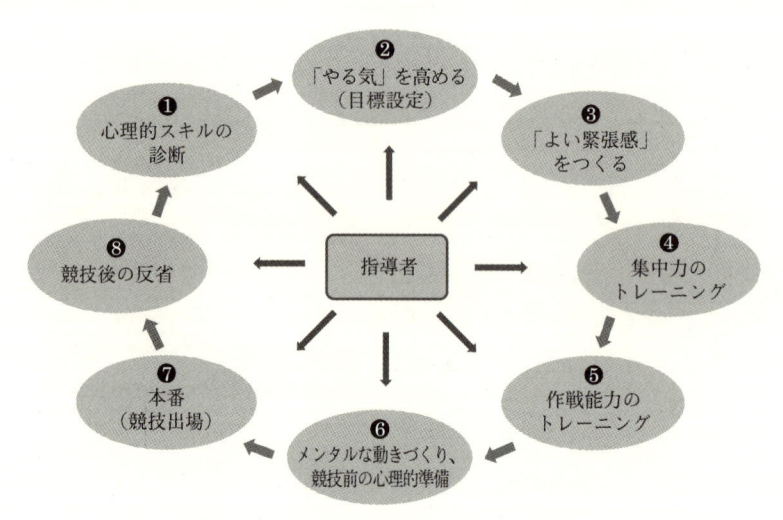

図3-10 心理的スキルトレーニングの進め方

⑥　メンタルな動きづくり・競技前の心理的準備…心理的スキルの動きを競技の中で発揮できるようにする。競技前の心理的コンディショニング法を覚える
⑦　本番（競技出場）…競技前の気持ちづくりや本番での注意を考えておく
⑧　競技後の反省…競技中の心理状態、目標の達成度、実力発揮度を評価する

参考・引用文献
1)　徳永幹雄・橋本公雄（2000）：心理的競技能力力診断検査（DIPCA.3），トーヨーフィジカル発行．
2)　徳永幹雄（2003）：改訂版・ベストプレイへのメンタルトレーニング，大修館書店．
3)　徳永幹雄（2005）：「競技に必要な心理的スキルとは」，徳永幹雄編，教養としてのスポーツ心理学，大修館書店．

（徳永幹雄）

6.　「やる気」や「よい緊張感」の高め方

(1) 「やる気」の高め方
1)　「やる気」とは

「やる気」は心理学的用語としての動機づけ（有機体に行動を起こさせ、その行動を一定の目標に方向づける過程）や、達成動機（その文化において優れた目標であるとされる事柄に対し、卓越した水準でそれを成し遂げようとする意欲、宮本、1979））とほぼ同義語として使われている。

スポーツにおける「やる気」は、高い目標を持つことが必要であり、困難な障害に打ち克ち、自主的でファイトがあり、目標を実現するために意欲に満ちていることが大切である。そこで、「やる気」とは、「高い目標をかかげ、苦しいことや辛いことに打ち克ち、自分から進んで、目標を成し遂げようとする意欲」と定義できる。

2)　「やる気」を高める方法
①　何のためのスポーツか

「やる気」を高めるには、まず、「何のためにスポーツをしているのか」を確認しておくことが必要である。前述（1章で）したように（3頁参照）、米国の心理学者マスロー（Maslow, A. H.）は人間には5つの欲求の階層があることを説明している。スポーツの目的を当てはめると、「観戦・応援」「レクリエーション」「運動欲求（体を動かしたい）の充足」「人間関係の向上」「競争・スリル感の体験」「可能性への挑戦」になる（図3-11）。また、スポーツの楽しさの内容が高次になるほど、技術、体力、心理面や実施程度は高くなる。そして、競技では勝つことや優勝することは大切であるが、もっと大切なことは、自分の可能性や限界に挑戦する（自己実現の欲求）ことが、人間として高次の欲求を追求していることになるということを確認しておくべきであろう。

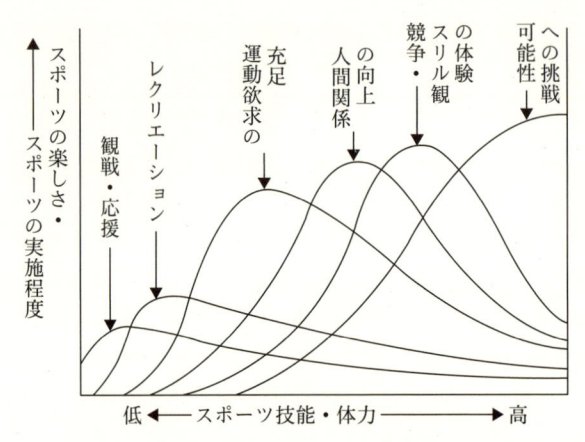

図3-11 スポーツの技能・体力とスポーツの楽しさ・実施程度の関係
［徳永（1981）：心理的な運動処方が忘れられていないか，指導者のためのスポーツジャーナル，37巻］

② 一般的な「やる気」の高め方

　一般的な「やる気」を高める方法は、いろいろ報告されているが、特にスポーツでは次の9項目をあげることができる。

1. 賞賛と叱責を有効に取り入れる
2. 競争と協同をさせる
3. 興味や関心の強さを大切にする
4. 行動の結果を知らせる
5. 好奇心を持たせる
6. 個性を重視する
7. 失敗回避動機を減少させる
8. 成功・失敗の原因を正しく認知させる
9. 試合ごとに反省し、目標や練習方法を修正する

3）目標設定の方法

① シーズン始めやトレーニング始めの目標

　表3-7のような記入用紙を準備し、シーズン始めの目標を記入するとよい。

　a. 長期・中期・短期的目標
　　a) 長期的目標：スポーツ選手として最終的にどういう選手になりたいかを設定する
　　b) 中期的目標：何歳位にはどれくらいの選手になっているかを設定する
　　c) 短期的目標：この1年間の目標を設定する
　b. 結果に対する目標…競技の結果について、優勝とかベスト8になるとか、1回戦に勝つなどの目標をたてる。努力すれば達成できるくらいの目標がよい。
　c. プレイの内容についての目標…プレイの内容とは技術、心理、体力の目標のことである。それぞれについて、具体的な目標を立てる。
　d. 目標を達成するための方法を計画する…結果に対する目標やプレイに対する目標を達成するためには、どんな練習をしたらよいかを計画する。
　e. 目標達成の効果と阻害要因…目標が達成された時の効果、利益を確認しておく。また、目標達成を邪魔するのは何かを確認し、その対策をつくっておく。

表 3-7　年間目標の設定表

氏名	スポーツ種目（　　　） 学校・会社名（　　　）	男子 ・ 女子	年齢（　　　）歳 学年：中・高・大（　　）年

1. スポーツに対する目標

長期的目標	スポーツ選手としての最終目標（例、オリンピック選手を目指す、スポーツの指導者になりたい、など）		
中期的目標	最終学年（中学3年・高校3年・大学4年）までの目標（例、インターハイに出場する、国体選手になる、など）		
短期的目標	本年度の目標記録を書いてください （記録がある人のみ）		本年度の最終目標 （○○大会優勝、ベスト4 など）
	種目（　　）記録（　　） 種目（　　）記録（　　） 種目（　　）記録（　　）		チームの目標
			あなたの目標

2. 本年度のプレイ（技術、体力、心理）に対する目標とその達成方法

	技術面の目標	体力面の目標	心理面の目標
技術面、体力面、心理面ではどんなことを目標にしますか。	（例）泳ぎのピッチを速くする	（例）握力を60kgにする	（例）積極的なレースをする
それぞれの目標を達成するにはどんな練習をしますか。			

3. 目標を達成すると、あなたにはどんな効果、良いこと、嬉しいことがありますか。

4. 目標を達成しようとする時、それを邪魔したり、障害になることはどんなことですか。それに対してはどのようにしますか。

目標達成の妨害	
妨害に対する対策	

5. 目標を達成するための自己宣言（スローガン、決意、誓いの言葉など）を書いてください。

---

　　f.　自己宣言…自分の目標を達成するために、自己宣言をする。紙に書いて貼っておく。
②　大会ごとの目標の設定
　シーズン初めの目標設定の方法と同様に、競技に出るたびに、結果に対する目標とプレイに対する目標を明確にする。次に、プレイの内容は技術面、体力面、心理面に分け、具体的目標を設定する。さらに、目標達成の方法を作成し、自己宣言を部室、自宅などに書いて貼っておく（表3-8）。
③　競技後やシーズン終了後の目標修正
　競技後やシーズン終了後に客観的な資料（測定、検査、スコアブック、VTRなど）を用いた反省により、目標に対する評価を行い、目標を修正し、新たな目標を設定する。目標の設定と

表 3-8 試合のための目標設定表

氏名	スポーツ種目（　　） 学校・会社名（　　）	年齢（　　）歳 学年 中・高・大（　　）年	男子・女子	記入日　平成　年　月　日

1. 今度の試合の結果に対する目標を書いてください。（例、優勝、ベスト4、1回戦突破など）

2. 今度の試合のプレイに対する目標とその達成方法を書いてください。

	技術面の目標	体力面の目標	心理面の目標
技術面、体力面、心理面ではどんなこくを目標にしますか。	（例）クロスのフォアハンドストロークを打つ（テニス）	（例）後半にバテないようにする。	（例）集中力を持続する。
それぞれの目標を達成するにはどんな練習をしますか。	（例）フォアハンドの練習を集中的にする。	（例）週に3回、4km走る。	（例）いつも自分に"集中"と言いきかせる。

3. 目標を達成すると、あなたにはどんな効果、良いこと、嬉しいことがありますか。

4. 目標を達成しようとする時、それを邪魔したり、障害になることはどんなことですか。それに対してはどのようにしますか。

目標達成を妨害すること	
妨害に対する対策	

5. 目標を達成するための自己宣言（スローガン、決意、誓いの言葉など）を書いてください。

それに対する反省が、自発的・自主的、そして創造的に競技に取り組む「やる気」を育てることになる。

(2) 「よい緊張感」の高め方

1) 「よい緊張感」とは

競技では、緊張しすぎても緊張が低すぎても、日頃の練習成果や実力発揮はできない。図3-12は横軸が心理状態（緊張度）の程度で、縦軸は実力発揮度を示している。緊張度と実力発揮度の関係は、逆U字曲線の関係にあると言われている。

緊張しすぎたらリラクセーション（Relaxation）、緊張が低すぎたらサイキング・アップ（Psyching up；感情の高揚、またはアクティヴェーション、Activation；活性化）のスキルを使って、「よい緊張感」をつくる。自分の過去の体験から「最もよい結果」や「成功」と思われる時の緊張度を確認し、それに近づけるようにする。

2) なぜ、緊張するのか

図3-13は、ストレッサーとしての「試合」を本人がどのように考えるか（認知的評価）によって緊張の度合いが異なる。この認知の仕方が緊張の度合いを変えることになる。緊張というのは

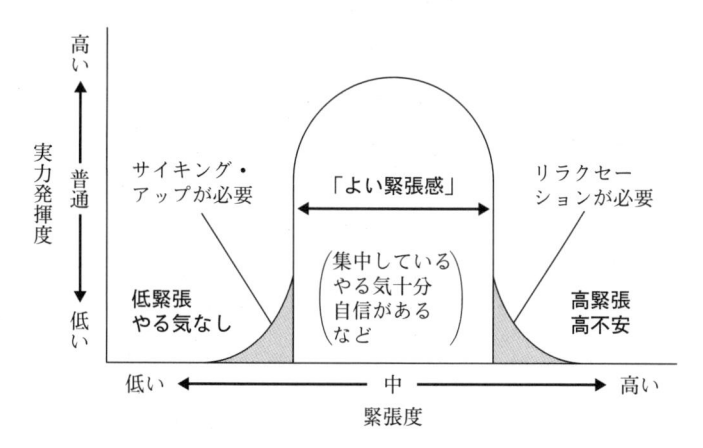

図3-12 緊張度と実力発揮度の関係

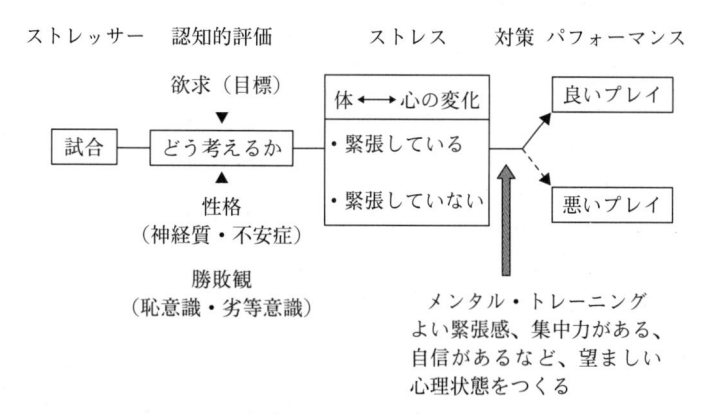

図3-13 緊張度とメンタルトレーニングの関係

大脳皮質の認知の仕方に基づき、人間の感情をつかさどる間脳の視床下部が興奮して、交感神経を刺激し、アドレナリンなどのホルモン分泌を伴い、心臓がドキドキしたり、筋肉が硬くなったり、さまざまな生体の諸機能に影響を与えている状態である。つまり、ストレス（状態）とか"あがり"とか、"プレッシャー"というのは言葉こそ違え、体と心の変化している状態としては同じである。この認知の仕方に関係するのは、本人の欲求（目標）、性格、勝敗観などがある。「競技に勝つ」ことが強すぎると、緊張度は高くなる。性格は物事を神経質に考えたり、何かと不安になりやすい人などは、認知の仕方が変って、緊張する。

以上のことから、「よい緊張感」をつくるためのリラックス法としては、すでに緊張している体の状態を変える「体のリラックス」と、緊張しないように認知の仕方を変える「心のリラックス」が必要となる。

3） 体のリラックス
① 呼吸をゆっくりする
　緊張すると呼吸が速くなりパフォーマンスが乱れるので、呼吸をゆっくりするのが深呼吸である。息を吸い込む時に4秒間、次に息を4秒間くらい止める。そして、8秒間でゆっくり長く吐き出す。つまり「4—4—8」拍子で行う。さらに息を吸い込むときに腹をふくらませ、少

し全身に力を入れる。そして、息を出す時は腹をひっこませながら、全身の力を抜く（腹式呼吸）のがよい（表3-9）。

② 筋肉の緊張とリラックスを繰り返す

緊張すると筋肉が硬くなるので、柔らくする。これはアメリカのジェイコブソン（Jacobson, E.）が考案した「漸進的リラクセーション法」と言われる方法である。筋弛緩法とも言われている。顔、肩、腕、腹、脚、そして全身に、力を入れたり、力を抜いたりして、それぞれの部分のリラックス感をおぼえる。特にスポーツ選手は緊張すると肩や顔に力が入りやすいので、肩や顔のリラックスをおぼえておくとよい（表3-10および表3-11）。

③ 手や足を温かくする

緊張すると手足の皮膚温が低下するので、温かくする。筋肉がリラックスしている体の状態は、手や足の温かさで見ることができる。普通、体温は摂氏36度前後であるが、手の温度（人さし指の先端の皮膚温）はリラックスしているときは摂氏32度以上で、非常にリラックスすると摂氏35度以上と言われている。競技前には自分の手の温かさを確認するのもよい。

a. 自律訓練法の温感練習

1932年、ドイツの精神医学者シュルツ（Schultz, J. H.）は「自律訓練法」という本を出版した。その中で、スポーツ選手には簡便法として温感練習が用いられることが多い（表3-12）。

図3-14 パフォーマンスの前に深呼吸

表3-9 深呼吸

1. 黙想して、普通にゆっくり深呼吸を3回する
2. 閉眼で4—4—8拍子で、腹式呼吸を3回する
3. 開眼で4—4—8拍子で、腹式呼吸を3回する

表3-11 緊張とリラックス……漸進的リラクセーション法

1. 開眼で両腕に5秒ほど力を入れ、力を抜き5秒ほど休む
2. 両肩に力を入れて、抜く
3. 閉眼して顔に力を入れて、抜く
4. 開眼で両足に力を入れて、抜く
5. 全身に力を入れて、抜く

表3-10 漸進的リラクセーションの部位と順序

1. こぶしと腕（右こぶし→左こぶし→両こぶし→両前腕→両腕→両腕二頭筋）
2. 顔面（額→眼→あご→舌→唇）
3. 頸（後→右→左→前）
4. 肩（上下→前後）
5. 胸部（肺）
6. 腹部（腹筋）
7. 背部（上→下）
8. 臀部・大腿部（屈→伸）
9. 足および全身（下→上）

内山（1981）：心の健康，日本生産性本部．

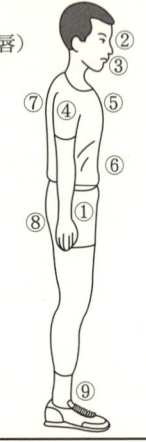

表3-12 温感練習（両手・両足を温かくする）……自律訓練法

1. 黙想して「右手が温かい」と3回つぶやき、温かくする
2. 「左手が温かい」と3回つぶやく
3. 「両手が温かい」と3回つぶやく
4. 「両足が温かい」と3回つぶやく
5. 「両手・両足が温かい」と3回つぶやく

写真3-2　練習前に皆んなでリラックス

自律訓練法は次のような背景公式と第1～第6公式まである。

　背景公式（安静練習）……「気持ちが（とても）落ち着いている」
　第1公式（重感練習）……「両腕両足が重たい」
　第2公式（温感練習）……「両腕両足が温かい」
　第3公式（心臓練習）……「心臓が静かに規則正しく打っている」
　第4公式（呼吸練習）……「らくに呼吸している（あるいは、呼吸が楽だ）」
　第5公式（腹部温感練習）……「大腸神経（あるいはお腹）が温かい」
　第6公式（額涼感練習）……「額が（心よく）涼しい」

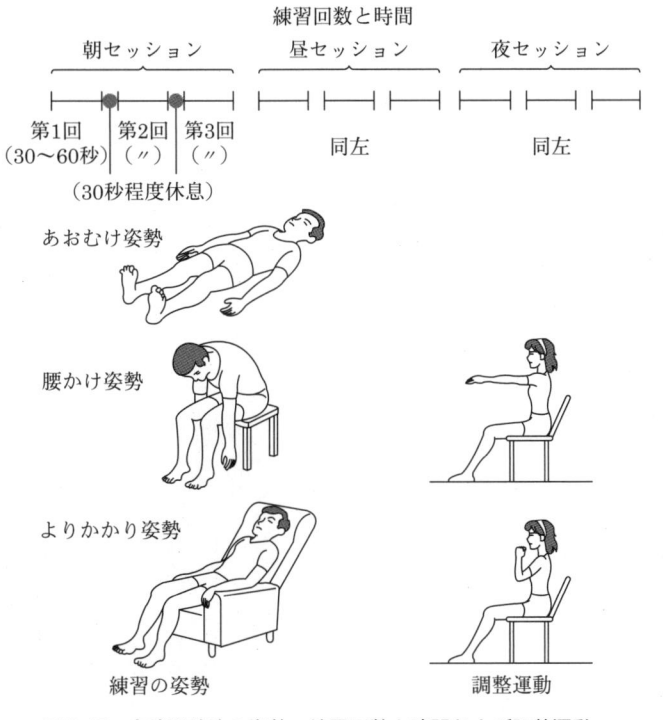

図3-15　自律訓練法の姿勢、練習回数と時間および調整運動
　　　　内山（1981）：心の健康，日本生産性本部．

姿勢は図 3-15 のように、閉眼であおむけ・腰かけ・よりかかりのいずれかを用いる。練習の1回の時間は一般的には1～2分とする。1回の練習ごとに調整運動（両腕を3回屈伸する）をして、1～2回深呼吸をして眼をあけて、2回目に進む。

　b.　皮膚温のバイオフィードバック法

　緊張すると皮膚温は低下する。その変化の状態を音で、本人に知らせることによってトレーニングする。緊張すると音が高くなり、リラックスすると音が低くなるように作ってある（写真 3-3）。

写真 3-3　皮膚温バイオフィードバック機器
（KK. トーヨーフィジカル製）

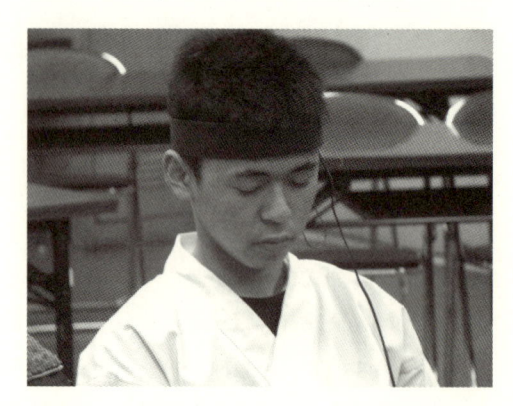

写真 3-4　脳波バイオフィードバックトレーニング

　c.　柔軟体操、ストレッチング、ランニングなど

　競技前や練習前に行う柔軟体操、ストレッチング、手足を振る、ジャンプ、ランニング軽い練習などは筋肉を延ばしたり、縮めたりしながら、血液の循環を良くする（表 3-13）。

④　額を涼しくする

　体は温かいほうがよいが、頭は涼しいほうがよい。緊張すると頭がボーッとなり、冷静な判断ができなくなる。良く言われる「あがり」は交感神経の興奮により脳の温度が上り、頭が「カッカッ」と温かくなっている状態である。競技前は頭（額）を涼しい状態にするためには、次のような方法がある。

表 3-13　体のリラックス法

1. ストレッチ、手足を振る、ランニング、ジャンプ、軽い練習など
2. 音楽を聴く
3. 入浴（特に、露天風呂は良い）
4. 嗜好品（軽いお酒、コーヒー、お茶など）
5. 映画、ショッピング、観劇、旅行など
6. 自分の趣味

写真 3-5　GSR-Ⅱバイオフィードバックを使ったリラクセーショントレーニング

a. 自律訓練法の額涼感練習　b. 顔や額の筋肉の緊張とリラックス　c. 脳波のバイオフィードバック　d. 軽いランニングなどの運動　e. 顔を洗ったり、頭から水をかぶる。

4) 心のリラックス

① 目標達成に集中する

練習の時は勝つことを目標にするのもよい。しかし、競技前は自分やチームのプレイに対する目標達成の方法に集中する。

② 実力発揮・ベストプレイに集中する

競技では勝敗も大事だが、自分の実力を発揮することは、もっと大切である。「今の自分にできることをすればよい」「自分の力を出し切るぞ！」に集中する。

③ 思いきりよく、楽しくプレイする

プレイ中の決断、作戦の変更、大事な時に思いきりよく、積極的・攻撃的なプレイをする。そして、「楽しくやればよいのだ」と自分に言い聞かせる。

5) サイキング・アップ

緊張度が低い時、感情を高ぶらせるのがサイキング・アップである。逆に、相手の元気をなくさせたり、腐らせたりすることをサイキング・アウト（Psyching out）と言っている。前者には、次のような方法がある。

① 理想の選手、成功した時のイメージを描く

② テンポの速い音楽を聴く…自分の好きなアップ・テンポな音楽を聴く

③ 呼吸数や心拍数を上げる…その場かけ足、ジャンプなどをする

④ セルフトーク（自己会話）をする…キーワード（Cue word、ヒントになる言葉）で、「いくぞ」「ファイト」「気合だ」などを言う

写真3-6　声をかけ合って、サイキングアップ

⑤ 精神集中…目を閉じて心を落ち着け、注意を一箇所に集める

⑥ 体を叩く…手足や顔などの体の一部を叩いて、感情を高める

6) 本番で「よい緊張感」をつくる

① 「頭寒足熱」にする

日本の古い諺に「頭寒足熱」という言葉がある。これは、われわれ人間の快適な体の状態を表現している。運動する時も勉強する時も「頭寒足熱」の状態をつくって始めるとよい結果が出る。

リラックス法によるリラックスした心身の状態は、この「頭寒足熱」という諺ですべて表現されている。つまり、リラックスの原理は「頭寒足熱」ということができる。スポーツの時ばかりでなく、健康な体の状態は「頭寒足熱」の状態になっている。今まで述べてきた体のリ

ラックス法を要約すると、「目を閉じる→深呼吸をする→体の力を抜く→手足を温かくする→額を涼しくする」という練習を繰り返せばよい。

② プレイをしていない時の気持ちづくりが大切

競技場では、たえず状況が変化している。そうした中で、プレイの直前、プレイとプレイの間、休憩時間、ベンチにいる時など、体と心をリラックスしたり、サイキング・アップをしなければならない。その意味で、待ち時間や競技中の「プレイをしていない時の過ごし方」が大切になる。「よい緊張感」をつくるのは、その人の能力であり、技術である（表3-14）。

表3-14 「よい緊張感」をつくる―リラックスとは

1. 緊張で体はどう変化する……心臓、呼吸、筋肉、皮膚温、脳の温度は？→リラックスは反対をすればよい
2. 「体」と「心」のリラックスが必要
3. 「頭寒足熱」にする
4. 手の温度は35℃（非常にリラックス）、32℃以上（リラックス）にする
5. 試合場でリラックスした動き

参考・引用文献
1) 佐々木雄二（1982）：自律訓練法の実際―心身の健康のために―，創元社．
2) 徳永幹雄（2003）：改訂版・ベストプレイへのメンタルトレーニング，大修館書店．
3) 徳永幹雄（2005）：「"やる気"はどのようにして高めればよいか」「競技に必要な"よい緊張感"はどのようにしてつくるか」，徳永幹雄編，教養としてのスポーツ心理学，大修館書店．

（徳永幹雄）

7. 集中力の高め方

(1) 集中力とは

ガルウェイ（Gallwey, W. T.）は意識を図3-16のように示している。われわれの意識は刺激を感覚器によって知覚する（Awareness）。それがある方向に向いて注意の状態ができる（Attention、図3-17）。注意がある課題や対象物に限定されて向けられるのが「精神集中」である（Concentration）。さらに、その向けられた課題や対象物の1点に注意が集中されるのが「1点への精神集中」ということになる（One-pointed concentration）。

集中力とは「狭い意味での注意、特定の刺激に対する注意の固定、そして選択された刺激に注意し続けること」ということである。つまり、集中力は「自分の注意をある課題や対象物（1点）に集め、それを持続する能力」と定義できる。そして、パフォーマンスの結果が良いことが条件になる。そうすると、集中力のトレーニングは、第1は課題に注意を集める練習、第2は外的・内的要因に注意を乱されない練習、そして第3は注意を持続する練習に分けることができる。

(2) 集中力を高める練習
1) 注意の固定

目を閉じてリラックスした姿勢で椅子に座り、2～3分間、黙想をする。心を落ち着け、ゆったりした気持ちで、意識（注意）が1か所に集中できるようにする。自分の吐く息に注意を集中したり、何か1つのことに注意を固定できるようにする。基礎的練習として暗算、グリット・エクササイズ（Grid exercise；格子、図3-18）やシュブリル（Chevreul, M. E.、図3-19）の振子実験、セルフトーク（Self talk）などがある。

図3-17 注意の認知過程

刺激 → 感覚 → 知覚 → 状況判断 → プレイ
（視覚・聴覚／筋感覚・／触覚・臭覚）
注意

注意は人が感覚によって見つけた刺激の意識を一定方向に導き、持続させる認知過程である。「注意の選択」「注意の能力」「注意の準備」が関与する。

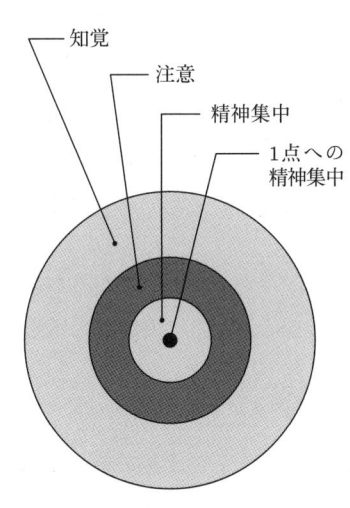

図3-16 意識の構図
（W. T. ガルウェイによる）
後藤訳（1983）：インナーゲーム,
日刊スポーツ出版社

（知覚／注意／精神集中／1点への精神集中）

42	32	39	34	99	19	84	44	03	77
97	37	92	18	90	53	04	72	51	65
40	95	33	86	45	81	67	13	59	58
78	69	57	68	87	05	79	15	28	36
26	09	62	89	91	47	52	61	64	29
00	60	75	02	22	08	74	17	16	12
25	76	48	71	70	83	06	49	41	07
31	10	98	96	11	63	56	66	50	24
20	01	54	46	82	14	38	23	73	94
43	88	85	30	21	27	80	93	35	55

図3-18 集中の診断やトレーニングとしてのグリッド・エクササイズ
（指導者がある数字を言う．その数字を探し○印で囲む．次の数を順々に探し，1分間に何個探せるかをトレーニングする．）

人差し指と親指で握る
約25cmの糸
5円玉を机から1～2cm上げる　45°

図3-19 シュブリルの振子暗示
（「左右に動く」「前後に動く」「右回り」などとつぶやくと，そのように5円玉が動く．）

2） 対象物への注意の固定

ボールとか標的など小さな対象物に注意を向ける練習をする。最初は目を開けて、30秒間から1分間くらいの間、注意を向ける。ボールを見た時に他の意識が入ってきたり、まわりの騒音が気になったりしないように練習する。1回の練習で3回くらい繰り返し行う。

3） 視線の固定

1点集中のトレーニングである。競技場で視線がキョロキョロと動く選手はよくない。遠方の何かの対象物に視線を向け、その物に注意を集める。目の瞳が動いたり、まばたきをしないようにする。1分ぐらいから始め、5分ぐらいまで延ばす。

写真3-7　1点集中のトレーニング

(3) 集中力を妨害されない練習

1） 注意を乱す要因

① 自分の心が注意を乱す―内的要因―

　自分の感情に関するものである。心配、不安、悩み、ストレス、プレッシャー、あがりなどの言葉に代表される自分についての消極的な感情である。ミスショットという失敗後の感情やミスジャッジへの不満も含まれる。

② 周りの環境が注意を乱す―外的要因―

　風やコートの表面、太陽の光線、ボール、ラケット、バット、グラウンド、上空を飛んでいる飛行機や鳥、顔のまわりを飛びまわる蚊やハエ、あるいは暑さ、寒さの天候、観衆などの環境的要因である。

③ 環境に対する自分の心が注意を乱す―外的・内的要因―

　外的要因ではあるけれど、それがその人の注意を乱す内的要因になる。たとえば、対戦相手のスポーツマンらしくない言動や行動、観衆のやじや嘲笑、自分のミスショットへの拍手などの外的要因に対して、自分が怒る。怒るという感情（内的要因）が生じることによって、注意が乱される。

2） 注意を乱されない実践的練習

① 「きっかけ」になる言葉

　不安や緊張などの刺激に注意を乱されないために、「きっかけになる言葉（Cue word）」をつぶやく練習である。自分で、「リラックス」「集中」「ボールを見る」「相手の目を見る」などの短い言葉を、何回も繰り返しつぶやき注意を高める。また、失敗を成功にかえる積極的思考を持つことも大切である。失敗して下を向き「どうしよう」「ダメだ！」などのマイナス感情ではなく、「思いきって」「いくぞ！」などのプラス感情のきっかけになる言葉をつぶやく。

図3-20　セレモニー（儀式）化して集中力を高める
（月刊誌「スマッシュ」，第22巻第4号，1995.
徳永：集中力とメンタルトレーニングより）

② プレイのルーティン化

　注意を高める行動パターンをつくるのもよい。これは、動きをかえて不安な気持ちを無くそうというものである。自分のプレイをルーティン化〔Routine；決められた動き、またはパターン化（Pattern；型）或いはセレモニー化（Ceremony；儀式、図3-20)〕して、注意を高める。

③ 最悪のシナリオでの練習

　環境的条件である外的刺激に注意を乱されないための練習を考えてみる。まず、最悪のシナリオでの練習である。風の強い時、雨の時、とても暑い時など最悪の条件で練習する。競技場の物凄い声援を録音しておいて、それを練習の時に流して、声援に慣れる練習をする。また、雨に濡れたボールでの練習も考えられる。注意を乱されそうな最悪の条件を設定して、どんな条件の時でも注意が乱されないように練習しておく。

④ プレッシャーをかけての練習

　相手の攪乱戦法に対してポーカーフェイス（無表情）を装う練習も必要である。テニスのサービスを打つ瞬間に、相手が自分の注意を乱すような動きをするとか、ストロークのラリーでも、ネットに前衛を立たせてプレッシャーをかけて練習をすると、「狭い集中」を高めることができる。また、「広い集中」を乱されない練習も必要である。サッカーやラグビーなどでは、相手の動きをしっかり把握しておかなければならない。そこで、相手の動きに対応できるためにフォーメーションの練習をしたり、プレッシャーをかけて、よりゲームに近い場面を設定して、注意を乱されない練習をしておく。

(4) 集中力を持続する練習

1) 注意の切り換え

　注意の切り換え能力を養う。「内的—外的」「狭い—広い」「能動的—受動的」をうまく切り換える能力である。競技の流れを把握する力や負け始めたり、リードされ始めた時の切り換え能力を

表 3-15　集中力の定義と注意様式

1. 自分の注意をある対象物や課題（1点）に集め、それを持続する能力
2. 注意様式を高める
   ・能動的集中⇔受動的集中
   ・外的集中⇔内的集中
   ・広い集中⇔狭い集中、の切り換え能力を高める

写真 3-8　レース前の集中力を高めるルーティンを作っておく（陸上100m走）

養う（表 3-15）。

2）苦痛の閾値（限界）を高める

疲労や苦しい時に、注意を苦しいことに向けるのではなく、楽しいことに向ける練習である。苦しいランニングや技術・体力のトレーニングなどの時に、表彰台に立っている自分をイメージしたり、楽しいことを思い出したり、歌を口ずさんだりして、苦しいということから注意をそらし、楽しいことに注意を向ける。苦しさから注意をそらすことにより、苦痛の閾値（限界）を高めることになる。

3）目標の確認や体力・技術を向上させる

集中力が切れようとする時にもう一度、目標を確認して頑張る。また、集中力を持続するためには、同時に体力と技術のレベルを高めることも必要である。持久力がなく、疲れてくると集中力は続かなくなる。また、あまりに技術差があれば、集中力の持続を発揮する場もなくなる。

4）集中力した動きづくり

競技中に集中している状態は、誰が見ても集中していると思われる「集中した動きづくり」が必要である。たとえば、表 3-16 のような動きがある。集中した動きができるためには、集中のための準備が必要である。競技中は、実際にプレイしていない時間が多い。待っている時、プレイをしていない時に注意を集中しながら、待っていなければならない。たとえば、野球の外野手のように、いつ飛んでくるかわからない捕球のために、常に注意を集中できる準備体勢が必要である。

表 3-16　集中した動きの例

・大事なところで好ショットが打てる
・やさしい場面で失敗するようなことはない（イージーミスをしない）
・最後までボールを追っている
・重要なポイントやゲームは確実に取る
・ボールや標的などの対象物や課題だけを見ようとしている
・苦痛、疲労、不快なことを気にしていない
・相手の動きを読んでいる
・感情的になっていない
・最後まであきらめていない　　など

写真3-9　無心で射つ　　　　　　　　　写真3-10　平常心で集中!!

表3-17　集中力が切れる時の例
・体力的についていけなくなる時
・勝敗がはっきりし始めた時
・技術差が歴然としている時
・暑さ、寒さ、風、雨、太陽、騒音など
・不運や失敗の連続
・審判や観衆に対して不満な時　など

表3-18　集中力のトレーニング方法
1.　注意力を高める…黙想、1点集中、視線の固定、暗算、数字探し、自己会話、ルーティン化など
2.　注意を乱されない…風、暑さ、雨、コート条件、観衆など（外的）、自分の心（内的）、最悪のシナリオでの練習など
3.　注意を持続する…注意の切り換え、苦痛の閾値を上げる、集中した動きづくり、目標の確認や体力・技術の向上など

　こうした動きの総称を「集中している」とか、「集中力」と言っている。このような動きは気持ちの表れでもある。したがって、競技全体の中で集中した動きができるように、日頃の練習の中で集中した動きづくりのトレーニングをしなければならない。

　逆に、"集中力が切れた"とよく言う。たとえば、表3-17のような時に集中力が切れたり、妨害される。集中力が切れようとする時の対応策を考え、最後まで集中力が持続できるようにしておかなければならない。集中力のトレーニング方法をまとめると表3-18のようになる。

参考・引用文献

1) ガルウェイ，T. 後藤新弼訳（1983）：インナーゲーム，日刊スポーツ出版社．
2) 徳永幹雄（2003）：改訂版・ベストプレイへのメンタルトレーニング，大修館書店．
3) 徳永幹雄（2005）：「集中力はどのようにして高めるか」，徳永幹雄編，教養としてのスポーツ心理学，大修館書店．

（徳永幹雄）

8. 作戦能力や自信の高め方

(1) イメージトレーニング
1) イメージとは
　イメージ（Image）は心像（しんぞう）と言われ、頭の中にある像を視覚的に見ることができるだけでなく、そのときの音（聴覚）、動きの感じ（筋運動感覚）、肌ざわり（触覚）、気持ち（感情）、味（味覚）なども同時に感じることができる。しかも、こうしたイメージを鮮明に浮かべると、実際に行動した時と同じように生体が反応し、刺激が大脳から筋肉に伝えられることが分っている。こうした原理を利用して、うまくできない技術がうまくできたイメージを描いたり、数日後の競技で今は経験できないことを、前もって脳に覚えさせて、実力を発揮できるようにする。これがスポーツにおけるイメージトレーニングである（表3-19および表3-20）。

表3-19　作戦能力を高める—イメージトレーニング

1. 心像。頭の中に鮮明なイメージを描くと、実際にしているのと同じように生体が反応
2. 視覚、聴覚、筋感覚、嗅覚、感情を伴って描く
3. スポーツだけでなく、音楽、試験、セールスなどのパフォーマンスに応用
4. 基礎練習（好きな色・風景、スポーツ用具・器具、みている・している、成功体験）
5. 応用練習（目標、技術練習、作戦など）
6. ビデオを用いたイメージトレーニング

表3-20　イメージの利用法

1. 通常の技術練習
2. 新しい技術練習
3. 欠点をなおす練習
4. 試合前の作戦
5. 試合中の作戦・変更
6. 試合後の反省
7. 試合でファイトを出すこと
8. 目標設定と意欲の向上
9. 試合前の不安や緊張の解消
10. 試合中の不満・怒りの抑制
11. 人間関係の向上
12. 集中力の向上
13. 苦境に耐えること

2) イメージの基礎練習
イメージトレーニングを始める前に、次のような基礎練習をしておく。
a. 好きな色や好きな風景のイメージ（図3-21）　b. スポーツの用具や競技場のイメージ
c.「見ている」イメージ　d.「している」イメージ　e. ベストプレイのイメージ。

3) 作戦能力のトレーニング
　競技のための作戦をイメージする。イメージを描く前に、イメージの内容をメモに書く。特に大事なところは、赤線を入れておくと、より鮮明にイメージに浮かべることができる。
① 技術・体力・心理面の作戦
　　a. 技術について…技術面で注意することをメモに書く。どういう技術、フォーム、パターン、ペース、動きをするかについてメモに書く
　　b. 体力について…体力面で注意することをメモに書く

c. 心理について…心理面で注意することをメモに書く
d. その他…そのほか、今度の競技で特に注意することをメモに書く

② 作戦イメージ

メモに書いた作戦をイメージでリハーサル（予行演習）する。机の前に座り、メモを読む。次に目を閉じて、メモの内容をイメージに描く。1～2分の間、イメージを描く。その後、目を開けて、しばらく（1～2分間）休む。全体の時間は20～30分以内でよい（表3-21）。

淡いピンクが好きなのですが、きれいにそのままの色が浮かんできました。また風景も鮮やかに浮かんできて、小鳥のさえずり、小川のせせらぎ、さわやかな風、花のいい香りまで感じとれました。

図3-21　好きな風景とイメージ後の感想

表3-21　イメージトレーニングの方法

1. 静かな部屋
2. 閉眼で椅子に座る、または仰向けに寝る
3. 1～2分イメージ→1～2分休む→1～2分イメージ→1～2分休む→1～2分イメージ
4. イメージの時間を3～5分まで延ばす。合計で30分以内

写真3-11　理想のイメージを描く

③ 逆転の作戦

競技では勝つことばかりではない。もし、負け始めた場合、リードされた時、うまく行っていない時に、作戦の切り換えが大切である。逆転の作戦を作ってメモに書く。その1、その2、その3くらいまで考えておく。

④ 鮮明なイメージを描く

イメージがはっきりと（鮮明に）浮かべば浮かぶほど、実際に行っている時と同じように生体（筋肉、心拍数、感情など）が反応する。頭の中にはっきりした作戦イメージが描けるように、繰り返しイメージを描く。

4）イメージカードを用いたトレーニング（IPR練習）

室内にコートやグラウンドをカラーで描いたイメージカード（ヨコ40cm、タテ50cmくらいの大きさ、図3-22）を壁にかけ、それを見ながらイメージしたり、素振りをしたり、動き・プレイ・作戦をリハーサルする。IPRはImage Play in Roomの略で、イメージカードを見ながら、イメージしたことを実戦さながらの動きとしてリハーサルする練習である（表3-22）。

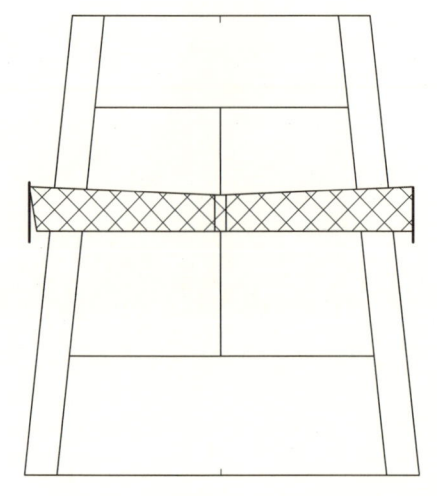

図3-22 IPR練習用のイメージカード
（ヨコ40cm×タテ50cmくらい）

表3-22 IPR練習の仕方

1. 図3-21のようなイメージカードをカラーでつくる
2. コートを見ながら、素振りをしたり、基礎技術のリハーサルをする
3. コートを見ながら作戦をリハーサルする
4. 逆転の作戦や気持ちのリハーサルをする
5. 週に2～3回、30分くらいする。競技前には必ず行う

5） イメージによる競技場面のトレーニング

陸上競技や水泳競技では理想とするペースや目標タイムを設定して、イメージの中でタイム・トライアル（実際に頭の中で走ったり、泳いでみる）をするのがよい。また、一定時間内にプレイするボクシング、体操、フィギュアスケート、柔道、ダンスなどの競技では、時間内の演技をイメージでリハーサルするとよい。自分の作戦、得意のパターン、フォーメーション、逆転の作戦などを実戦に合わせた連続したイメージで練習しておく。

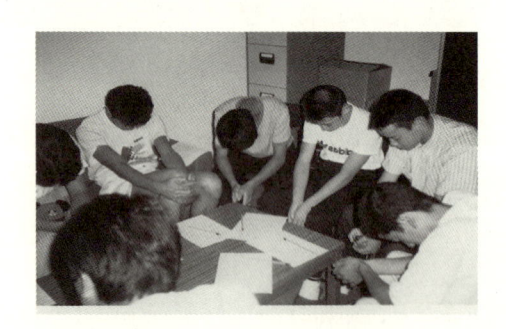

写真3-12 イメージの中で泳ぐ
（タイムリハーサル）

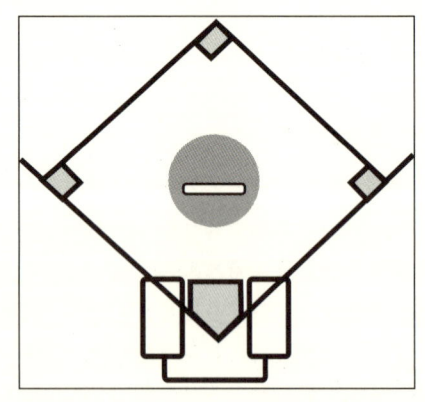

図3-23 イメージカードを用いて練習する

（2） 自信の高め方

1） 自信とは

一般に自信とは「自分の能力や価値を確信していること」（新村、1998）とか「ある行動をうまく遂行できるという信念」（Weinberg, R. S., 1992）、「自分は有能であるという実感」（Nathaniel, B., 1992）と言われている。

近年、バンデュラ（Bandura, A.）は、自信を図3-24のように効力期待感と結果期待感に分

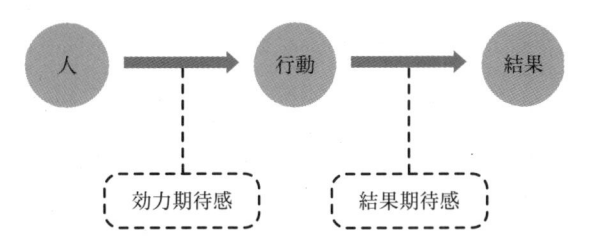

図3-24 効力期待感（自己効力感）と結果期待感の相異をあらわす図式（園田順一ほか訳）

けている。効力期待感はある行動をどのくらいうまくできるかという確信度である。そして、結果期待感は自分のとる行動によってある結果を生じるという確信度である。効力期待感を自己効力感と呼び、行動の予測や変容の重要な要因であることを指摘している。しかも、スポーツの場合でもこの自己効力感がパフォーマンスに関係することが多く報告されている。

我々が、「自信がある」といっている時の自信は両方の意味に使用している。1つは結果に対する自信である。「勝つ」「成功する」「目標を達成できる」「実力を発揮できる」自信があるといった包括的な使い方をしている。一方で、いろいろな状況を設定して、自分のプレイ（技術、体力、心理）に関して「発揮できる自信が何％ある」と言っている時は自己効力感としての自信である。

すなわち、スポーツ選手に必要な自信とは「自分の目標を競技で達成できるという確信度」と「自分の能力（技術、体力、心理）をいろいろな状況で発揮できるか否かの確信度」と言うことができる。

2） 自信に影響する要因

スポーツ選手の自信に関係する要因を図3-25のように整理した。競技前の練習量、生活習慣、心身の状態などの自信に影響する要因によって、自己のプレイ（技術、体力、心理）に対する自信が形成される。その自己のプレイに対する自信によって、結果や目標に対する自信（勝敗、目標達成、実力発揮に対する自信）が形成される。そして、結果や目標に対する自信によって、競技に対する総合的な自信が形成される。

このことは、スポーツ選手の自信は自分のプレイ（技術、体力、心理）がいろいろな状況の中で発揮できるか否かについての、総合的な確信度から形成されていることを意味している。このように自信の強さの背景には多くの状況や行動に対する自信があって、競技に対する自信が決定されている。

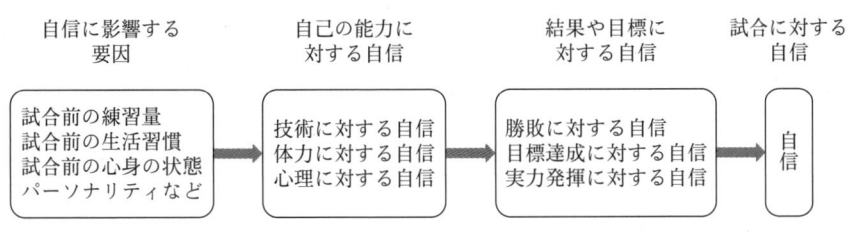

図3-25 試合に対する自信の構成要因

3） 自信を高める方法
① 自信に影響する要因を高める
  a. 競技前の練習量
　練習不足は不安を招き、自信の低下につながる。現在の環境の中で、可能な範囲の練習を十分に行ったと思えるような練習量を確保すべきである。
  b. 競技前の生活習慣
　睡眠、食事、休養、嗜好品（とくに飲酒や喫煙）に対して十分に配慮して、競技のために規則正しい生活を送ることが自信につながる。スポーツ選手としての生活習慣（ライフ・スキル）を身につけることが重要である。
  c. 競技前の心身の状態
　競技前の身体的コンディショニング（疲労や怪我がなく、体調を万全にする）および心理的コンディショニング（やる気を高め、競技に集中していく）が十分にできているか否かが自信に影響する。
② プレイに対する自信を高める
  a. 技術に対する自信
　自分にはどの技術は十分にできて、どの技術はうまくできないかを認識しておく。練習ではできる確率の低い技術を課題にして、できる確率を高めていく。
  b. 体力に対する自信
　自分の行っているスポーツに必要な体力の要素は何か。自分にとって必要な体力は何かを明確にし、それを高めるためのトレーニングをすることから体力に対する自信を高める。
  c. 心理面に対する自信
　自分がうまくできる時とうまくできない時、失敗する時の心理状態を分析し、うまくできる確率を高めていく、などから心理面に対する自信を高める。
③ 結果や目標に対する自信を高める
  a. 勝敗に対する自信
　競技前の練習では「○○大会優勝」といった目標を決めて練習に努力するが、競技日が近づいてくると、目標達成、実力発揮に集中し、結果はついてくるものと考えたがよい。しかし、競技が進行し、伯仲してくると「絶対に勝つ」「最後は勝つ」などのセルフトークを発しながら、競うことも必要である。
  b. 目標達成・実力発揮に対する自信
　競技が近づいてくると目標達成や実力発揮に対する自信が求められる。適切な目標を設定し、そのための作戦をたて、それによってリハーサルするなど十分な準備が整った結果、生まれる自信である。「自分のプレイができて、勝った」と言えるように、自分のプレイをすることへの自信を高めるべきであろう。

4） 一般的な自信の高め方
自信を高めるためには、一般的に次のようなことがあげられる。

① 競技に勝つ
② 競技で目標を達成する
③ 競技の作戦を十分にリハーサルしておく
④ 競技に対する認知を変える
⑤ 技術の達成度（自己効力感）を向上させる
⑥ ストレス解消や自己暗示を行う
⑦ 他者からの励ましや指示を受ける
⑧ 他者の体験やプレイを見本にする
⑨ 結果を能力や努力に帰属する
⑩ 自信があるように振舞う

写真3-13 スポーツ選手には「自信」が最も重要

　以上のように、自信は選手の生活習慣、練習量、コンディショニングから自己のプレイ（技術、体力、心理）、そして、結果や目標に対する自信まで、さまざまな要因が関連して、競技に対する自信が形成されている。

参考・引用文献
1) バンデュラ, A.（園田順一他訳, 1985）：自己効力感─行動変容の統一理論に対して─, 教育医学研究, 第28巻, 47-72頁.
2) 徳永幹雄（2003）：改訂版・ベストプレイへのメンタルトレーニング, 大修館書店.
3) 徳永幹雄（2005）：「競技の作戦はどのようにしてトレーニングすればよいか」「自信を高めるにはどんなことをすればよいか」, 徳永幹雄編, 教養としてのスポーツ心理学, 大修館書店.

（徳永幹雄）

9. 競技前後の心理的準備

（1） 練習でメンタルな動きづくり

　選手の心は動き・動作・表情に表われる。練習で優れた動きができないものが、本番でできるわけがない。忍耐力、自信、リラックス、集中力などの心理的スキルが動きとしてできるようにする練習を「メンタルな動きづくり」と言う。これまで練習してきた心理的スキルが練習中にメンタルな動きとして発揮できるようにしなければならない。

　スポーツ選手に必要な心理的スキルは、忍耐力、闘争心、自己実現意欲、勝利意欲、集中力、リラックス能力、自己コントロール能力、自信、決断力、予測力、判断力、協調性の12の内容であった。一連のプレイの中にこうした心の状態が動きとして発揮できなければならない練習の時から、「闘志→リラックス→集中→イメージ（作戦）→プレイ」といった心理的スキルが一連の動きとしてできていることが大切である。たとえば、心理的スキルを動きとして表現すると、つぎのようになる。

　1) **忍耐力**…負け始めても飽きらめていない。苦しい場面でも何とか返球しようとしている。

2) 闘争心…"やるぞ"という気持ちが伝わってくる。失点したらすぐ取り返えそうとしている。
3) 自己実現意欲…新しい技術をやろうとしている。思いきりやろうとしている。
4) 勝利意欲…接戦になったら何が何でも頑張ろうとしている。勝つための戦術で戦っている。
5) 集中力…ここ1番でよいプレイができる。ボールだけを見ている。イージィ・ミスがない。
6) リラックス能力…手足がよく動いている。顔の表情が柔らかい。力が入りすぎていない。
7) 自己コントロール能力…気持ちをうまく切りかえている。冷静にプレイしている。
8) 自信…動きが堂々としている。失敗しても平気な顔をしている。思い切ってプレイしている。
9) 決断力…大事なところで思いきりプレイしている。よいタイミングで作戦の切り換えている。
10) 予測力…よい作戦でプレイしている。相手の動きを読んでいる。作戦が的中している。
11) 判断力…苦しい場面でも冷静な判断をしている。大事なところで的確な判断をしている。
12) 協調性…時々声をかけ合っている。お互の手を合わせたり、肩を軽く叩いたりしている。

以上のようなメンタルな動きを身につける方法として、以下のようなことがある。

1) イメージの利用

イメージはスキル（技術）であり、練習しないとイメージの鮮明度やコントロール能力は低下する。初心者は技術そのものができ上がっていないので全体的イメージ（○○選手のように走りなさい）を利用する。中級者、上級者は練習とイメージを交互に行い、詳しい内容をイメージする。

2) VTR、録音テープ、作戦板の利用

VTRで個人やチームの動きを録画する。そして、悪い動きを修正したり、良かった場面を確認する。心の状態が動きとして表われるので、悪い動きをしていた時、どのような気持ちであったかをチェックするのは非常によい。よい場面だけを編集してモチベーションビデオをつくるのもよい。また、実際の競技場の観衆の音・声援や競技場のアナウンスなどを録音する。そして、それを流しながら練習する。さらに、黒板や作戦板を使って、フォーメーション、セットプレイ、ペース配分などを練習する。

3) 鏡の前やイメージカードでのプレイ

鏡の前やイメージカード（IPR練習）を見ながら、素振りをしたり、動きづくりをして、自分のプレイのフォームを修正したり、からだのリラックス度、顔の表情などをチェックする。練習や部屋の一隅に大きな鏡を準備して、恰も俳優のように優れた動きづくりをする。

4) 用具なし、ボールなしでの動きづくり

フォーメーション、パターン練習、動きのルーチン化を用具やボールを使わないで、動きだけの練習をする方法である。ボクシングの選手がしている「シャドウ・ボクシング」のようなものである。バレーボール、バスケットボール、サッカー、テニスなど、どのスポーツでも同様にできる。

5) 自己会話のチェック

自己会話（Self-talk）は練習や競技中に自分を励ましたり、注意したり、問いかけたりする自分自身との会話である。自己会話はプレイをする前に、自分の意識を確認するために行われるので、すべての動きと関係する。自分が何かを考えたり、つぶやいたりすると、生体はそのように

表3-23 セルフトーク（自己会話）のチェック

以下のことについて、消極的・不合理な考えをしていないか、をチェックする。
1. 12の心理的スキルについて
2. プレッシャーがかかった時
3. 暑さ、寒さ、風、雨、判定などの条件の悪い時
4. 試合開始時、負け始めた時、作戦変更、勝っている時、失敗した時など

写真3-14 イメージどおりに射つ

反応する。失敗した時、悪いプレイをした時、負けた時などに、自分が何を考え、何をつぶやいたかをチェックする。さらにはプレッシャーがかかった時や暑さ・寒さ・風・太陽・雨・判定などの悪条件の時などの自己会話をチェックする（表3-23）。

6） プレイをしていない時の気持ちづくり

競技では、実際にプレイをしていない時、ボールにさわっていない時の時間が意外に多い。競技時間の中で実際にプレイをする時間はごくわずかな時間である。たとえば、野球では味方の攻撃の時はベンチにいるので、自分がバッターボックスに立つ以外は、プレイをしていないことになる。守備の時もボールが飛んでこない限り、プレイをしないことになる。そのためには、プレイをしていない時こそ、心の準備が大切になる。

7）「眠る」のも技術である

眠れないのは、何か緊張することを考え、脳が興奮し、脳の温度が上がり、手足が冷たい状態になっている時である。眠るためにはリラックス法である深呼吸やストレッチ、散歩など体を温かくする方法だと何でもよい。次に、緊張することを考えないで、無意味なことをつぶやいたり、「両手が温かい」とつぶやき、体を温かくするのもよい。それでも、眠れない時は「横になっているだけでよい」と開き直る（表3-24および図3-26）。

表3-24 もし、眠れなくなったら

1. 軽いストレッチ、体操、散歩などで「体を温かく」する
2. 自分の吐く息に注意を集中し、腹式呼吸をする
3. 無意味なことをつぶやく（数を数える、羊が一匹など）
4. 「両手が温かい」とつぶやき、温かくする
5. 横になっているだけで良いと考える

図3-26 眠れない時は……

（2） 競技前後の心理的問題

1） 競技前の心理的準備

競技前に不安になったり、プレッシャーに負けないように積極的に心の準備をする必要がある。そのためには、以下のようなことについて準備するとよい。

① 競技会場の条件の確認
② 対戦相手チームの確認
③ 競技前日や当日の朝にすることの確認
④ 競技会場での過ご方（食物、飲み物、休憩など）
⑤ 目標の確認（結果、プレイの内容）
⑥ 競技への積極的な気持ちづくり
⑦ 作戦の確認（技術・体力・心理的作戦、逆転の作戦）

写真3-15　スタート前にイメージを描く
（日本選手権100走，国立競技場）

2） 本番（競技出場）の注意

① 競技直前

今まで準備してきたことを行えばよいのだが、競技直前や競技中で、特に注意することを簡単にまとめると、次のようになる。

a. 競技会場には少なくとも1-2時間前に到着しておく
b. ウォーミング・アップを十分にして、余裕をもって競技時間を待つ
c. 競技時間に合わせて「よい緊張感」をつくり、作戦を確認しておく
d. 練習では「優勝」「ベスト4」を目標に頑張ってきたが、競技前では「自分の実力発揮するのだ」「自分のベストプレイをするのだ」と言い聞かせる

② 競技中の注意事項

a. 勝っていれば作戦はそのまま
b. 負けゲームや失敗が続いたら作戦の切り換えをする。その決断を早くする
c. リードしても、積極的・攻撃的プレイをする。守りのプレイになってはいけない
d. 接戦になったら、「絶対勝つぞ!!」「相手も苦しいんだ!!」と闘志を燃やす。最後はどれくらい勝ちたいかの違いで勝敗が決まる

③ 競技終了後

競技終了の直後には、試合に勝っても負けても、お互の健闘をたたえる。勝者としての条件、敗者の条件を心得ておく。

a. 勝者の条件

勝者になってからの条件について考えてみる。まず、素直に喜びたいものである。むしろ、素直に喜べるような勝ち方をしたいものである。いくら勝っても、あと味が悪いような勝ち方では素直に喜ぶことはできない。実力伯仲の中を努力に努力を重ね実力を出し切っ

ての勝利であれば、その喜びは感動につながる。そして、敗者の心境を察する心構えも勝者の条件といえる。競技後のわずかな会話や握手が、今までの緊張感を柔らげ、お互いの気持ちにさわやかな印象を与えるのに重要な役割をはたす。

b. 敗者の条件

敗者の条件もまた必要である。競技に負けても気持ちはすっきりし、満足する試合もある。自分の実力を発揮して負けたのなら、"やるだけやった"という気持ちになる。競技に負けることは、恥ではない。負けた教訓を次の競技に生かせばよい。口もきかずに怒っているより、勝者をたたえるだけのゆとりをもちたい。最も見苦しいのは、敗者の弁（いいわけ）である。露骨な弁解は自分を益々みじめにするので、慎むが方よい。

参考・引用文献
1) 徳永幹雄（2003）：改訂版・ベストプレイへのメンタルトレーニング，大修館書店.
2) 徳永幹雄（2005）：「競技前の心理的準備や競技後の評価はどのようにすればよいか」，徳永幹雄編，教養としてのスポーツ心理学，大修館書店.

（徳永幹雄）

10. メンタルに強くなるとは

（1） 競技後の振返り（反省）

「反省なきところに進歩なし」と言われている。心理的に強くなるためには、練習や競技が終わって、目標が達成できたか否かを客観的に振り返る（反省）ことが大切である。次のような内容を反省するとよい（表3-25）。

表3-25 競技後の反省

1.	競技中の心理状態の診断
2.	目標（技術・体力・心理）達成の診断
3.	実力発揮度を％で評価する
4.	成功・失敗で評価する（成功を重ねて自信）
5.	反省と次の目標を日誌に書く

1） 競技中の心理状態のチェック

競技中の気持ちづくりに問題がなかったかどうかをチェックする。競技中の心理状態をチェックする質問紙を利用するとよい。必要な時に、必要な気持ちづくりができたかどうかが、メンタル面のトレーニング効果としては重要である。

次の質問に5段階の回答を□の中に試合を思い出しながら記入する。答えは、1（まったくそうではなかった）、2（あまりそうではなかった）、3（どちらといえない）、4（かなりそうであった）、5（そのとおりであった）である。

① 試合で忍耐力を発揮できた ………………………………………………□	
② 試合では闘争心（闘志、ファイト、積極性）があった ………………□	
③ 自分の目標を達成する気持ちで試合ができた …………………………□	合計点
④ 「絶対に勝つ」という気持ちで試合ができた …………………………□	（　　）
⑤ 自分を失うことなく、いつものプレイができた ………………………□	
⑥ 緊張しすぎることなく、適度にリラックスして試合ができた………□	
⑦ 集中力を発揮できた ………………………………………………………□	判　定
⑧ 自信をもって試合ができた ………………………………………………□	（　　）
⑨ 試合での作戦や状況判断がうまくいった ………………………………□	
⑩ 試合では仲間と声をかけたり、励ましあったり、協力して試合ができた………□	

　記入が終わったら、合計点を出す。判定はA（47点以上）、B（46～43点）、C（42～37点）、D（36～33点）、E（32点以下）であり、自分の得点の判定を出す。Aに近いほど望ましい心理状態ができたことを示し、そのことが実力発揮度に影響する。

2）目標に対する反省
① 結果に対する目標の達成度を評価する…達成できた・達成できなかった
② プレイの内容に対する目標の達成度を評価する
　技術…十分に達成できた・まあまあ達成できた・達成できなかった
　体力…十分に達成できた・まあまあ達成できた・達成できなかった
　心理…十分に達成できた・まあまあ達成できた・達成できなかった

3）実力発揮度の評価
　時間を短縮するスポーツについてはベスト記録÷当日の記録×100＝○％となる。たとえば、100m走のベスト記録が11秒の人が、ある競技で11秒4で走ったら11.0÷11.4×100で、実力発揮度は96.5％となる。逆に距離を延ばすスポーツは当日の記録÷ベスト記録×100＝○％となる。時間や距離では計算できないスポーツの場合は主観的に判断して実力発揮度が何％になるかを評価する。

4）「成功」「失敗」で評価する
　スポーツの競技は「勝つ」ことばかりでなく、「負ける」ことのほうが多い。競技に出る時は必ず目標を設定する。目標は技術、体力、心理について設定し、目標が競技で達成できれば「成功」と評価する。図3-27にみられるように競技の結果は勝敗と目標達成から評価し、負けても、目標が達成できれば「成功」と評価し、目標が達成されなければ「失敗」と評価する。成功の体験を重ねることで「やる気」や自信を高める。このような「成功」「失敗」の評価はプレイに対する目標設定ができていなければできない。その意味からも、目標設定の大切なことが指摘できる。

5）スポーツ日誌をつける
　最後に、競技や練習での成績、勝因、敗因、対戦相手の特徴、指導者や仲間の助言、自分の課題などを日誌につける。自己反省も加えてながら、向上心を持って新たな課題に挑戦していく。

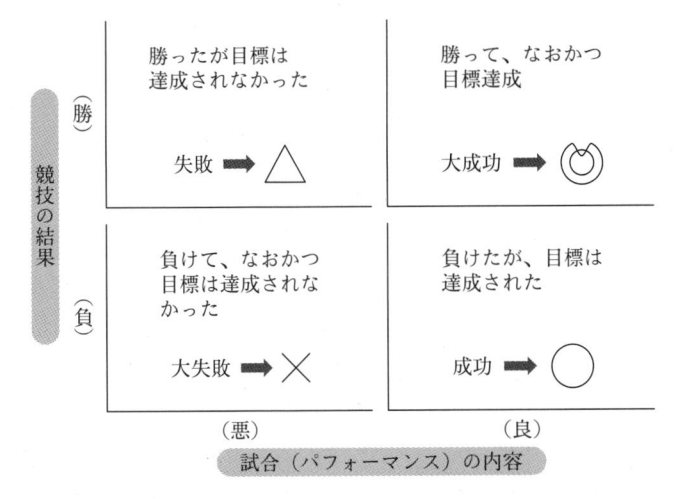

図3-27 "成功・失敗"による競技後の評価法
(マートン. R., 猪俣監訳を徳永が改変)

(2) メンタルに強くなるとは

　以上のように、メンタル面の高め方について説明してきた。それをまとめると、表3-26のとおりである。また、メンタルトレーニングの意味するところは、表3-27のようになる。すなわち、メンタルトレーニングは、自分に欠けている心理的スキルを明確にして、その克服法を考え、それをトレーニングすることである。そして、目標の達成度、競技中の心理状態や実力発揮度が高くなり、その確率が安定することである。実力発揮の確率が高くなることがメンタル面で強くなることを意味する。さらには、スポーツは勝つことも大切であるが、もっと大切なことは「価値ある目標を前もって設定して、それを段階的に達成していく（人間にとって成功とは、Meyer Paul. J.）」ようなスポーツのしかたである。勝敗は他人との比較であり、自分の成長を目指した自己実現的なスポーツの継続こそ、メンタルトレーニングの神髄であろう。メンタルは何歳になっても伸びる！向上心を持ち、「さりげなく、相手に勝ち、自分に克とう！」

表3-26　メンタル面のトレーニングのまとめ

1. 選手として睡眠、食事、休養、嗜好品に注意
2. 結果とプレイ（技術・体力・心理）の目標を設定する
3. 欠けている心理的スキルをトレーニングする
4. 試合前には、作戦（技術・体力・心理）をたて、イメージしたり、動きとしてリハーサルをする
5. 本番での注意を確認する
6. 反省と目標の修正

表3-27　メンタルトレーニングとは

- 自分に欠けている心理的スキルを明確にし、それをトレーニングする
- 実力発揮度の確率をあげ、それを高い確率で安定させる
- 試合は展覧会・発表会と同様で、心・技・体・知を鍛えて、出品する心境で出場する
- 人生の成功とは「価値ある目標を前もって設定し、それを段階的に達成していくこと」である

参考・引用文献
1) 徳永幹雄（2003）：改訂版・ベストプレイへのメンタルトレーニング，大修館書店．
2) 徳永幹雄（2005）：「競技前の心理的準備や競技後の評価はどのようにすればよいか」，徳永幹雄編，教養としてのスポーツ心理学，大修館書店．

（徳永幹雄）

第4章

食事と運動・スポーツ

1. バランスのとれた食事とは

よく、「バランスがとれた食事をしましょう」とか「食事のバランスが大切」と言われる。バランスがとれた食事とは、どういう食事かについて考えてみよう。ここでは、献立の組み合わせ、エネルギー所要量・エネルギー比、食品群、混合食などの視点からバランスがよいとはどういうことかを考えてみる。

(1) 献立の組み合わせを考える

1回の食事の中に、献立用語の主食、主菜、副菜が含まれていることが、バランスがとれていると考える（図4-1）。しかも、主食、主菜、副菜を覚えやすくするために色に例えると面白い。主食は米やパンなどの糖質類なので「白」、主菜は肉や魚などの蛋白質、脂質類なので「赤」、副菜は野菜や果物のビタミン、ミネラル類なので「緑」として覚えるとよい。主食、主菜、副菜の

★ 主 食
主食は、米、パン、めん類などの穀類で、主として糖質性エネルギーの供給源です。

★ 主 菜
主菜は、魚、肉、卵、大豆製品などを使った副食の中心となる料理で、主として良質たん白質ならびに脂肪の供給源となります。

★ 副 菜
副菜は、主菜につけあわせる野菜などを使った料理で、主食と主菜に不足するビタミン、ミネラルなどの栄養素を補う重要な役割を果たします。

図4-1　献立の組み合わせ
（社団法人　日本栄養士会　資料より）

内容は、以下のとおりである。
① 主食…米、パン、麺類などの糖質…白
② 主菜…肉、魚、卵、大豆製品（蛋白質、脂質）…赤
③ 副菜…野菜、果物、吸い物、飲み物（ビタミン、ミネラル）…緑

わが国には本膳料理の膳立てとして、「1汁1菜（1汁と1品の菜との食事。粗食のたとえ）」や「1汁3菜｛飯と汁・香のほかに膾・平皿・焼物の3菜を添えたもの｝」という言葉がよく使われている。膾とは大根、人参を細かく刻み、三杯酢、味噌酢などであえた料理のことであり、昔から沢山の野菜を食べることが奨められている。

（2） エネルギー所要量、エネルギー比を考える

年齢相応のエネルギー所要量を摂取していることやエネルギー比が望ましい摂取状況であることからバランスを考える。平成16年（2004）の厚生労働省の調査によれば、栄養摂取量は表4-1のとおりである。これまでの栄養欠乏症を主眼としたものから、過剰摂取への対応を考慮した施策へと転換が図られつつある。3大栄養素の比は約、蛋白質：1、脂肪：2、糖質：6くらいが望ましい。望ましいエネルギー所要量・エネルギー比は以下のとおりである。

1) エネルギー所要量
① 19歳男子（日本人の平均身長172.3cmおよび体重63.5kg）…2,600kcal.
② 19歳女子（日本人の身長158.5cmおよび体重51.9kg）…2,050kcal.

表4-1　平成16（2004）年の栄養摂取量（1人1日当たり）

栄養素	平成16（2004）年 男性	平成16（2004）年 女性
エネルギー（kcal）	2,105	1,721
たんぱく質（g）	76.6	65.6
うち動物性	41.7	34.7
脂質（g）	58.2	50.4
うち動物性	29.4	24.5
炭水化物（g）	291.7	243.1
カルシウム（mg）	550	528
鉄（mg）	9.0	7.7
食塩（ナトリウム）g	11.5	10.1
ビタミンA（μgRE）	892	867
ビタミンB_1（mg）	1.57	1.48
ビタミンB_2（mg）	1.50	1.54
ビタミンC（mg）	110	123

（厚生労働省「国民健康・栄養調査」）

写真4-1　メジロも必死です

2） エネルギー比

　　　　　　　日本　　米国　　理想　　　比
① 蛋白質…12.9%…12.9% …11〜14%…（1）
② 脂肪…　23.9%…45.1% …20〜30%…（3）
③ 糖質…　63.2%…42.0% …56〜69%…（6）

(3) 1日6食品群を食べる

　厚生労働省の指針によれば、1日に蛋白質、脂質、糖質、カルシウム、ビタミンA、ビタミンBの索引しない6大栄養素を摂取することを推奨している。つまり、1日に6食品群の食べ物を取ることで、バランスが取れていると考える。6食品群とは、以下のとおりである（図4-2）。

　1群…肉、魚、卵、大豆製品など（蛋白質）
　2群…牛乳、乳製品、骨ごと食べられる魚、海草など（カルシウム）
　3群…緑黄色野菜（にんじん、ほうれん草、かぼちゃ、トマトなど（ビタミンA）
　4群…淡黄色野菜（だいこん、白菜、玉ねぎ、キャベツなど）・果物など（ビタミンC）
　5群…穀類、いも類（米、パン、麺類、いも）など（糖質）
　6群…油脂類（バター、マーガリン、天ぷら油、マヨネーズ、サラダ油）（脂質）

(4) 1日30食品を食べる

　厚生労働省は、朝、昼、夜の食事で30食品（種類）くらい食べることを奨めている。つまり、1日30食品、食べればバランスがとれていると考えることができる。豆腐、のり、卵、お米、魚、いも、たくあん、麺類、ほうれん草、白菜、ごぼう、肉など、できるだけ多くの食品を食べることを奨めている。

(5) 混合食をする

　わが国には、いろいろな食べ物がある。今日は和食、明日は洋食、明後日は中華食、あるいは朝は洋食、昼は軽食（洋食・和食）、夜は和食というように、さまざまな食べ物を組み合わせた混合食をすることで、バランスを考えることもできる。和食・洋食・中華食には、それぞれ下記のような特徴がある。

　① 和食…低コレステロール・高食塩
　② 洋食…高コレステロール・低食塩
　③ 中華食…高繊維食（多くの野菜炒め）

(6) 毎日の献立を考える

　毎日の献立をつくる上で、バランスを考える。特に、自炊をしている学生は、以下のようなことに注意して食事をつくると良い。

　① 主菜は魚類と肉類をいずれかを毎日食べる

② 卵は誰でも1日1個食べる
③ 大豆製品は毎日（豆腐、納豆など）食べる
④ 牛乳は大人1日1本（200ml）、子ども2本くらい飲む
⑤ 海草は1日1回くらいは食べる
⑥ 野菜は毎食、緑黄色野菜と淡黄色野菜を取り混ぜて食べる
⑦ 果物は1日1回食べる。ただし、糖分がありすぎるものは、食べ過ぎに注意する
⑧ いも類も忘れずに食べる

	食品の類別	食品の例示	中学生以上の年齢層の1日当たりの摂取目安量*
1群	魚 肉 卵 大豆	魚、貝、いか、たこ、かに、かまぼこ、ちくわなど 牛肉、豚肉、鶏肉、ハム・ソーセージなど 鶏卵、うずら卵など とうふ、なっとう、生揚げ、がんもどきなど	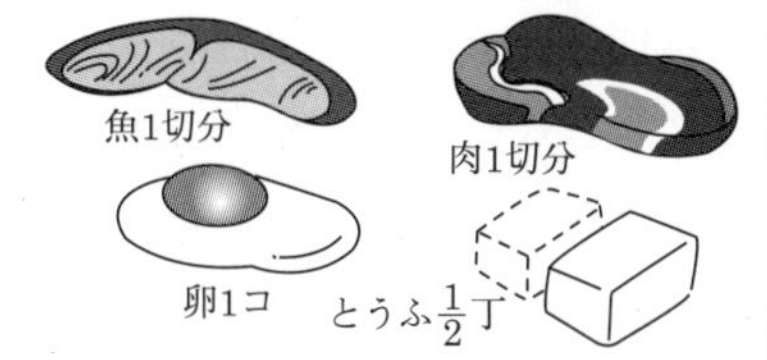 魚1切分　肉1切分 卵1コ　とうふ½丁
2群	牛乳・乳製品 骨ごと食べられる魚 (海草)	牛乳、スキムミルク、チーズヨーグルトなど めざし、わかさぎ、しらす干など わかめ、こんぶ、のりなど海草	 牛乳1本（200ml） （スキムミルクなら20〜22g） しらす干、こうなご、あみなど
3群	緑黄色野菜	にんじん、ほうれん草 こまつな、かぼちゃ、トマトなど	 にんじん小½本　青菜　片手1杯（50g程度）
4群	その他の野菜 果物	だいこん、はくさい、キャベツ、きゅうり、玉ねぎなど みかん、りんご、なし、ぶどう、いちごなど	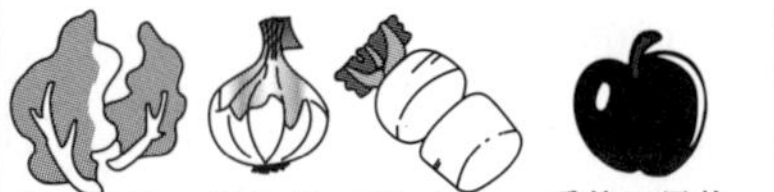 キャベツ大葉2枚　玉ねぎ小1コ　だいこん長さ5cm　季節の果物（りんご1コ程度）
5群	米 パン めん いも	ご飯 パン うどん、そば、スパゲッティ さつまいも、じゃがいも、さといもなど	 ごはん1日4〜5杯 ごはん1杯に相当する量は食パン1枚（60g）、うどん⅔玉（190g）　じゃがいも中1コ
6群	油脂 (多脂性食品)	てんぷら油、サラダ油、ラード、バター、マーガリンなど マヨネーズ、ドレッシング	 植物油　大さじ1〜2杯

＊あくまでも1つの目安として掲げたものである。性別、年齢別、労作別、現在の維持体重（肥満度）などを考慮して摂取量を加減する。

図4-2　1日6食品群を食べる
（日本栄養士会編、「健康づくりのための6つの基礎食品」より）

⑨ ご飯は適量、甘いものは控えめにする
⑩ 油は毎日大さじ1-2杯を料理に入れる
⑪ 同じ食品を繰り返し食べない

(7) 食塩を減らす食事をする

和食で最も注意することは、食塩の摂取量を減らすことである。日本人の1日の食塩摂取量は10g以下である。将来、高血圧症を予防する意味から、食塩の少ない食事に慣れていることが大切である。食塩を減らす食事として、以下のようなことが奨められている。

① みそ汁は実をたくさんで野菜を入れる。味噌汁には、1杯1-2gの食塩が含まれている
② 漬物は即席漬け、できれば酢を使う。古漬けは禁物。たくあん2切1.9g、梅干1個2.4g、たらこ1はら6.5gの食塩が含まれている
③ 調理法は煮物より炒め物、炒め物より揚げ物にする
④ しょう油は「かける」より「つける」ように習慣化する
⑤ 調味料はしょう油よりソース、ソースよりマヨネーズ、トマトケチャップが良い
⑥ 麺類のスープはできるだけ飲まない（即席ラーメンには5.1g、うどん・そば3.5gの食塩が含まれている）
⑦ しょう油は低塩しょう油を上手に使う
⑧ 代表的な朝食（ご飯、みそ汁、納豆、玉子焼き、きんぴらごぼう、のり、白菜）では、食塩は4gくらいである

(8) その他、食事での注意事項

① 食事の規則性…朝、昼、夜の食事時間が約30分以上、ずれないように3食を規則的に食べること（学生の単位取得数と食事の規則性は相関関係がある）。
② 楽しく食べる…1人でも数人でも食事は楽しい気分で食べることが大切である。
③ 食事でコミュニケーションをとる…友達同士、家族、親子、仲間、先輩・後輩、夫婦、恋人同士など食事を通してコミュニケーションをとる事も大切である。
④ 食事量のコントロール能力…今日は、身体を十分に動かしたので腹いっぱい食べても大丈夫、今日は身体をあまり動かしていないので、少し控えめにしようというように、1日の身体の動かし方によって食事量をコントロールできることが大切である。
⑤ 嗜好品（酒、タバコ、コーヒー、清涼飲料水）のコントロール…タバコを吸いながら酒を飲んだり、缶コーヒーなどを飲むのは健康上、最悪である。嗜好品は、健康との関連で如何に量をコントロールできるかが大切である。

参考・引用文献
1) 社団法人日本栄養士会：食品を健康的に食べるシリーズ1-g．
2) 社団法人福岡県栄養士会：ふるさとをゆたかに―21世紀へあなたは何を食べますか―．

（徳永幹雄）

2. トレーニング期や本番前の食事

　ウエイトトレーニングを行うことによって身体を鍛えると筋肉量が増加することは周知の事実である。現在では、多くのスポーツ種目において骨格筋量を増し、パワーやスピードなどを増加させることが重要となってきており、それぞれの選手がトレーニングプログラムの中にウエイトトレーニングを取り入れている。骨格筋は、水分を除くとほとんどがたんぱく質でできている。（たんぱく質とは、アミノ酸が最小単位となって、これらが多数結合した高分子の有機化合物のことである。）

　骨格筋量を増加させるためには、2章で述べられているように、より大きな負荷を筋に与え、適度な休息によりエネルギーの超回復を起こす必要がある。ここで重要なのは、たんぱく質を必要以上に摂取すれば筋量が増加するわけではない。過剰に摂取したたんぱく質は、脂肪となり体脂肪（糖質や脂質）として体内に貯蓄されるか、分解され尿素として尿中に排出される。したがって、肝機能や腎機能に障害のある場合、それらの臓器への負担が大きくなり、代謝異常がさらに進行する。

　一方、肉、魚、卵、大豆、大豆製品、牛乳や乳製品などの動物性たんぱく質は、運動に効率よく利用されるが、植物性のものは生物価が低いことから、身体づくり・筋肉量の増加には動物性たんぱく質が有利となる。

　運動を行うことでたんぱく質は分解され、生成されたアミノ酸の一部は運動エネルギーとして利用される。すなわち、運動後のたんぱく質の補給は身体づくりや筋肉づくりには必要不可欠なものとなる。下村（1992）は、多くの選手は1時間に5gほどのたんぱく質をエネルギーとして利用すること、一般的に摂取される食物中たんぱく質の利用効率を考えると、1日2時間の激しい運動をする成人のたんぱく質所要量は、体重1kgあたり1.8〜2.0g／日と指摘している。これに加え、成長期の子どもや激しい運動をする者では一般より約1.5〜2倍ほど多くのたんぱく質を摂取する必要がある。

　上述したように、たんぱく質も運動のエネルギー産生に貢献するが、その役割はそれほど大きいものではない。その多くは運動前の筋グリコーゲン量が影響をおよぼしており、この量によって運動中のたんぱく質の分解が規定されているとも言われている。したがって、運動前に筋グリコーゲンをどのように蓄積させるかもパフォーマンス向上のために重要となってくる。

　一般的に、多くのスポーツ種目、特に、持久力系のスポーツには、グリコーゲンローディング（あるいは炭水化物ローディング）と呼ばれる試合前における栄養調整法が用いられる。古典的に、この方法は、試合前の6〜7日前までに激しい運動により筋グリコーゲンを低下させ、次の3日間はトレーニング量を漸減させながら低炭水化物（高たんぱく＋高脂肪）食にして徹底的に筋グリコーゲンを枯渇させ、最後の3日間は高炭水化物にして筋グリコーゲンを蓄積するというものであった（下村、1992）。しかし、低炭水化物期にさまざまな問題が発生することから、最

近では、試合前の6～7日までの前半3日間は通常食で過ごし、後半3日間は高炭水化物食を摂取する方法が広まっている。ただし、筋グリコーゲンの貯蔵量には上限があることから、上限量を超えてのローディングは不必要となる。しかし、この方法はあくまでトレーニング量との関係の中で検討されなければ、その効果は期待できない。

トレーニング期にある選手には動物性たんぱく質の摂取を多くすることが勧められており、1日あたりの3大栄養素の摂取目安は、たんぱく質・脂質・糖質の割合を15～18：25～30：55～60％であり、摂取量については、たんぱく質は体重1kgあたり2g、糖質は500g以上、脂質は総摂取カロリーの25％以下となっている。

しかし、選手の栄養状態ついては、一流選手を除くと、必ずしも適正な栄養摂取量であるとはいえない。古田（1996）は大学生選手12名の栄養状態を調査した結果、実際の摂取量を必要量と比較すると対象者全員がかなり低い摂取量であることが明らかになった。この傾向は、糖質など他の栄養素においても同様であった。必要とされる栄養を摂取しなければパフォーマンスの低下を招く要因となる。したがって、過剰摂取はもちろんであるが、不足しているものについてはサプリメントなどの栄養補助食品を用いて補っていくことが必要となってくる。

最後に、一流選手のために作られた栄養・食事ガイドラインにそった3,500kcalの食品構成例を表4-2に示す。

表4-2 3,500kcalの食品構成例

食品群	分量（g）	食品例
穀類	520	米320g（飯740g）、パン120g、その他80g
肉類	130	牛肉、豚肉、鶏肉、ハムなど（不足しやすいB$_1$の補給のため、豚肉・豚肉製品を積極的に取る）
魚介類	70	魚1匹または切り身1切れ
卵類	70	卵L1個
豆類	100	豆腐、納豆、みそなど
乳類	600	牛乳コップ3杯（低脂肪などの牛乳タイプは使わない。ヨーグルトは同量を目安にする）
イモ類	100	じゃがいも、さつまいもなど
緑黄色野菜	150	ほうれん草、小松菜、かぼちゃ、にんじん、トマト、ブロッコリーなど
その他の野菜	250	キャベツ、もやし、キュウリ、大根、玉ネギ、なす、ゴボウなど
藻類	4	わかめ、ひじきなど
きのこ類	15	しいたけ、えのき、しめじなど
果実類	200	オレンジ、キュウイフルーツ、リンゴ、バナナなど
砂糖類	25	砂糖小さじ8杯
油脂類	40	サラダ油大さじ3杯強

（田口（2005）より一部改変）

参考・引用文献
1) 下村吉治（1992）：「スポーツとたんぱく栄養」，体育の科学，第42巻，587-591頁．
2) 古田裕子（1996）：「スポーツ選手における栄養摂取の実態」，体力科学，第45巻，43-45頁．
3) 田口素子（2005）：「トップスポーツ選手の食事の実際」，体育の科学，第55巻，293-296頁．

（大場　渉）

3. 本番中の食事

前述したように、骨格筋のグリコーゲンの枯渇は、持久力運動のパフォーマンスを制限する重要な要因となる。しかし、体内に貯蔵されているグリコーゲンやグルコース量は限りがあるため、節約したり、効率よく使用したりすることが必要である。それに加え、スポーツドリンクや補助食品を利用することで糖質を補給することにより、新たな体内での糖新生や遊離脂肪酸の効率的な利用が可能となる。

（1） 運動前のスポーツドリンクの摂取

図4-3に示したように、グルコースのような吸収速度の速い糖質を多量に含んだスポーツドリンクを運動開始前に摂取すると、摂取後運動開始時に血糖値が急激に上昇し、インスリンが多量に分泌されることで、運動中に低血糖になる可能性がある。その結果、筋グリコーゲンの消耗が大きくなり、パフォーマンスの低下を招く。したがって、少なくとも運動開始1時間前にはグルコース溶液のスポーツドリンクを摂取することは避け、もし摂取するのであれば、消化・吸収速度が遅く、インスリン分泌の少ないフルクトース溶液のスポーツドリンクや水のほうが運動中には有効となる。

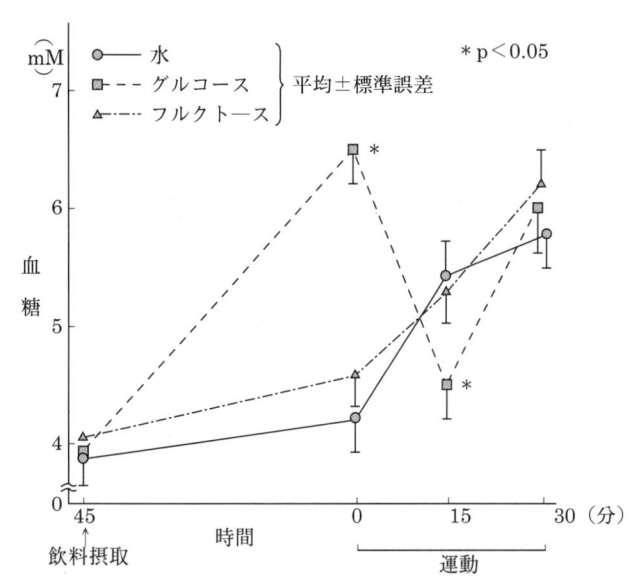

図4-3　運動前に糖溶液を摂取した場合の血糖値の変化
（堀田，1992）

（2） 運動中のスポーツドリンクの摂取

運動中のスポーツドリンク摂取には2つの役割がある。1つめは、エネルギー源の補給としての摂取であり、2つめは、運動中に上昇する体温を調整するための摂取である。液体は小腸で吸

収されるため、一般に胃での滞留時間が短いほど水分の吸収速度は速くなる。エネルギーを補給しようとして糖の濃度を高めると浸透圧が高くなるため胃での滞留時間が長くなり水分吸収が遅れることになる。したがって、体温調整をするために、すみやかに水分を吸収しなければならない場合は糖濃度の低いスポーツドリンクが良い（一般的に5％以下の濃度が良いとされている）。

（3） 運動前の補食

表4-3には、スポーツ選手向きのエネルギー区分別の栄養素等摂取基準例を示した（田口、2005）。この表の数値はあくまでひとつの目安であり、トレーニング内容や競技種目、運動量に応じて柔軟に対応していかなければならない。また、表中にあげられている栄養素を食事からのみで摂取をすることは困難な場合がある。したがって、サプリメント（栄養補助食品）やスポーツフード、さらには補食が必要となってくる。

トレーニング前の補食としては、おむすびや油っこくないパン、サンドイッチ、うどん、フルーツ、ゼリー状の飲み物などが良い。摂取量は運動を開始するまでの時間を考慮し、運動中にお腹が痛くならない程度に抑えることが重要である。なお、ケーキやスナック菓子などは、油脂を多量に含んでいるため、運動前の補食としては適していない。

運動後は疲労回復を促進させるため、捕食を利用することも良いことである。その際は、上記に示した食品のほかに、牛乳やヨーグルト、チーズ、ゆで卵、果汁100％の柑橘系ジュース、肉まんなどが適している。摂取量は、次の食事が疎かにならない程度に抑えておくことが重要である。

表4-3 エネルギー区分別栄養素等摂取基準例

	4,500kcal	3,500kcal	2,500kcal	1,600kcal
たんぱく質（g）	154	130	100	80
脂質（g）	150	115	70	45
糖質（g）	640	480	370	270
カルシウム（mg）	1,000〜1,500	1,000〜1,500	1,000	800
鉄（mg）	15〜20	15〜20	15	12
ビタミン（μgRE）	900〜1,500	900〜1,200	900	900
ビタミン（mg）	2.7〜3.6	2.1〜2.8	1.5〜2.0	1.0〜1.3
ビタミン（mg）	2.2〜2.7	1.8〜2.1	1.3〜1.5	0.8〜1.0
ビタミン（mg）	200	200	200	200
食物繊維（g）	36〜45	28〜35	20〜25	13〜16

（田口（2005）より一部改変）

参考・引用文献
1) 堀田 昇（1992）：「スポーツドリンクとスポーツフード」．体育の科学，第42巻，606-611頁．
2) 田口素子（2005）：「トップスポーツ選手の食事の実際」．体育の科学，第55巻，293-296頁．

（大場 渉）

4. 発汗・熱中症と水分補給

(1) 体温

ヒトの体温は通常35.5～36.5℃の間に保たれている。体温は、新陳代謝により生じた熱量が、物理的な熱放散（蒸発、対流、伝導、放射）と生理的な熱放散（皮膚血管拡張、発汗）によって失われる熱量の総和と均衡を保っていれば安定している。体温は、身体の深部と表面では値が異なる。古典的な報告としてバーグマン（Bergman, 1845）は、身体の深層部をコア（核）、表層部をシェル（殻）とし、シェルの部分は環境温により大きく変動するがコアでは、ほぼ一定（安静時、約37℃）に保たれるとしている。また、コアとシェルの割合は一定ではなく、外部環境温により変化する。なお、体温測定は、口腔温、腋窩温や直腸温などを測定することが多い。直腸温は深部温の指標であり、測定値の信頼度が最も高い。口腔温、腋窩温は、直腸温より各々0.5度、0.8度低い。また、体温は早朝に最低となり、夕方～夜（20時頃）に最高値となる（日内変動）。

(2) 熱中症

体温は気温、湿度、気流や放射といった外部環境や運動の影響を受ける。外部環境温度が異常に高い場合（皮膚温より高いなど）や、激運動により熱放散以上に貯熱量が多い場合では、うつ熱を招き、熱中症のリスクが高まる。熱中症では体温調節が阻害され、腎不全や多臓器不全に陥ることがある。熱中症に対する処置が遅い場合では、死亡することがある。

熱中症は以下のような病態の違いから大きく4つに分類される。

1) 熱失神：皮膚血管の拡張によって血圧が低下し、脳血流量が減少するもので、めまいや失神がみられる。
2) 熱疲労：脱水による症状で脱力感、倦怠感、めまい、頭痛、吐き気などがみられる。
3) 熱痙攣：大量に汗をかいたときに水分だけしか補給しなかったため、血液の塩分（電解質）濃度が低下して、足、腕、腹部の筋肉に痛みを伴った痙攣が起こる。
4) 熱射病：体温の上昇によって中枢機能に異常をきたした状態。意識障害（反応が鈍い、言動がおかしい、意識がない）がおこり、死亡率が高い。特徴としては、発汗停止を認める。

熱中症リスクは気温だけでなく湿度の影響を大きく受ける。気温に湿度を加味したWBGT（湿球温度）と熱中症リスクの関係は下記のようである（表4-4）。熱中症の発生は、その他に風速、

表4-4 WBGT（湿球温度）からみた熱中症リスク

WBGT	熱中症リスク	
28℃ 以上	極めて高い	大会中止すべき
23～28℃	高い	誰にでも起こる
18～23℃	中等度リスク	発生の可能性あり
18℃ 以下	低リスク	発生しにくい

（藤本, 2003）

輻射熱（直射日光）の影響を受ける。

（3） 水分補給

運動時における熱産生は主に筋収縮によるものであり、多量の発汗を招くことから、適切なる水分を補給しないと脱水症状を起こす危険性が高い。体重の約3%の脱水で持久力の低下、5%の脱水で筋力やパワーが低下する（Kenny, 1997）。また、脱水により循環器不全や不整脈の危険度が増す。運動強度と水分補給の目安を下記に示す（表4-5）。

表4-5 運動強度別の適切な水分補給量の目安

運動種目	運動強度（最大強度のパーセンテージ）	持続時間	競技前	競技中
トラック競技、バスケット、サッカーなど	75～100%	1時間	250～500ml	500～1,000ml
マラソン、野球など	50～90%	1～3時間	250～500ml	500～1,000ml/1時間
ウルトラマラソン、トライアスロンなど	50～70%	3時間以上	250～500ml	500～1,000ml/1時間 必ず塩分を補給

注：1) 温度条件によって変化しますが発汗による体重の70～80%の補給を目指す。
　　2) 気温の高いときには15～30分ごとに飲水休憩をとることによって、体温の上昇が抑えられる。1回200ml～250mlの水分を1時間に2～4回に分けて補給する。
　　3) 水温は5～15℃が望ましい。
　　4) 食塩（0.1～0.2%）と糖分を含んだものが有効である。運動量が多いほど糖分を燃やしてエネルギーを補給する。特に1時間以上の運動をする場合には、4～8%の糖分を含んだものが疲労の予防に役立つ。

（日本体育協会，1993）

（4） 暑熱馴化

暑熱環境下では持久性運動パフォーマンスが低下する。しかし、計画的に適切なる暑熱環境下で運動トレーニングを行うと、暑熱に対する馴化が可能となる。暑熱馴化により、①皮膚血流量の増加により代謝熱がからだの表面に移り易くなる　②発汗開始閾値の低下により早い段階で熱放散が開始される　③発汗量の増加により蒸発による熱放散量が増加する　④汗の食塩濃度低下により血液中の電解質が保存されるなどが報告されている。

（5） 選択的脳冷却

運動パフォーマンスは、深部体温により影響を受ける。運動が継続できる深部体温の上限は40℃といわれており、42℃以上では脳障害などが発症する危険性がある。永坂（2000）は、ヒトの脳の温度が一定に保たれる選択的脳冷却機構の報告をまとめている。それによれば、①ヒトの脳から帰還する静脈血は動脈血より0.5℃高く、動脈血により脳は冷却される　②ヒトの頭部の皮膚にある汗腺は他の体部の皮膚より単位面積あたり2倍ほど多い。頭部発汗は脱水による影響

を受けない　③暑熱環境下での運動では脳の保護のため運動停止後も頭部を冷却する必要がある　④脳冷却のためには、鼻から息を吸い口から吐く呼吸法が好ましい。また、鼻腔を開大することは脳冷却に対し、有効な手段であることが示されている。

参考・引用文献
1) 永坂鉄夫（2000）：ヒトの選択的脳冷却とその医学・スポーツ領野への応用，日本生気象学会雑誌, Vol. 373-13 頁.
2) 安松幹展（2005）：いろいろな環境下で運動を行う方法とは，これからの健康とスポーツの科学（第2版），講談社，138-151 頁.

(山崎先也)

5. 環境と運動

(1) 紫外線とは

　紫外線は、太陽から放射されている電磁波の一種であり、戸外での運動時には、熱射病と共に紫外線による過剰な日焼けに注意をする必要がある。紫外線は通常 UV（Urtraviolet の略）で表示されることが多いが、波長の違いから UVA、UVB、UVC に分類される。UVA は、UVB より人体に対する害は少ないが、長時間の被爆では健康に対する影響が生じる。UVB はオゾン層で吸収されるが、僅かながら地表に到達し、人体に悪影響をおよぼす。通常、UVC は地表に到達しない。

　近年では、フロンガス排出量の増加によりオゾン層が破壊され、今後は地上に到達する紫外線量が増加することが予測されている。現在、地表に到達している紫外線の 99% は UVA であるが、オゾン層の破壊により人体への影響が強い UVB の増加が特に懸念されている。

　紫外線の強さは、UV インデックスで表示される。また、紫外線量は紫外線の強さと曝露された時間の積で表される。

表 4-6　UV インデックス

UV インデックス	紫外線強度	注意事項
1〜2	弱い	安心して戸外で過ごせる
3〜5	中程度	日中は出来るだけ日陰を利用する
6〜7	強い	出来るだけ、長袖シャツ、日焼け止めクリーム、帽子を利用する
8〜10	非常に強い	日中の外出は出来るだけ控える
11+	極端に強い	必ず、長袖シャツ、日焼け止めクリーム、帽子を利用する

（紫外線保健指導マニュアル，2007 を一部改変，原典 WHO: Grobal solar UV index-A practice guide, 2002）

　紫外線は季節、時刻や天気などにより、その強さが変化する。一般的には、6月〜8月の正午頃（太陽が最も高い時）が最も強い。また、地表の状態により紫外線の反射率が異なる。例えば、新雪では 80% と高い反射率を示すことから紫外線が弱くとも曝露の程度が高まる。また、標高が 1000m 上昇する毎に UVB の量が 10〜12% 増加する。その他、砂浜 10〜25%、コンクリートまたはアスファルト 10%、土や芝生 10% 以下である。屋内では戸外の 10% 以下の紫外線量となる（WHO, 1995, 2002）。

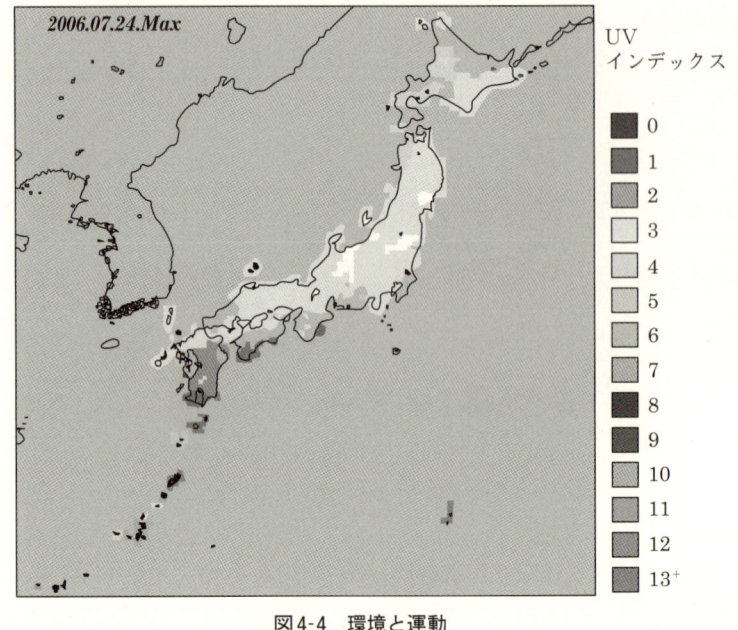

図4-4　環境と運動
（気象庁ホームページより）

（2）紫外線による人体への影響

　紫外線による日焼けは、サンバーンとサンタンに分類される。サンバーンは紫外線被爆後の数時間に現れ、8～24時間でピークを迎え、2～3日後に消失する赤い日焼けのことである。なお、暑さを感じるのは赤外線であり紫外線を感じることはできない。一方、サンタンは数日後に現れ、数週間から数か月後に消失する黒い日焼け（皮膚に色素が沈着した状態）である。日焼け（サンタン）は、紫外線により被害を防ぐ防御反応であるが、その防御効果は小さく注意が必要である。

　紫外線で人体に対する影響が懸念されるのは皮膚がんの増加である。石崎と内田（1998）は太陽紫外線と皮膚がんの関係を認める代表的な知見として、①年間の紫外線（UV-B）量の多い地域ほど皮膚がんの発症率が高いこと②遺伝的にDNA修復経路に異常を有する者（XP患者）では、日光露光部に皮膚がんが多発すること③太陽紫外線が皮膚がんを発生させた際の足跡が皮膚がん細胞の遺伝子に残されていることを挙げている。

　DNAが損傷（ピリミジンダイマーなど）を受けると、ヒトはDNA修復機能が働き、例えば除去修復（切断し、切り出す）により損傷した部位のみを除去し修復を行う。しかし、このような修復機能が異常をきたした場合、DNAの損傷が修復されずに蓄積してしまう。

　一方、皮膚がんの発生については、がん抑制遺伝子であるp53遺伝子変異の関与が報告されている。p53遺伝子が正常の場合、DNAが損傷を受けても修復が完了するまで細胞分裂が停止し、修復が完了するとDNAの複製が開始される。また、修復が十分でない細胞はアポトーシスを誘発させて排除させる。しかし、p53遺伝子自体が損傷を受けるなどによりp53遺伝子が機能しない場合では、損傷を受けた状態でDNAが複製されてしまう（突然変異・異数性）。p53遺伝子が

異常な細胞では、再度紫外線を受けた場合、修復が完了しない状態である損傷したDNAが複製されてしまうと共に排除機能も正常に作動しないので、変異を持つ細胞のみが多数を占め、皮膚がんの発生が促進されてしまうと考えられている（図4-5）。

　適度な紫外線量を浴びることは正常な骨代謝を維持するために必要であるが、過剰な紫外線に曝露されるべきではない。石崎と内田（1998）は、太陽紫外線はヒトの皮膚がん誘発の最重要因子であり、不要な紫外線を浴びることを避ける生活習慣を提唱している。そして、「夏日焼けすれば冬風邪ひかない」「小麦色の肌は健康の証」などの誤った通説を批判している。

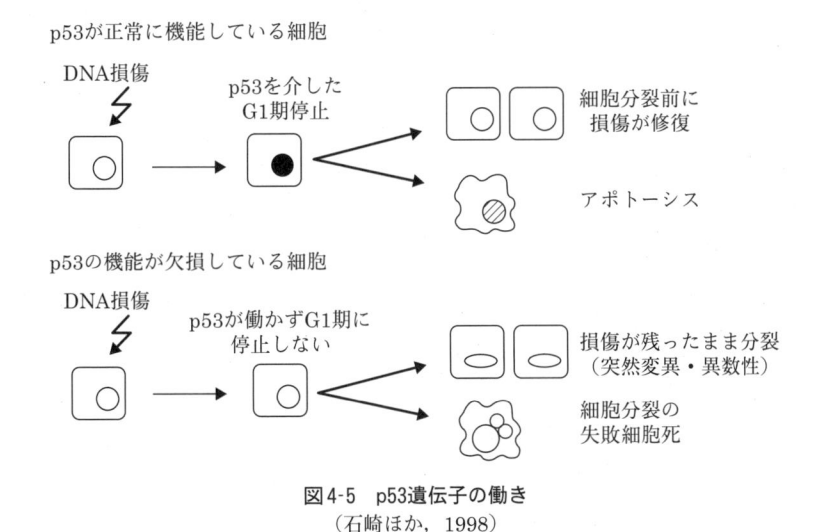

図4-5　p53遺伝子の働き
（石崎ほか，1998）

参考・引用文献
1)　紫外線保健指導マニュアル編集委員会（2006）：紫外線保健指導マニュアル，環境省保健部環境安全課．
2)　池永満生ほか（1998）：環境と健康Ⅱ，へるす出版．

（山崎先也）

6.　たばこと運動

　国民健康・栄養調査によると、平成16年の喫煙習慣者は男性43.3%、女性12.0%である。また、平成17年の日本たばこ産業株式会社の調査によれば、男性45.8%、女性13.8%であった。両調査から、わが国の喫煙者は男性4割、女性1割ということができる。しかも、男性は減少傾向にあるのに、女性は増加傾向を示し、特に女性の20歳代、30歳代の喫煙率の増加は著しい。

（1）たばこの成分
　たばこには、タール、一酸化炭素、ニコチン、発がん物質、各種刺激物質、微粒物質などさまざまな有害物質が含まれている。

① タール
　タールは、たばこに含まれる粒子分子のうちフィルターに茶色く付着するヤニのようなべっとりしたものの総称である。タールには発ガン物質、毒性物質が含まれている。
② 一酸化炭素
　一酸化炭素は、酸素に比べ200倍も強く酸素を運ぶ血液中の成分であるヘモグロビンと結合し、全身に酸素欠乏状態を引き起こす。また、これ以外にも血管を傷つけたり、肝臓でのコレステロールの代謝を阻害することにより、動脈硬化を促進させる原因にもなる。
③ ニコチン
　ニコチンは麻薬に似た快楽性と習慣性を持っている。一度吸いだすとやめられないのは、ニコチンの影響である。また、ニコチンには血管を収縮させる働きもある。

(2) たばこの有害物質
① たばこには有害物質として、発ガン物質、ニコチン、一酸化炭素が含まれている。
② 喫煙は咽頭がん、肺がんをはじめとする多くのがんや心疾患、胃・十二指腸の発病や死亡に関係している。
③ 喫煙は血圧の上昇やコレステロールが上昇する。
④ 喫煙は動脈硬化症疾患の特に虚血性心疾患や下肢の閉塞性動脈硬化症の重要な危険因子である。
⑤ 喫煙は腎症、網膜症の進展・増悪に大きく影響する。
⑥ 喫煙は血液の酸素運搬能力が低下した状態であり、心臓・血管系の負担が大きい。

(3) 「受動喫煙」の防止
　平成14年に施行された「健康増進法」の第5章第2節、受動喫煙の防止の第25条に「学校、体育館、病院、劇場、観覧場、集会場、展示場、百貨店、事務所、官公庁施設、飲食店その他の多数の者が利用する施設を管理する者は、これらを利用する者について、受動喫煙（室内又はこれに準ずる環境において、他人のたばこの煙を吸わされることをいう）を防止するために必要な措置を講ずるように努めなければならない」と、受動喫煙の防止に関する規制が盛り込まれた。これにより、わが国の喫煙対策は大きく前進した。厚生労働省は、平成18年より「喫煙は病気」という疾病概念から条件つきで、禁煙指導やニコチン代替療法を保険適用としている。

(4) 「たばこを吸わない」のは勇気のうち
　これほど有害なことが多いたばこを、なぜ、人びとは吸うのだろうか。多々納ら（1985）は大学生の喫煙者は、生活満足度が低く、親友に喫煙者が多く、喫煙の有害意識が低い。性格は情緒性や適応性は高いが意思性が低い。喫煙者は娯楽性への志向（マージャン、パチンコ、飲酒など）が強く、非喫煙者は文化的活動やスポーツへの志向が強い。また、喫煙者は喫煙に対して好意的なイメージを持っており、認知的には感情性（気分転換に良い、社会的交際に役立つなど）、

社会性（カッコイイ、大人になった気がする、優越感）に対して肯定的であり、身体性（肺がんになる、持久力の低下など）に対して否定的である。そして、喫煙に対する重要な影響力として喫煙に対するイメージ（態度）および信念（認知）や友人を中心とした「重要な他者」が重要な鍵を持っていることを指摘している（図4-6）。近年、男性の喫煙傾向の減少は、たばこの健康障害や受動喫煙防止などの影響だと考えられる。一方、女性の喫煙の増加は喫煙に対するイメージや認知の変化が原因しているものと考えられる。こうしてみると、たばこを吸わないのは、青少年にとってある意味で、「勇気」がいることかも知れない。

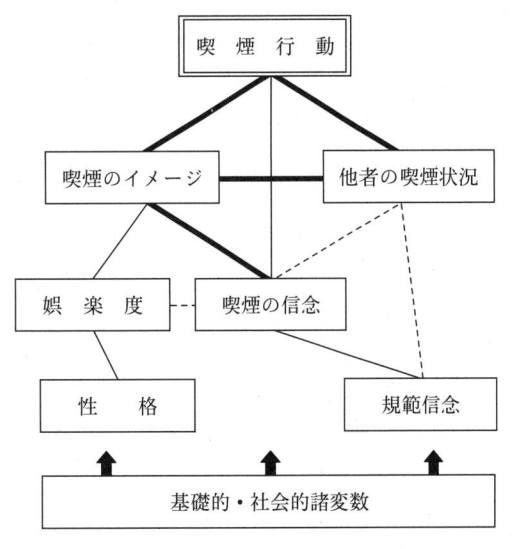

図4-6 喫煙行動に対する諸要因の関与モデル
（多々納ら，1985）

（5） たばことスポーツ

スポーツに最も影響するのは、一酸化炭素である。一酸化炭素がヘモグロビンと結合して酸素欠乏状態をつくることにより、体内でエネルギーを作り出すことが少なくなる。スポーツはエネルギーが作られることで持続されるので、特に酸素を多く必要とする持久的は運動（持久走、サッカー、ラグビーなど長時間行われる有酸素運動）をする人には禁物ということになる。持久的は運動に限らず、「スポーツ選手はたばこを吸うな！」と言われるのはそのためである。自分のパフォーマンスを高めたい人にとって、たばこは有害である。むしろ、スポーツ選手のライフスキル（生活技術）として、たばこ、飲酒、清涼飲料水、コーヒーなどの嗜好品のコントロールができないようでは、良いパフォーマンスは望めないし、スポーツ選手としては失格である。

参考・引用文献
1) 多々納秀雄・徳永幹雄・橋本公雄（1985）：喫煙行動の形成・変容過程に関する考察，健康科学，第7巻．
2) 徳永幹雄・田口正公・山本勝昭（2002）：実力発揮のスポーツ科学，大修館書店．

（徳永幹雄）

7. あなたの食事状況を診断する

3. 食事診断検査

下記に、食事に関する13の質問項目が書いてあります。質問に対する答えは、すべて次の5段階に統一されています。順番に読んで、自分の状況に、最もあてはまる番号を右の回答欄の中に書き入れてください。

答え

1. ほとんどそうでない（0〜10%）
2. ときたまそうである（25%）
3. ときどきそうである（50%）
4. しばしばそうである（70%）
5. いつもそうである（90〜100%）

回答欄

1. 1日（朝、昼、夜）の食事は栄養のバランスがとれている …………………… □
2. 朝食の時刻は30分以上ずれない ………………………………………………… □
3. 色の濃い野菜類（にんじん、ほうれん草、ピーマン、など）はよく食べる … □
4. 夕食の時刻は30分以上ずれない ………………………………………………… □
5. アルコールはビール大ビン1本、日本酒1合を基準にどのくらい飲みますか … □
6. たんぱく性食品（肉、魚、卵、など）はよく食べる ………………………… □
7. 昼食の時刻は30分以上ずれない ………………………………………………… □
8. いろいろな食品を組み合わせて食べている（1日30食品くらいを目安にして）… □
9. 1日にタバコをどのくらい吸いますか …………………………………………… □
10. 果物はよく食べる ………………………………………………………………… □
11. 欠食をする ………………………………………………………………………… □
12. 根菜類（いも類、れんこん、など）はよく食べる …………………………… □
13. 海草類（こんぶ、わかめ、のり、ひじき、など）はよく食べる …………… □

質問5の回答肢

ビール2本（2合）以上、毎日飲む	→1
ビール2本（2合）以上、週4〜6日飲む	→2
ビール2本（2合）以上、週1〜3日飲む	→3
ビール2本（2合）以上、月1〜3日飲む	→4
飲まない／1日ビール1本、日本酒1合以内	→5

質問9の回答肢

30本以上吸う	→1	9〜1本吸う	→4
29〜20本吸う	→2	吸わない	→5
19〜10本吸う	→3		

採点法

⑥ 食事のバランス（7項目）：質問の1, 3, 6, 8, 10, 12, 13の回答の合計点 …………… □
⑦ 食事の規則性（4項目）：質問の2, 4, 7, 11番の回答の合計点（但し、11番は逆点、1 → 5） ………………………………………………………………………………… □
⑧ 嗜好品（2項目）：質問の5, 9番の回答の合計点 ……………………………………… □

☆あなたの食事（合計点）の判定は（　　　　　　）。表4-7で判定する。
☆41点以下の人は、問題があるので指導者に相談してください。

表4-7 食事得点の判定表

尺度	因子（質問項目数）	1（かなり低い）	2（やや低い）	3（もうすこし）	4（やや優れている）	5（非常に優れている）
食事	食事のバランス（7）	7-15	16-20	21-26	27-31	32-35
	食事の規則性（4）	4-7	8-11	12-15	16-18	19-20
	嗜好品（2）	2	3-4	5-6	7-8	9-10
	合計（13）	13-32	33-41	42-50	51-58	59-65

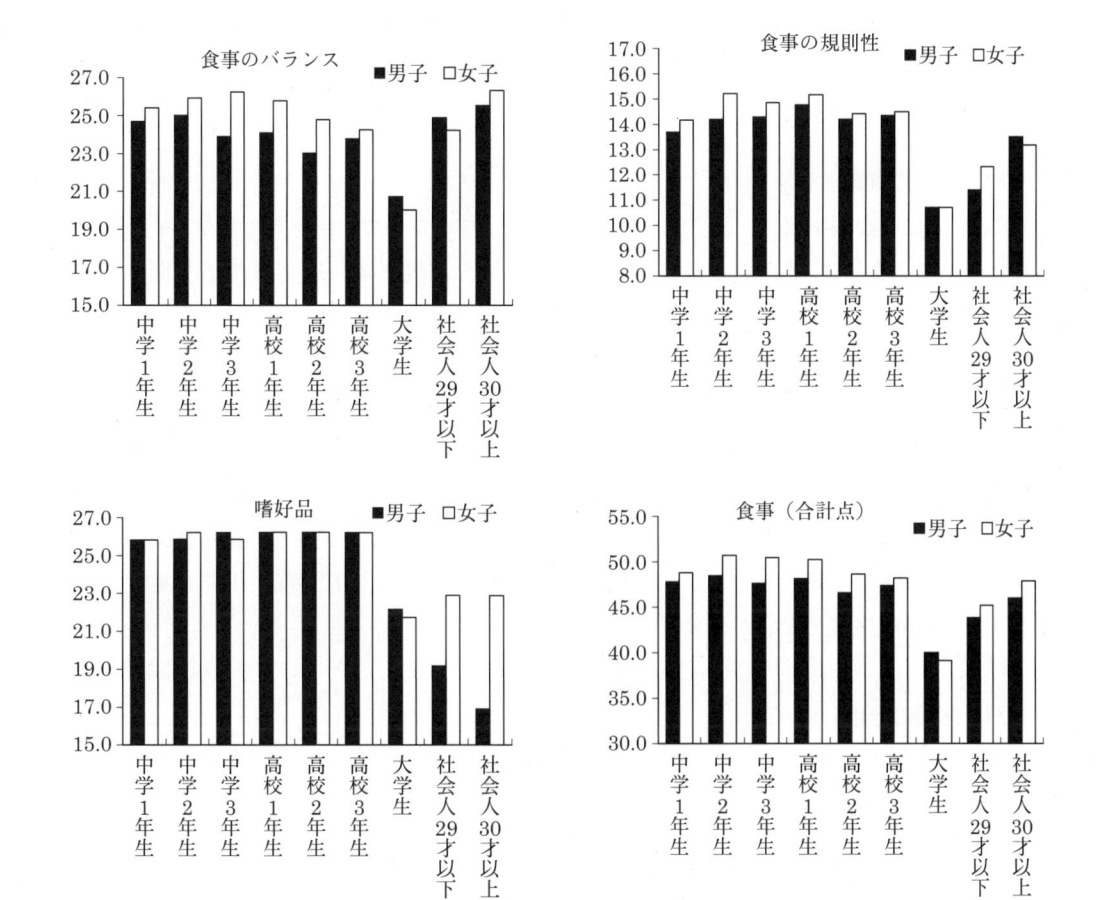

図4-7 食事状況の年代的差異

参考・引用文献

1) 徳永幹雄（2003）：健康度・生活習慣診断検査用紙（DIHAL. 2, 中学生～成人用），トーヨーフィジカル発行（TEL. 092-522-2922）.
2) 徳永幹雄（2004）：健康度・生活習慣診断検査（DIHAL. 2, 中学生～成人用）―手引き―，トーヨーフィジカル発行.

（徳永幹雄）

第5章

休養と運動

1. 休養とは

(1) 休養の意味

「忙しすぎて休む暇がない」と、よく言う人がいる。休まないで、何時間でも働き・活動し続けることができるなら、これほど良いことはない。しかし、残念ながら、われわれ人間は、休まないで働き続けることはできない。休まないで働き続けると、そのうち心身に大きな「つけ」が回ってくる。神経も筋肉も休養が必要であるし、脳にとっての休養は睡眠である。つまり、人間にとって休養は生きるためのものであり、いかに生きるかは、いかに休養するかにかかっている。

休養の「休」は、休むことであり、単に身体的疲労の回復だけでなく、精神的疲労の回復も含まれる。また、休養の「養」は養うことであり、明日の活力を養い、将来の生活を健康に過ごすために心身の充実を養うことである。つまり、心身の疲れをとり、自己実現の目標に挑戦するための体力や精神力を養うことが休養の意味である。

(2) 休養の分類

疲労には下記のように、いろいろな疲労がある。疲労の種類によって休養の仕方も当然、異なってくる。

①肉体疲労 − 精神疲労　　②中枢疲労 − 抹消疲労　　③主観的疲労 − 客観的疲労
④一過性疲労 − 蓄積疲労　⑤生理的疲労 − 病的疲労　⑥局所疲労 − 全身疲労
⑦急性疲労 − 慢性疲労

休養のとり方も、時間単位で分類すると表5-1のようになる。厚生労働省の休養指針によると、休息（秒単位）、休憩（分単位）、私的時間（時間単位）、週休（日単位）、休暇（週、月単位）に分類されている。このように、時間的には「分」単位の短い休息から、「月」単位の長い休暇により、心と体をリフレッシュすることが休養の意味である。

表 5-1　休養の分類と時間、内容、関連用語

休の分類	単位	養の内容	関連用語
休息	秒	一連続作業間での作業 負担の回復 自発休息	息抜き （テクノストレス）
休憩	分	生理的作業曲線低下の回復 局所過緊張からの解放	一服 休み時間 リラクセーション オフィスアメニティー
私的時間	時間	翌日の労働力再生産 生理的欲求充足 （睡眠・食事・保清） 家族・友人・近隣関係・文化教養・趣味 （運動）・娯楽	自由時間 勤務外時間 リラクセーション レクリエーション カルチャー
週休	日	週間中の疲労負債回復 対人関係修復・新たな人間関係の形成 地域社会への参画 人生設計に必要な素養の備蓄	休日 カルチャー レジャー ボランティア
休暇	週・月	将来の人生設計の準備・素養の備蓄 心身機能調整 家族機能調整 パーソナリティー発展 自己回復・自己実現	休業 保養 リゾート バカンス ロワジール ロートレット

（3）大学生に必要な休養

近年の大学生は授業に出てきても居眠りする学生が多い。また、アルバイトや夜更かしなどで、睡眠不足で、覇気のない学生が多い。携帯電話に追われ、静かに過す時間は少ない。すなわち、休養が十分でなく、学習に意欲的でない学生が多い。特に大学生については、以下のような4点ができていれば、休養がとれていることになろう。

① 休息がとれている…1人で過す時間がある。ゆったり休息できる時間がある。休日には好きなことができている。

② 睡眠の規則性…就床時間や起床時間は規則的である。夜は12時前に眠り、朝は8時前には起きている。

③ 睡眠の充足性…睡眠時間（眠った時間）が十分。昼間（授業中）は眠ることはない。目覚めが良い。休み明けや月曜日は疲れていない。

④ ストレスが解消されている…良い人間関係が保たれている。授業についていけている。気分転換ができている。精神的に疲れていない。

（4） 積極的休息法

疲労の回復法としての休養は、消極的休養（ごろ寝、雑談、テレビ視聴など）と積極的休養（運動、スポーツ、文化的活動、レクリエーション、旅行など）に分けられる。

休養に貢献する運動・スポーツは、体を小さく動かす体操などから、大きく激しく動かすスポーツ、さらにはスポーツを見ることによる休養も含めて、今日多くの人びとに活用されている。こうした休養としての運動・スポーツの効果は、セーチェノフ（Sechenov, I. M.）現象として紹介され、積極的休息法として取り入れられている。

積極的休息の考え方は、旧ソビエトの生理学者セーチェノフが1903年に「人間の筋肉疲労に対する交感神経の刺激の影響」という論文で、「腕エルゴメーター作業の後に、安静状態で休息するよりも、別の腕や脚を動かして休息すると回復が促進される」と発表したことから始まったようである。

わが国では、1961年に猪飼が「疲労回復法としての積極的休息というものがある。これは作業によって疲労したときに、まったく何もしないで平静にしているよりも、これまでの作業で動かした部位とは別の身体部位を活動させるときの方が、疲労の回復がはやいという現象を利用した」と紹介している。このような現象はセーチェノフ現象と呼ばれている。

すでに多くの人が体験しているように、数学の勉強で疲れたら、英語に切り換えるとか、音楽を聴く、キャッチボールをするなど自分の好きなことをして、次の勉強の能率をあげようとするのは、いずれも積極的休息といえる。積極的休息＝運動・スポーツではないが、精神的に疲れた後に運動・スポーツのような身体的活動をすると、精神的な疲れがとれる。

大学進学のための予備校に体育施設をつくり、受験生に適度なスポーツを指導しているところもある。また、「仕事や勉強で忙しい時ほど、適度な運動をして心身をリフレッシュすべき」である。

われわれの労働・学業の形態や疲労の質は異なるし、生活スタイルも個人的特性も異なる。個人や集団レベルに合った休養法を身につけること、活動と休養のバランスをとることが重要である。

（5）「健康づくりのための休養指針」について

厚生労働省は平成6年に「健康づくりのための休養指針」として、以下のことをあげている。

① 生活にリズムを…早めに気付こう、自分のストレスに。睡眠は気持ちよい目覚めがバロメーター。入浴で、からだも心もリフレッシュ。旅に出かけて、こころの切り換えを。休養と仕事のバランスで能率アップと過労防止。

② ゆとりの時間でみのりある休養を…1日30分、自

写真5-1 忙しくても親子で公園へ
（ボールとフライングディスクを持って）

分の時間をみつけよう。活かそう休暇を、真の休養に。ゆとりの中に、楽しみや生きがいを。

③ 生活の中にオアシスを…身近な中にもいこいの大切さ。食事空間にもバラエティを。自然とのふれあいで感じよう、健康の息ぶきを。

④ 出会いときずなで豊かな人生を…見いだそう、楽しく無理のない社会参加。きずなの中ではぐくむ、クリエイティブ・ライフ。

参考・引用文献
1) 財団法人健康・体力つくり事業財団（2006）：健康運動指導士養成講習会テキストⅢ，第一出版．
2) 九州大学健康科学センター編（1998）：健康と運動の科学，大修館書店．

（徳永幹雄）

2. 運動に必要な休養

われわれが健康的に生活していくためには、運動・栄養・休養のバランスが重要である。しかし、一般の人間の多くは、運動量が少ないが、栄養摂取カロリーは過剰であり、休養面も一昔前よりは改善されたが、欧米人と比べるとまだまだ少ない傾向が見られる。一方、アスリートについては、トレーニング量は多いが、栄養摂取カロリー・休養ともに少ない傾向が見られる。

われわれは運動という刺激によって、身体を化学的・物理的に消耗させ、エネルギー源を枯渇させ、身体を破壊させている。それに対して図5-1に示したように、休息や栄養を補給すること

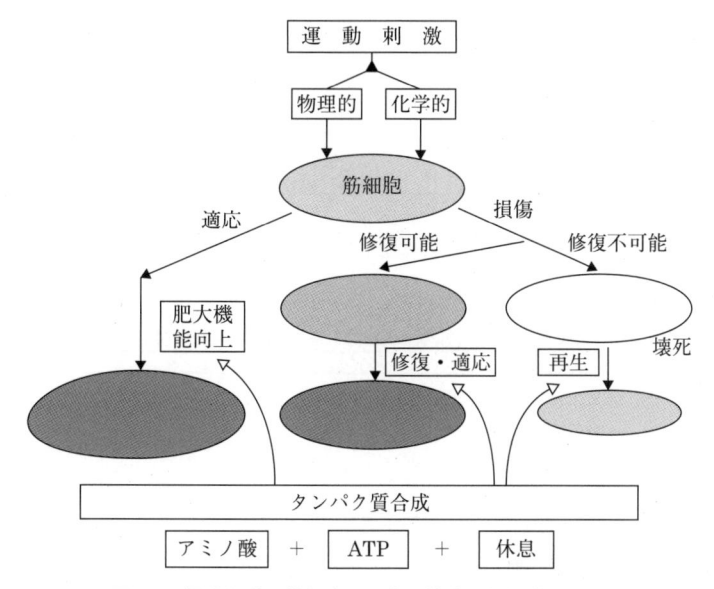

図5-1 運動刺激の筋細胞への作用機序と筋細胞の反応
（野坂，2001）

で、疲労刺激によってダメージを負った生体には疲労を軽減するための修復・適応制御が起こる。そして、今後、より高負荷な疲労刺激に耐え、高い活動水準を発揮できるよう、トレーニング開始時の水準を超えるための「超回復」が起こる（図5-2のb）。

このように、運動刺激に対する人体の適応制御を利用して化学的・物理的体力の向上を図っていくことでトレーニングの効果が生じる。トレーニングによる成果を効果的に得るためには次のような原則がある（黒川、2000）。

① オーバーロードの原則（図5-2中のa）
　現在の体力水準以上の負荷をかけなければ体力は向上しない。

② 自覚性の原則
　トレーニングの目的や方法を明確に自覚しておくことが積極的なトレーニングの実践につながる。

③ 反復性の原則
　運動を繰り返し継続することによって恒常的なトレーニング効果が得られる。

④ 全面性の原則
　発育発達の未熟な段階、あるいはシーズンの初めなどのトレーニングの初期段階では、特定の運動だけを練習するのではなく、いろいろな運動をバランスよくトレーニングしたほうが良い。

⑤ 個別性の原則
　どの程度の強さのトレーニングに耐えられるかという耐性には個人差があり、性、年齢、過去のトレーニング経験などを考慮して、体力水準に応じたトレーニングを行う必要がある。

⑥ 漸進性の原則
　トレーニングの発展段階に応じた形で、運動負荷の内容を質・量の側面から次第に高めていく必要がある。

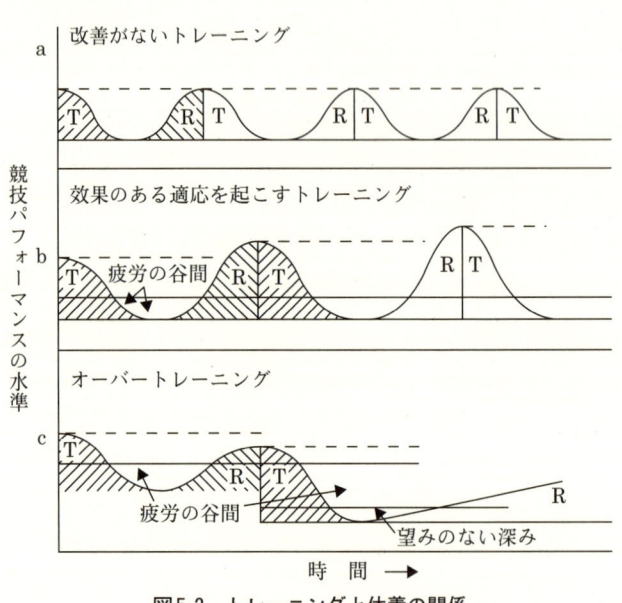

図5-2　トレーニングと休養の関係

⑦ 特異性の原則

運動種目の特性に応じたトレーニングを行う必要がある。

これまで述べたようなトレーニング効果を得るためには、刺激と回復というセット、つまり運動と休養のバランスが大変重要となってくる。しかし、図5-2中のcのように休養が不足し、運動と回復のバランスが乱れた状態のままトレーニングを続けると、オーバートレーニング症候群に陥る。オーバートレーニング症候群に陥ると、短期間の休養やトレーニング量の減少があったとしても、パフォーマンスのプラトーが容易に改善されず、パフォーマンス自体の低下を示す。また、主な身体的徴候としては、感染症の繰り返し、睡眠リズム・量の破壊・減少、食欲不振、体重減少、性欲減退、筋肉痛、筋の重感などがあげられる。さらに、心理的症状としては、抑うつ傾向があげられる。

現在、選手のコンディショニングづくりでは、テーパー（Taper）と呼ばれる、重要な競技会などにおいてピークパフォーマンスを発揮できるように、トレーニング量や強度を系統的に増減させる過程が行われるようになってきた。したがって、運動と休養、さらには栄養の3本柱のバランスを整えていくことが非常に重要であると思われる。

参考・引用文献
1) 野坂和則（2001）:「休養はなぜ必要か？」, 体育科教育, 第49巻第9号, 42-45頁.
2) 黒川隆志:「たくましく生きるために」, 黒川隆志・山崎昌廣・綱分憲明・村木里志著, 健康スポーツ科学, 技法堂出版, 53-116頁, 1997.

（大場　渉）

3. 上手な睡眠法

人間は眠らないと元気が出ない。しかし、眠らないといけない夜に眠っていない人は、眠ってはいけない昼間に眠ってしまう。眠りの時間が逆転している人もいる。

人間はなぜ、眠るのだろうか。心身の疲れを癒すために眠る場合と明日の活力を得るために眠る場合があろう。規則的な起床・就床時間と十分な睡眠時間が生活の基本である。「眠ってはいけない時に眠り、眠らないといけない時に眠れない」という最悪のパターンになり、睡眠障害に陥らないように、上手な睡眠法を身につけよう。

(1) 深い眠りと浅い眠り

睡眠には深い眠り（ノンレム睡眠）と浅い眠り（レム睡眠）があり、ノンレム睡眠はさらに深さによって4段階に分類される（図5-3）。レム（REM）とはRapid Aye Movementの略で睡眠中の急速眼球運動である。第1、第2段階が浅い睡眠、第3、第4段階が深い睡眠である。ノンレム睡眠の第3段階から脳がリラックスするデルタ波が出るようになり、デルタ波が全体の50%を超えた第4段階が1番深い眠りとなり、脳が1番ぐッすり休んでいる時間である。

このノンレム睡眠とレム睡眠が1セット90分で構成され、一晩に4～5回繰り返されるのが正常な眠りである。健康な人の場合、1回目と2回目のノンレム睡眠（就寝後、約3時間の間）に最も深い眠り（ノンレム睡眠の第4段階）が集中的に出現する。この深い睡眠を確保できれば、睡眠は短時間で済む。ノンレム睡眠は脳の休息で、レム睡眠はからだの休息に関係すると言われている。

朝方になるとレム睡眠が多くなり、ノンレム睡眠は少なく浅くなり、目を覚ますことになる。人にとって、最適な睡眠時間は決まっていない。現在、日本人で1番多いのは7時間前後の睡眠である。

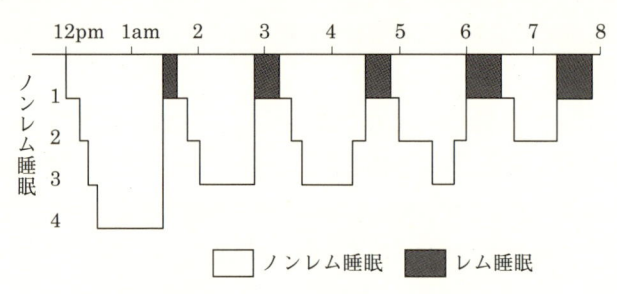

図5-3　睡眠中のノンレム睡眠とレム睡眠の推移

（2）眠気はいつ、どんな時に生ずるか（眠気のリズム）

人間としての生物リズム（体内リズム）は、本来だと25時間と言われている。しかし、われわれは実際24時間の体内時計で生活している。体内リズムの1つである体温リズムは、特に眠気のリズムと関係がある。体温や睡眠は規則正しく1日1回のリズムで変化する。図5-4のように、体温は夕食後の20時前後に最も高くなり、朝の4時前後に体温は最低となる。つまり、体温が高くなり少し下がりはじめる22時前後に眠くなる。そして、明け方の体温が最低となり、上昇しはじめる6時前後に目が覚める。つまり、体温が上がると眠くなり、体温が下がると目が覚める。この体温や睡眠リズムのほかに、太陽の光（日没・夜明け）や社会時計（夕方に仕事が終わり、疲れるなど）などが関係し、夜10時前後に眠り、朝6時頃起きるのが理にかなっている。社会時計と体内時計がずれて、体温が下がる深夜に眠ろうとしても、なかなか眠れず、睡眠障害の原因になる。

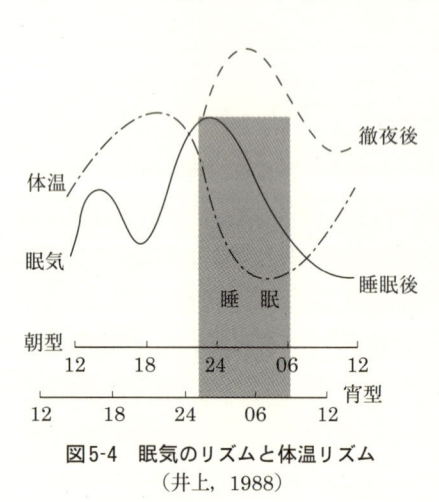

図5-4　眠気のリズムと体温リズム
（井上，1988）

（3）運動と睡眠

体温の上昇に関係するものとして、運動や食事がある。運動後や食後は体験的に眠気を感じる人が多いだろう。運動は更に適度の疲労と空腹感をもたらし、眠気の質（ぐっすり眠る）を高めることになる。特に太陽の光の下での運動は良質の睡眠を得ることになろう。クイビッツら

(Kuibitz et al., 1996) は、運動を行っている人たちが、運動を行っていない人たちよりも早く入眠し、より長く、より深く眠っていることを明らかにした。また、彼らは定期的に長期間行う行動に関して、体力のある人たちは、体力のない人たちより早く入眠し、より深く、より長く眠っていることを明らかにしている。また、徳永ほか (2004) は大学生を対象にして、運動実施者ほど睡眠の充足度 (ぐっすり眠るなど) が優れていることを報告している。これらの結果は、運動実施者の睡眠状態が良好なことを示唆している。

一方、スポーツ選手にとって試合前夜にぐっすり眠れることは、重要な課題である。試合前夜までにスケジュールの調整、生活習慣 (食事、睡眠など) の規則化、目標の確認、作戦のリハーサル、「十分の実力を出しきること」「自分のプレイをすること」に集中する、ことなどを確認し、安心して床に就くことが大切である。

(4) 上手な睡眠法―「眠るのは技術」―

「眠れない」のは、どんな時だろうか。それは大脳が興奮している時である。興奮すると脳の温度が上がり、逆に手足は冷たくなる。つまり、ストレス状態である。身体は「頭温足冷」になっていると眠れない。本来なら、リラックスの原理である「頭寒足熱」になっておかなければならない。何か気になること、不安なこと、緊張することがあると興奮する。興奮しないように、十分な準備が必要である。気になることに対して、自分にできる準備を万端にしておけば、不安は低減されるであろう。

つまり、眠りの条件は整えられ、学習することができる。その意味で、前述したように「眠るのは技術」と言うことができる。

例えば、次のようにして、「頭寒足熱」になることをすればよい。
① 軽いストレッチ、体操、散歩、腹式呼吸などで「体を温かく」する
② 自分の吐く息に注意を集中し、腹式呼吸をする
③ 無意味なこと (数を数える、羊が一匹など) をつぶやいて、興奮を和らげる
④ 「両手が温かい」をつぶやき、「体を温かく」する
⑤ それでも眠れない時は、「横になっているだけで良い」と開き直る

そのほか、読書や音楽を聴いて、眠気を誘うのも良い。

(5) 「健康づくりのための睡眠指針」について

厚生労働省は平成15年、「健康づくりのための睡眠指針～快適な睡眠のための七箇条～」として、以下のことを提示している。
① 快適な睡眠で生き生き健康生活
② 睡眠は人それぞれ、日中元気はつらつが快眠のバロメーター
③ 快適な睡眠は、自ら作り出す
④ 寝る前に自分なりにリラックス法、眠ろうとする意気込みが頭をさえさせる
⑤ 目が覚めたら、日光を取り入れて、体内時計をスイッチオン

⑥　午後の眠気をやり過ごす

⑦　睡眠障害は専門家へ

参考・引用文献

1) 九州大学健康科学センター編（1999）：新版・健康と運動の科学，大修館書店．
2) 徳永幹雄・山崎先也・岩崎健一（2004）：学生の運動及び修学状況と健康度・生活習慣に関する研究，第一福祉大学紀要，創刊号．
3) スチュワートJ. H. ビドル，ナネット・ムツリ（2005）：竹中晃二・橋本公雄監訳，身体活動の健康心理学，大修館書店．
4) 財団法人健康・体力づくり事業財団（2007）：健康運動指導士養成講習会テキスト（上）．

（徳永幹雄）

4.　上手な入浴法

　温浴についての歴史を遡る（さかのぼ）とその起源はギリシャ・ローマ時代まで遡り、医療や健康づくりと密接な関係を持っていた（宮地ほか、2006）。その中でも、日本人は、特に、「温泉」「風呂」などの温浴をよく好み、日常生活の中に取り入れられていることはよく知られている。では、なぜ日本人は温浴を好むのであろうか？

　入浴は水温により、冷水浴（25℃未満）、低温浴（25〜34℃）、不感温度浴（35〜36℃）、微温浴（37〜39℃）、温浴（40〜41℃）、高温浴（42℃以上）に分類されている。この分類の中にある「不感温度」浴が熱くも冷たくも感じない温度とされている。

　温熱作用として、微温浴は生体に鎮静・鎮痛的にはたらき、神経系・循環器系などの興奮を抑える作用があるが、これに対し、高温浴は興奮的に働き、神経系・循環器系を刺激する。

　以下に、温浴がさまざまな機能におよぼす効果についてみてみると、表5-2のようにまとめられる（鰺坂、2006）。

表5-2　温浴が循環機能、自律神経活性、およびホルモンに及ぼす効果

	不感温度浴	微温浴	高温浴
心拍数	↓	→〜↑	↑
1回拍出量	↑	↑	↑〜↓
心拍出量	↑	↑	↑
収縮期血圧	→〜↑	→〜↑	↑
拡張期血圧	↓	↓	↓
体温	→	↑	↑↑
副交感神経系活動	↑	↑	↓
交感神経系活動	↓	↓	↑
心房性利尿ペプチド	↑	↑	↑
レニン	↓	→	→〜↑

健常若年者において立位かつ胸部以上の水浸で10分以上持続した場合の効果を示す（鰺坂（2006）より一部改変）．

図5-5　露天風呂は最高!!

温浴による効果は、表5-2のような身体機能などだけではなく、心理的側面においても大いに影響を受ける。例えば、「温泉に入ると気分がリラックスする」とか、某CMにあるように「生き返る」などと言われたりする場面を多々見ることがある。実際に、温浴と心理的側面を直接検討した研究は見受けられないが、ストレス反応と関係する内分泌・自律神経系の情報伝達ホルモンであるドーパミンやアドレナリンなどのホルモンテストと温浴の関係を検討した研究がある（山口、2006）。

その研究によると、温浴することによって、「怒り」といった情報を伝達するノルアドレナリンのレベルはまったく変化しないが、「恐れ・驚き」といった情報を伝達するアドレナリンのレベルは低下し、「嬉しさ・愉しさ」といった情報を伝達するドーパミンはレベルアップしていた。つまり、温浴によって図5-6に示すような短時間内調節による情動とのホルモンバランスの関係が明らかにされた。

しかし、この研究の面白いところは、36歳以上の中高年者には上述の成果がはっきりと見られたが、それ以下の若年者ではアドレナリンのレベル低下が見られなかった。その理由については現在不明であるが、ひとつの考察として、交感神経優位の人間には緊張を緩和させて、反対に副交感神経優位の人間には交感神経を興奮させて生体の神経調節により、より適切なホメオスタシスが作動するのではないかと考えられている。

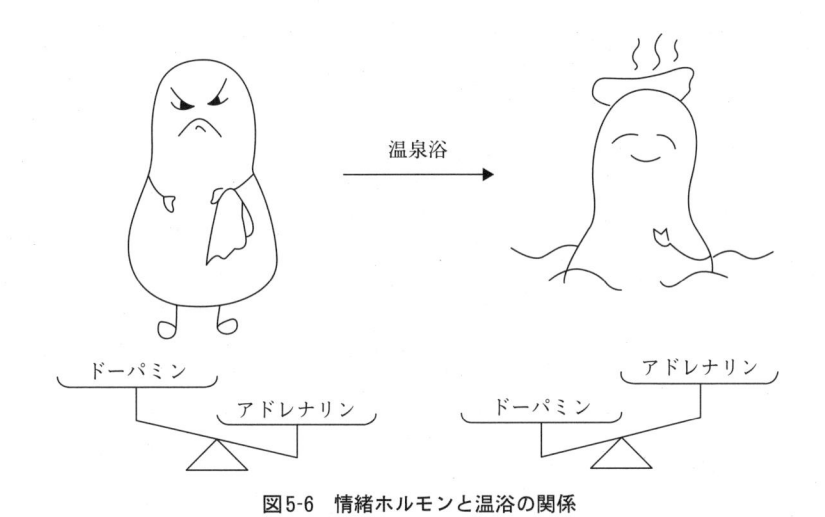

図5-6　情緒ホルモンと温浴の関係

最後に、上手な温泉の入り方について、日本温泉協会は次のように指導している。

（1）湯船に入る前にかけ湯を行うこと
温度に体を慣らし、入浴直後の急激な血圧上昇を防ぐために、足首→膝→腰、手首→腕→肩、胸→頭、というように胸から遠い順に10杯程度かけ湯を行ってから入浴する。

（2） 半身浴からはじめる

いきなり全身で入浴すると強い水圧がかかり心臓に負担をかけてしまうので、半身浴で体を慣らしていく。

（3） 1回の入浴は連続で10分を超えない程度で、複数回繰り返す

無理して長湯すると、血圧と心拍数が上昇しすぎてしまい、「湯当たり」という状態に陥る。したがって、額や鼻の頭が汗ばむ程度を目安とし、休憩をはさみながら入浴すると良い。また、1日の入浴の回数は3回までである。

（4） 上がり湯はしない

入浴後、体についた有効な泉質を吸収させるために、湯冷めに注意しながら自然に乾燥させ皮膚から吸収させると良い。しかし、泉質には刺激が強いものもあるため、その場合はシャワーで洗い流したほうが良い。

参考・引用文献
1) 宮地正典・吉岡　哲・山本利春（2006）：温浴とコンディション，体育の科学，第56巻，951-956頁．
2) 鰺坂隆一（2006）：温浴の生理学，体育の科学，第56巻，940-944頁．
3) 山口宣夫・内川久美子・松野栄雄（2006）：温浴と免疫，体育の科学，第56巻，945-950頁．

（大場　渉）

5. あなたの休養状況を診断する

4. 休養診断検査

下記に、休養に関する14の質問項目が書いてあります。質問に対する答えは、すべて次の5段階に統一されています。順番に読んで、自分の状況に、最もあてはまる番号を右の回答欄の中に書き入れてください。

答え

1. ほとんどそうでない（0～10％）
2. ときたまそうである（25％）
3. ときどきそうである（50％）
4. しばしばそうである（70％）
5. いつもそうである（90～100％）

回答欄

1. 平日（月～金曜日）にはゆったりした休息時間がとれている …………………… □
2. 消灯の時刻は30分以上ずれない ……………………………………………………… □
3. 睡眠時間は十分にとっている…………………………………………………………… □
4. 肥えすぎ・やせすぎがないようにしている…………………………………………… □

5. 1日の中で1人で静かに過す時間的余裕がある……………………………………… ☐
6. 睡眠時間（寝ている時間）は日によって1時間以上変わらない ………………… ☐
7. 昼間、たまらなく眠い……………………………………………………………… ☐
8. 良い人間関係を保つように注意している………………………………………… ☐
9. 1週間に1回は休日（自分の好きなことができる日）がとれている ………… ☐
10. 起床の時刻は30分以上ずれない………………………………………………… ☐
11. 朝、目ざめた時の気分はよい……………………………………………………… ☐
12. ストレスはうまく解消している…………………………………………………… ☐
13. 休み明け・月曜日の体調や気分はよい…………………………………………… ☐
14. 休養・休息によって、気分転換ができている…………………………………… ☐

採点法

⑨ 休息（3項目）：質問の1, 5, 9番の回答の合計点 ……………………………… ☐
⑩ 睡眠の規則性（3項目）：質問の2, 6, 10番の回答の合計点 …………………… ☐
⑪ 睡眠の充足度（4項目）：質問の3, 7, 11, 13番の回答の合計点（但し、7番は逆転 1⟶5）……………………………………………………………………………… ☐
⑫ ストレス回避（4項目）：質問の4, 8, 12, 14番の回答の合計点……………… ☐

☆あなたの休養度（合計点）の判定は（　　　　　）。表5-3で判定する。
☆37点以下の人は、問題があるので指導者に相談してください。

表5-3　休養得点の判定表

尺度	因子（質問項目数）	1（かなり低い）	2（やや低い）	3（もうすこし）	4（やや優れている）	5（非常に優れている）
休養	休息（3）	3-4	5-8	9-11	12-13	14-15
	睡眠の規則性（3）	3	4-5	6-9	10-12	13-15
	睡眠の充足度（4）	4-6	7-9	10-12	13-15	16-20
	ストレス回避（4）	4-9	10-12	13-15	16-18	19-20
	合計（14）	14-29	30-37	38-46	47-52	53-70

134　第1部　健康と運動の科学

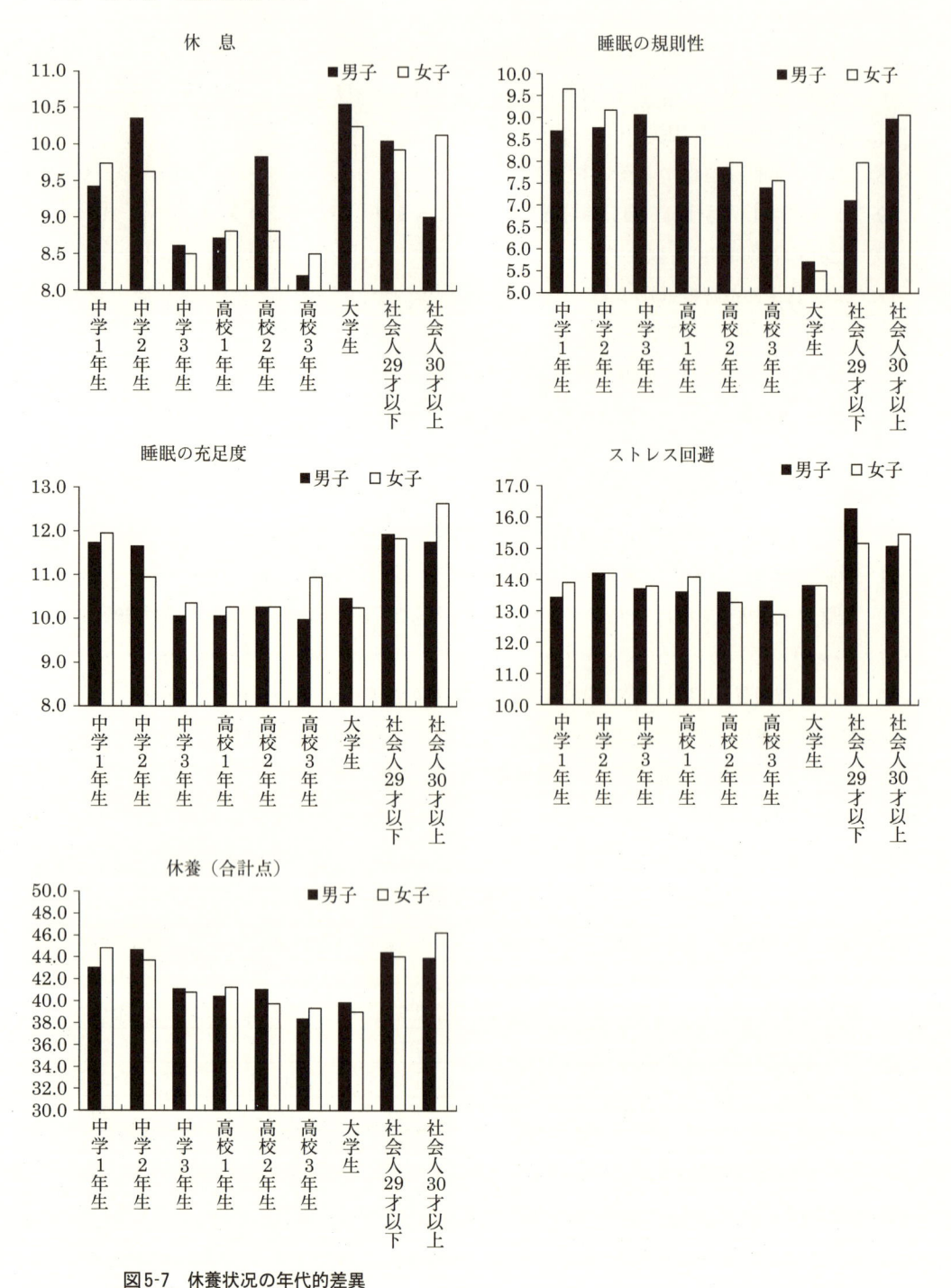

図5-7　休養状況の年代的差異

参考・引用文献
1) 徳永幹雄（2003）：健康度・生活習慣診断検査用紙（DIHAL.2., 中学生〜成人用），トーヨーフィジカル発行（TEL. 092-522-2922）.
2) 徳永幹雄（2004）：健康度・生活習慣診断検査（DIHAL.2., 中学生〜成人用）―手引き―，トーヨーフィジカル発行.

（徳永幹雄）

第6章

スポーツ障害

1. スポーツ障害とその処置

　スポーツによる障害は、野球肩、テニス肘、疲労骨折などに代表される身体の一部に過度な負担がかかり生じる「スポーツ障害」と捻挫や打撲など身体に対する突発的な外力作用により生じる「スポーツ外傷」がある。また、突然死、冠動脈性心疾患、スポーツ心臓や過換気症候群などは内科的障害である。

（1）スポーツ障害

　スポーツ障害は、障害部位の痛みを主症状としている。その主たる原因は、①オーバートレーニング、適切でないフォームでのトレーニング、成長の程度に合っていないトレーニングなど、トレーニング方法の問題　②扁平足、O脚、X脚やアライメント異常など、形態的な問題　③個人に合っていない用具の使用（重量など）など、用具の問題　④走路や床面のスポーツサーフェスの問題（人工芝や床面の硬さなど）などの問題が挙げられる。したがって、スポーツ障害の予防は上記の点に注意し、トレーニングプログラムの作成や環境整備を行う必要がある。

　一方、スポーツ障害発症後の対症療法としては下記の方法が挙げられる。症状や障害の程度により選択する。

　①局所の安静　②冷却　③温熱療法　④低周波療法　⑤レーザー光線　⑥超音波　⑦水治療法　⑧交代浴　⑨消炎鎮痛剤、血行促進剤（塗り薬）　⑩ストレッチング　⑪筋力トレーニング。

（2）スポーツ外傷

　スポーツ外傷で多く認められる捻挫、肉離れや骨折などは、筋・骨格系の障害ともいわれる。代表的な筋・骨格系の外傷である捻挫の程度の分類を図6-1に示す。

　外傷に対する応急処置はRICEが用いられる。RICEとは、副木などのよる損傷部位の保護と安静（Rest）、損傷部位や周囲の組織の酸素不足による二次損傷を抑制するための冷却（Ice）、内出血を抑えるための弾性包帯などによる圧迫（Compression）、患部を心臓より高くして腫れを抑える挙上（Elevation）の頭文字をとったものであり、身体の一部が損傷を受けた場合の有効な応急処置方法である。原則として24～72時間は応急処置（RICE）を行う。24～72時間の間、必要に応じて2時間おきに15～20分間冷却を行う。その際の注意事項は、①冷却による

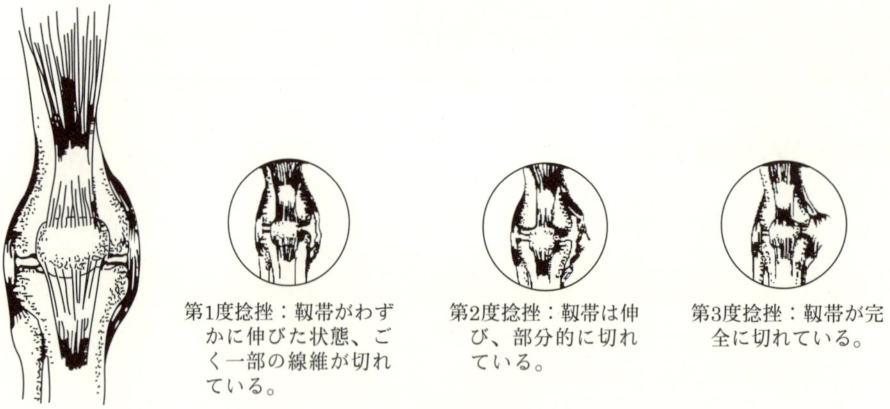

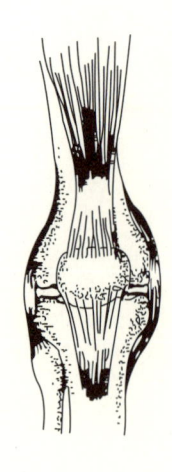

図6-1　捻挫の3段階
（中島訳（Flegel著），2005）

第1度捻挫：靱帯がわずかに伸びた状態、ごく一部の線維が切れている。

第2度捻挫：靱帯は伸び、部分的に切れている。

第3度捻挫：靱帯が完全に切れている。

凍傷に注意する（無感覚になったら冷却を中止すること、患部が無感覚にも関わらず冷却しないこと）　②アイスに過敏な者に対する注意（アレルギー反応や水泡、発疹を生じることがある）　③20分以上、きつく圧迫気味に冷却を行うと神経を傷つける恐れがある　④過度に圧迫すると（きつく締めすぎると）、循環障害や神経麻痺を生じることがある　⑤損傷部位の腫れが残っている場合には温熱療法を行うべきでないなどである（中島訳、2005、一部改変）。

　捻挫、打撲、ストレイン（肉離れ）などは、その損傷の程度により処置が異なる。筋・骨格系の全般的ガイドラインを下記に示す。

表6-1　筋・骨格系のガイドライン

	急性軽症（捻挫、ストレイン、打撲）	Ⅱ度、Ⅲ度（捻挫、肉離れ、打撲、骨折、脱臼）	慢性（腱炎、疲労骨折など）
メカニズム	突然に	突然に	徐々に
徴　候			
腫脹	○	○	恐らく遅れて発生
変形	ないことが多い	○	ないことが多い
変色	○	○	ないことが多い
熱感		ありうる	○
筋スパズム	ごく軽度	重篤	軽度から中等度
圧痛	○	極度	広い圧痛
運動障害	軽度	○	遅れて発生
症　状			
疼痛	○	○	○
きしみ		○	○
しびれ	○	○	○
応　急　処　置			
RICE	○	○	○
固定		○	疲労骨折ならば
心肺機能の監視		○	
医療受診	徴候と症状が続けば	○	徴候と症状が続けば

○は問題に適合する評価または応急処置
（中島訳，2005を一部改変）

（3） 内科的障害

内科的な問題としては、特に致死率の高い冠動脈性心疾患（狭心症、心筋梗塞）に注意しなければならない。

1） 冠動脈性心疾患の特徴

中高年者が胸痛を訴えた場合には、第1に冠動脈心疾患（狭心症と心筋梗塞）を疑う必要がある。狭心症は、心臓への血流が一過性に制限される虚血によるものであり、労作性狭心症と安静時狭心症に分類される。一般的に胸痛は比較的軽く、1～5分程度と短い。ニトログリセリン舌下により痛みは消失する。一方、心筋梗塞は冠動脈が閉塞してしまうため心筋細胞に血液が流れず、心筋の一部が壊死してしまう。一度、壊死した心筋は、現段階の医療では再生するのは極めて困難である。心筋梗塞による胸痛は30分以上にわたり継続し、しめつけられる様な強い痛みなどの痛みに加え、冷や汗や嘔吐を生じることがある。狭心症、心筋梗塞は胸痛以外に腕、肩、あごなどに放散痛を生じることがある。放散痛により冠動脈性心疾患を胃潰瘍や虫歯と間違うこともある。

2） 自律神経と突然死

突然死の原因は不明な部分が多い。近年では、自律神経機能と心臓突然死の関連性が指摘されている。自律神経は、心臓の拍動を調節しており、呼吸と共に心拍リズムがゆらぐことが明らかとなっている。健康な者では心拍リズムが一定でなく絶えず変動しているが、自律神経機能に障害がある者では規則正しいリズムで心拍が刻まれている。規則正しい心拍リズムを有している者では突然死のリスクが高まることが明らかとなっている（森谷、2007）。

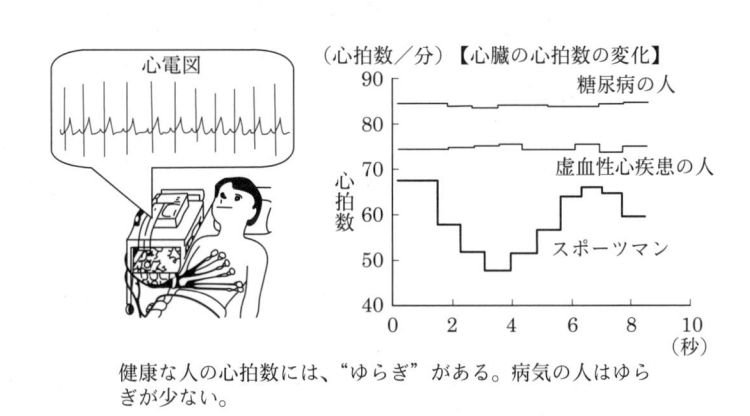

健康な人の心拍数には、"ゆらぎ"がある。病気の人はゆらぎが少ない。

図6-2　心拍リズムと疾患
（森谷，2007）

参考・引用文献

1) 山際哲夫（2007）：スポーツ整形外科，スポーツの百科事典，田口貞善編，丸善，342-343頁.
2) 中島寛之監訳，Melinda J Flegel 著（2005）：スポーツ現場の応急処置，NAP.

（山崎先也）

2. 簡単な救急法

(1) 救急蘇生法
スポーツ現場で最も緊急を要する場面は、呼吸停止と心停止である。

1) 一次救命措置
一次救命措置は、気道確保、人工呼吸、心臓マッサージ、AED（Automated External Defibrillator：自動体外式除細動器）である。救助者の守るべきことは、①救助者自身の安全を確保する　②生死の判断は医師に任せる　③原則、医薬品の使用は避ける　④二次救命措置（医薬品の投与、脳蘇生、集中治療など）までの応急手当に留めることである。

2) 一次救命措置の手順（成人の場合）：図6-3を参照
① 意識の確認：呼びかけや肩を軽く叩くなどで意識の有無を確認する。ただし、脊髄損傷の可能性がある場合は揺すったりしてはいけない。

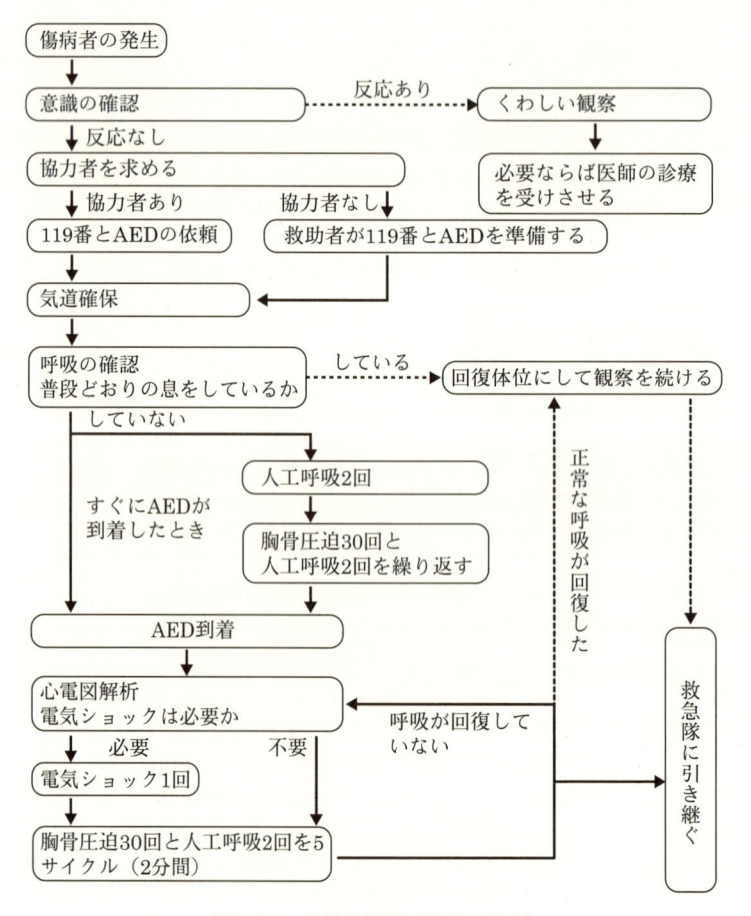

図6-3　一次救命措置の手順（成人）
（日本赤十字社ホームページより）

図6-4　頭部後屈（あご先挙上）法
（牧田，2002）

② 気道確保：頭部、頸部、背部の外傷などにより方法が異なる。代表的な頭部後屈あご先挙上法を示す（図6-4を参照）。

③ 呼吸の確認：図6-5を参照

呼吸の確認は「見て、聞いて、感じる」方法を用いる。

 a.　呼吸により胸が上下に動いているか

 b.　選手から呼吸音が聞こえるか

 c.　救助者の頬に選手の吐いた息が感じられるか

 d.　物が詰まったような呼吸音ではないか

呼吸の確認には5～10秒かけるべきである。通常の呼吸の確認ができない場合は速やかに人工呼吸を行う。

④ 人工呼吸：人工呼吸の吹き込みは選手の胸が上がる程度行なう。しかし、多すぎると胃に空気を押し込めることになってしまうので注意する。

 a.　気道を確保し、親指と人指し指を用いて鼻をつまむ

 b.　空気を吸い込み、軽く、自分の口で選手の口を覆う

 c.　選手の胸をみながら、息を吹き込む

 d.　手と口を離し、選手の口から出てくる呼気を耳で確認する

 e.　再度、人工呼吸を行う

上記の手順で、呼吸が戻らない場合は、AEDまたは心臓マッサージを行う。この場合、AEDを優先して行う。なお、2000年のガイドラインでは心臓マッサージを施す前に循環サインのチェックがあったが、2005年のガイドラインでは省略されている。

⑤ 胸骨圧迫（心臓マッサージ）：

 a.　腕を真っ直ぐ伸ばし、肘を固める

 b.　圧迫部位（図6-5）に垂直に圧を加える

 c.　成人では4～5cm胸骨がへこむように十分に圧を加える

 d.　圧を抜く時は、手を対象者から完全に離してはいけない。速やかに元の高さに戻す。また、下へ押す間隔と抜く間隔を等しくする

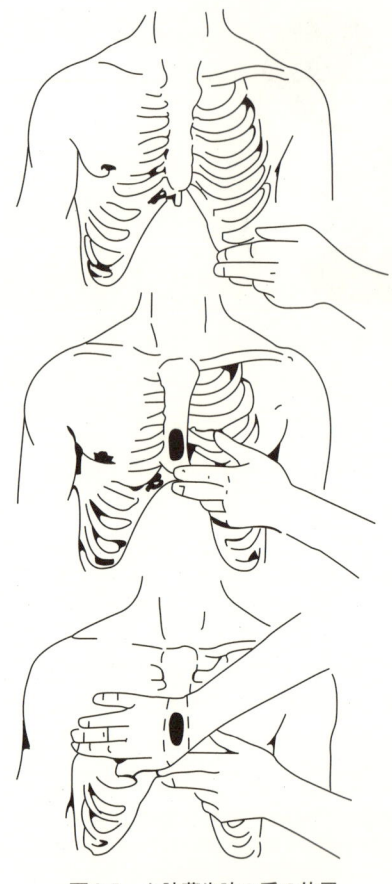

図6-5　心肺蘇生時の手の位置
（中島訳（Flegel著），2005）

e. 心臓マッサージは、毎分100回のテンポで30回連続行う（図6-6）

正しく心配蘇生法を行っても肋骨が骨折したり、外れたりする場合がある。その場合、心臓マッサージは、止めずに手の位置と圧迫の強さを確認し、調整を行う。

また、感染症に感染する危険がある場合は、心臓マッサージだけでも蘇生効果があるため、必ずしも人工呼吸を行う必要はない。

3） AED（Automated External Defibrillator：自動体外式除細動器）

AEDは、電源を入れ、音声メッセージにしたがって操作を行う。自動的に心電図解析を行い、必要と判断された際には電気ショックにより除細動を行う（写真6-1）。手順は、①電源を入れる（蓋を開いた際に自動的に電源が入る機種もある）②電極パッドを胸部に貼る　③AEDによる心電図解析　④AEDより音声指示があれば、除細動ボタンを押す。なお、乳児にはAEDは使用しない。

（2） 熱中症

日本体育協会（2006）による「スポーツ活動中の熱中症予防ガイドブック」では、熱中症に対する処置として下記の方法が推奨されている。

1） 熱失神および熱疲労：涼しい場所に運び、衣服をゆるめて寝かせ、水分を補給すれば通常

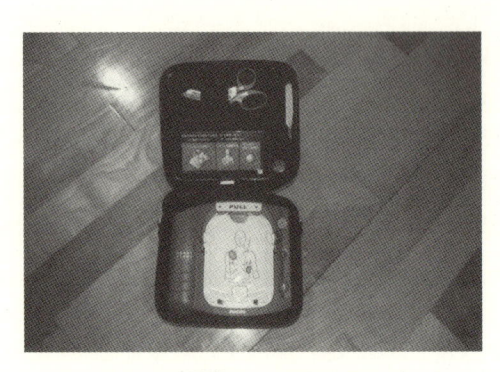

写真6-1　AED
（Automated External Defibrillator）

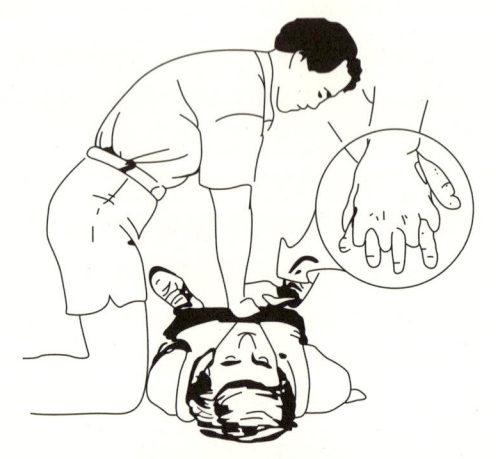

図6-6　心肺蘇生時の体位
（中島訳（Flegel著），2005）

は回復する。足を高くし、手足を末梢から中心部にむけてマッサージするのも有効である。吐き気や嘔吐などで水分補給できない場合には、病院に運び、点滴を受ける必要がある。
2）熱痙攣：生理食塩水（0.9%）を補給すれば通常は回復する。
3）熱射病：体を冷やしながら集中治療のできる病院へ一刻も早く運ぶ必要がある。早く体温を下げて意識を回復させるかが予後を左右するため、現場での処置が重要である。体温を下げるには水をかけたり、濡れタオルをかけて、扇ぐ方法や首、腋の下、足の付け根など太い血管がある部分に氷やアイスパックをあてる方法が効果的である。

参考・引用文献
1) 井上大輔（1991）：一次救命措置，J. D. バージャロン，H. W. グリーン著（武藤芳照，高岸憲二監訳），スポーツ障害，大修館書店，37-52頁．
2) 日本赤十字社ホームページ（http://www.jrc.or.jp/index.html）．

（山崎先也）

3. テーピング

（1）テーピングの目的
テーピングは関節可動域を制限する作用や靭帯や腱の補助作用を有することから、傷害の予防、傷害の再発予防に利用される。また、応急処置であるRICE（保護、安静、冷却、圧迫、挙上）においては、圧迫を行うために用いられる。さらには、痛みを和らげる作用や安心感を得る効果があるとされている。

（2）テーピングを施す際の注意
1）テーピングを施す前の注意
① 完治しないままテーピングを施し、運動を再開すると悪化させてしまう恐れがある。
② 腫れが認められる部位にテーピングを行う場合、腫れの逃げ場を確保するため1か所空きをつくること。腫れた部位に無理な押さえつけは禁物。
③ きつく締めすぎると循環障害や神経障害を起こす。
④ どの関節の動きを制限するのか、靭帯の位置などを確認する。
⑤ 予防や再発防止のため、運動の1時間～1時間半前に施し、終了後30分以内に外す。応急処置のため患部を固定して保てば1～3日でも可。
2）テーピング時の注意
① テーピングする部位を清潔に保つ：汗や汚れを落とす。また、できるだけ体毛は剃る。傷がある場合には絆創膏を貼る
② テープのズレを防ぐ：粘着スプレーの使用など
③ テープと皮膚の摩擦を防ぐ：足首の前後など神経・血管がある部位はワセリンを塗った

ガーゼを用いる
④ アンダーラップを巻く：かぶれ予防
⑤ 関節角度を一定に保つ：足首は直角、膝は30度が理想的
⑥ 目的や部位にあったテープを選択する：傷害や関節部位によりテープ幅や材質（伸縮性の有無など）が異なる
⑦ しわ、たるみ、すき間を防ぎ、張力を一定に保つ：テープが緩む、不快感、水ぶくれなど
⑧ 患部の観察：循環障害などの確認
⑨ テープを剥がす時は慎重に行う：余計な痛みや皮膚を傷つけないようにする

（3）テープの種類と使用部位

表6-2 テープの種類と使用部位

テープ幅	伸縮性の有無	使用部位
1/2インチ	無	指
1インチ	無	足底アーチ、かかと、手首、手足の親指
	有	足首、手足の親指
1.5インチ	無	足首、大腿、手首、腰背部
2インチ	無	膝、腰背部、足首
	有	膝、腰背部、足首、アキレス腱、肘
3インチ	有	膝、肩、腰背部

（白木，2007）

（4）テーピングの実際

1）下肢

下肢のテーピングは、骨格筋量、多関節筋などを配慮して行なわなければならない。また、治療で施したテーピングが、必ずしも競技に適しているとは限らない。

① 足関節内反捻挫時のテーピング（図6-7）

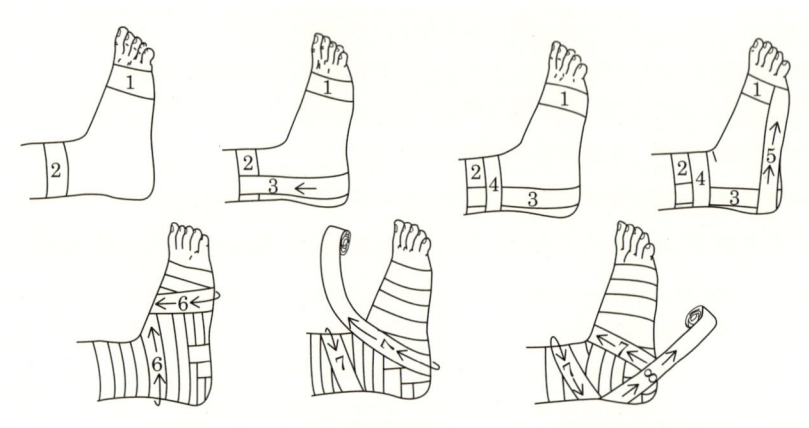

図6-7 クローズド・バスケットウェーブ法
（浦辺訳（Bergeronほか著），1991）

2) 上肢

スポーツ時にみられる巧みな動作は、サッカーなどの一部のスポーツ種目を除き、上肢の動作に依存する場合が多い。そのため、上肢のテーピングは、パフォーマンスに影響をおよぼすことがある。選手は、テーピングによる再損傷予防効果を十分理解しなければならない。

① 手関節伸展損傷に対する中程度の固定を与えるテーピング（図6-8）

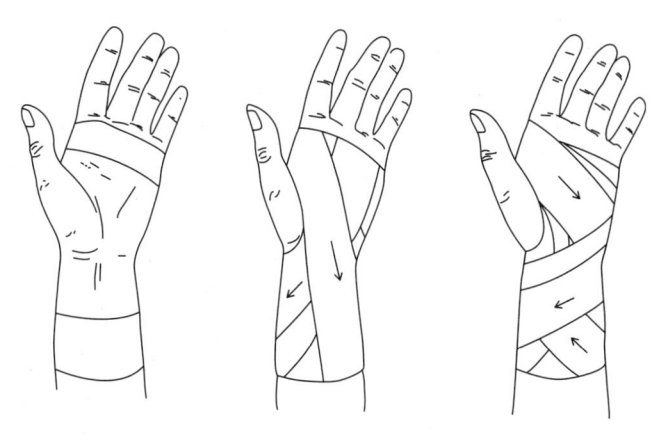

図6-8 手関節伸展損傷に対する中程度の固定を与えるテーピング
（浦辺訳（Bergeronほか著），1991）

参考・引用文献

1) メジャートレーナーズ監修（2002）：テーピングの基礎知識，テーピングテクニック，ソニー企業，永岡書店，9-16.
2) 浦辺幸夫（1991）：テーピングパターン，J. D. バージャロン，H. W. グリーン著（武藤芳照，高岸憲二監訳），スポーツ障害，大修館書店，205-213頁.
3) 白木仁（2007）：テーピング，スポーツの百科事典，田口貞善編，丸善，526-528頁.

（山崎先也）

144　第1部　健康と運動の科学

第7章

「健康度・生活習慣診断」のまとめ

これまで実施してきた健康度（20頁）、運動（58頁）、食事（120頁）、休養（133頁）の検査結果を、（1）から（4）にしたがって、まとめましょう。

(1) 因子別プロフィールの作成

図7-1の中に、1～12の因子の合計得点が該当する箇所を赤色で○印をつけ、すべての○印を線で結び、円グラフを作成する。

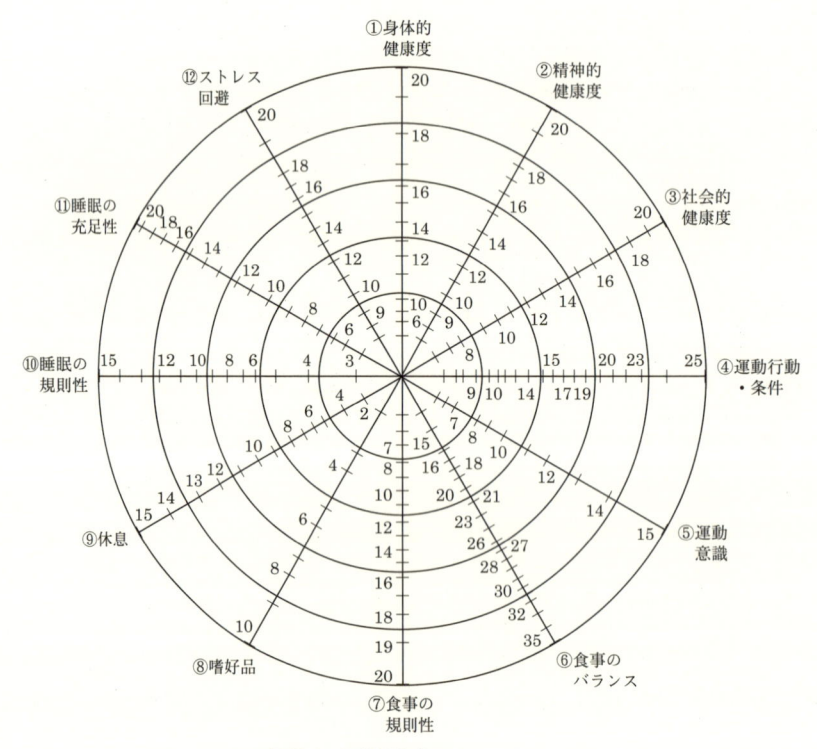

図7-1　因子別プロフィール

(2) 尺度別プロフィールの作成

図7-2の中に、健康度、運動、食事、休養の合計得点が該当する箇所を赤色で○印をつけ、すべての○印を線で結び、円グラフを作成する。

第7章 「健康度・生活習慣診断」のまとめ　145

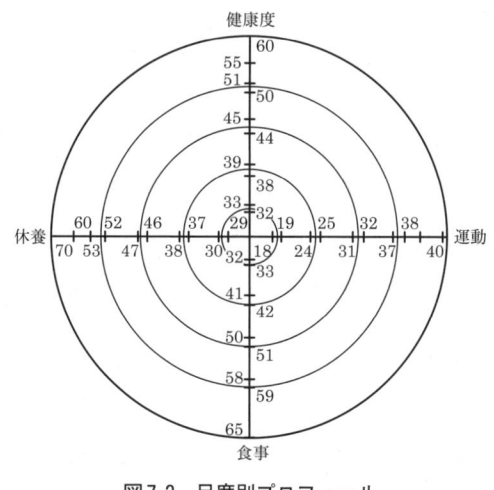

図7-2　尺度別プロフィール

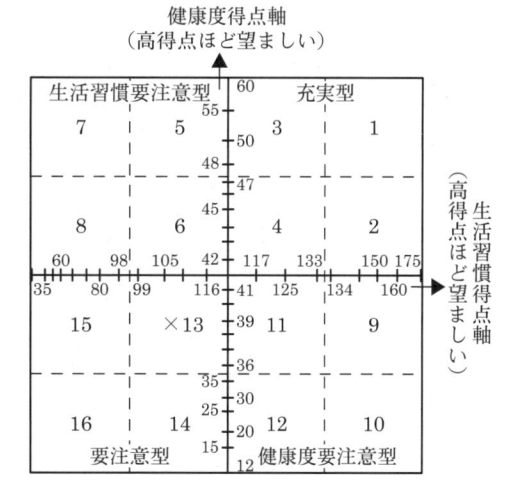

図7-3　健康度、生活習慣パターンの判定

（3）健康度・生活習慣パターンの判定

健康度得点と生活習慣得点（運動、食事、休養の合計点）を図7-3（健康度・生活習慣パターンの判定図）の軸に印をつけ、得点が交叉するところに×印をつける。交叉するところが健康度・生活習慣のパターンとなる。

（4）総合判定

健康度・生活習慣の総合得点および判定と健康度・生活習慣のパターンを記入し、再確認する。

① 健康度の総合得点…（　　　　）　健康度の判定…（　　　　　）……20頁を参照。
② 生活習慣の総合得点…（　　　　）　生活習慣の判定…（　　　　　）…表7-1で判定する。
③ 健康度・生活習慣パターンの判定…（　　　　　　　型）（判定番号：　　　　　）
　……………………………………………………………………………… 図7-3で判定する。

☆「要注意型」の人は、問題があるので指導者に相談してください。

表7-1　生活習慣得点の判定表

1（かなり低い）	2（やや低い）	3（もうすこし）	4（やや優れている）	5（非常に優れている）
35～89	90～107	108～124	125～142	143～235

146 第1部 健康と運動の科学

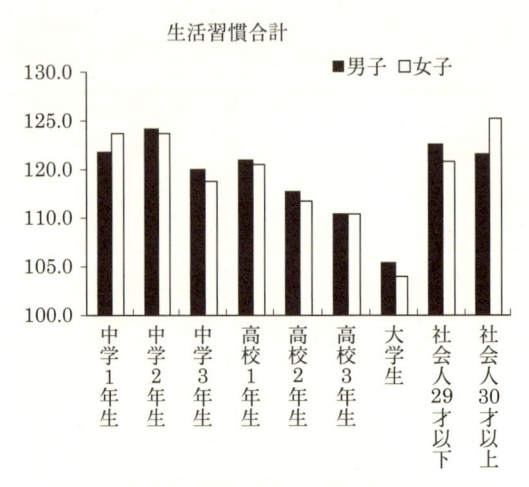

図7-4 生活習慣の年代的差異

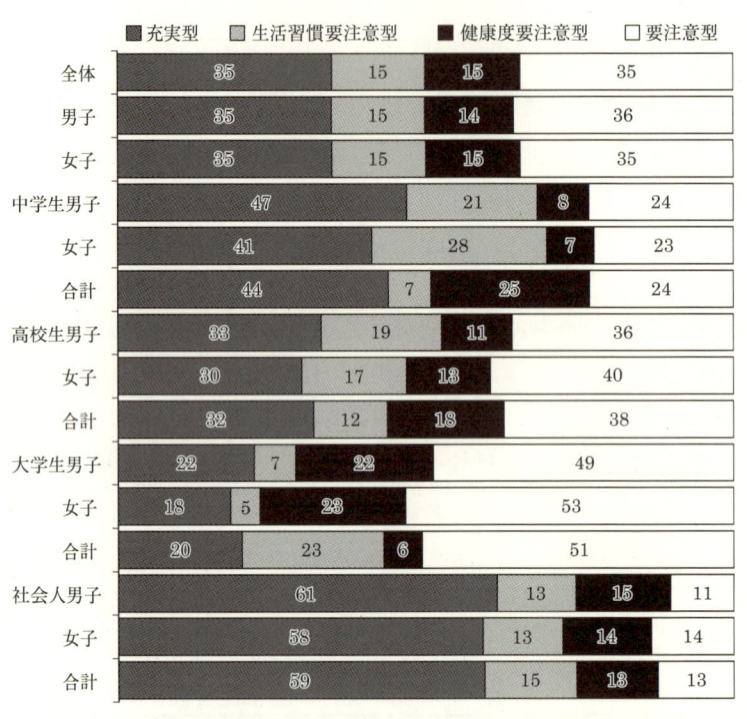

図7-5 健康度・生活習慣パターンの出現数（％）

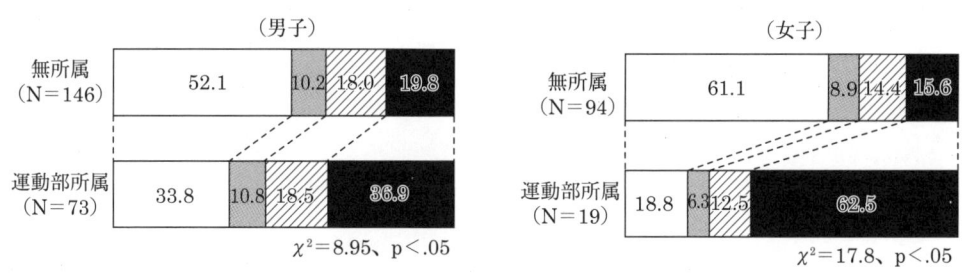

図7-6 運動部所属の有無と健康度・生活習慣パターンの関係

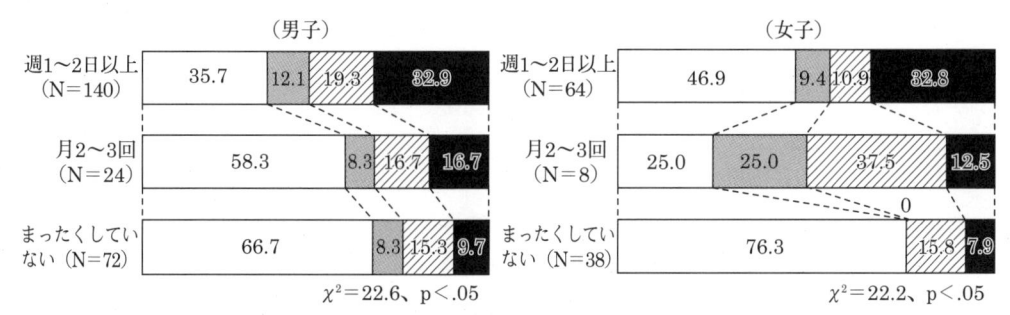

図7-7 週平均の運動実施状況と健康度・生活習慣パターンの関係

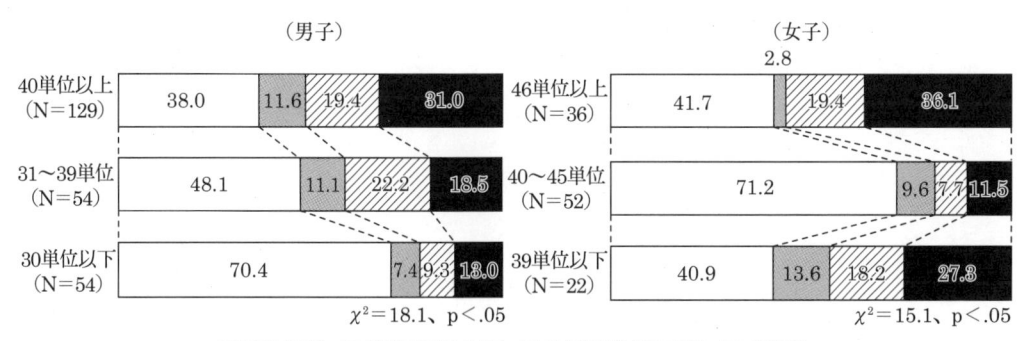

図7-8 単位修得状況と健康度・生活習慣パターンの関係

参考・引用文献

1) 徳永幹雄（2003）：健康度・生活習慣診断検査用紙（DIHAL.2., 中学生～成人用），トーヨーフィジカル発行（TEL. 092-522-2922）．
2) 徳永幹雄（2004）：健康度・生活習慣診断検査（DIHAL.2., 中学生～成人用）―手引き―，トーヨーフィジカル発行．

（徳永幹雄）

第2部

福祉と運動の科学

第8章

福祉と運動・スポーツ

1. 福祉とは

　福祉とは「幸福の追求、およびその社会的実現に至る努力の過程」(川村ほか、2001)や「幸福。公的扶助やサービスによる生活の安定・充実。「祉」も、さいわいの意」(広辞苑、第5版、1998)と言われている。英語ではWelfare(福祉、厚生、幸福、繁栄の意)である。すなわち、人びとが1人の人間として幸せで、幸福な生活を送ることを追求し、そのために個人や社会が努力することである。

　そして、福祉社会とは「国民が自らの生活環境を取り巻く社会福祉問題の発生と環境を認識し、それを基盤として市民が連体し、行動を起こすことによって、諸問題の解決と個々の市民が有する諸権利、自己実現を目指す社会」(山縣ほか、2001)である。21世紀はこれまでに築かれてきた経済国家の中で、人びとの幸福が追求されなければならない。老若男女、健康な人も疾病のある人も、健常者も障害者も、すべての人が幸福な人生を送ることを目指すのが福祉社会であろう。

2. 福祉のための法制度

　福祉を推進するために、法的には福祉六法と言われる法律がある。図8-1のような生活保護法、老人福祉法、身体障害者福祉法、知的障害者福祉法、児童福祉法、そして母子および寡婦福祉法など、多くの法律が制定されている。

　老人福祉法は、「老人の福祉に関する原理を明らかに」し、「老人の福祉を図ること」を目的にして1963年に制定されている。現在では老人というより高齢者福祉と呼ぶことが多く、高齢者の心身ともに健やかな生活の保障を目的とした諸政策をいう。広義には、福祉、保健、医療、所得、住宅、就労、レクリエーションなど、高齢者の生活支援のための包括的な社会的諸制度、サービス体系、援助実践活動をいう。

　身体障害者福祉法は、1949年に制定された身体者障害者福祉の基本を定める法律である。身体障害者の自立と社会経済活動への参加を促進するために、身体障害者を援助し、福祉の増進を図ることを目的にしている。

　知的障害者福祉法は、1960年に制定された精神薄弱者福祉法が、1999年に知的障害者福祉法

として改正された。この法律は、知的障害者の自立と社会経済活動への参加を促進するために、知的障害者を援助すると共に必要な保護を行い、もって知的障害者の福祉の向上を図ることを目的としている。本法は18歳以上の知的障害者を原則にしている。

児童福祉法は、1948年に制定され以来、50次以上の改正が行われ、1997年に大改正が行われている。次世代の担い手である児童一般（18歳未満）の健全な育成および福祉の積極的増進を基本精神としている。要保護児童発見者の通告義務（第25条）や児童虐待などで著しく児童の福祉を害している状態の場合、家庭裁判所の承認を得て、里親委託、児童福祉施設への入所措置（第28条）などが含まれている。

近年、日常的にもバリアフリー（Barrie free、障害除去、障害物のない）、ノーマライゼーション（Normalization、等生化、等しく生きる社会の実現、あるいは共生化、福祉環境作り）やグローバリゼーション（Globalization、地球規模化、あるいは地球一体化）といった福祉に関する外来語もよく聞かれるようになった。また、「介護福祉」「障害者福祉」「高齢者福祉」「児童福祉」などといった言葉もよく使われ、福祉社会を目指す運動が浸透しつつあることを示している。

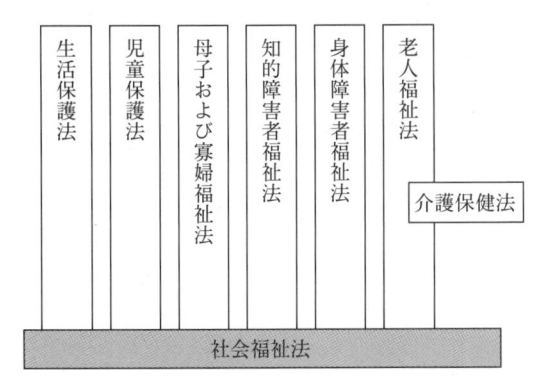

図8-1　社会福祉法の6つの法律「福祉六法」

写真8-1　福祉を目指す学生たちと筆者（前列左）

3. 福祉社会におけるスポーツの意義

こうした福祉社会を目指す中で、運動・スポーツはいかに貢献できるだろうか。WHOは1980年に障害の概念として3つの分類をしている。心身の機能障害（病気や心身機能の変調が永続した状態）、能力障害（そのために諸活動の進行が制限されたり、欠如すること）、そして、社会的不利（機能障害、能力障害の結果として個人に生じた不利益）である。

福祉社会におけるスポーツは、特に、こうした障害を持った人びとを対象にして運動やスポーツを指導したり、一緒に楽しむことにやって、彼らの幸福の追求、およびその社会的実現への努力（より充実した生活を営む）を支援することに意義がある。

近年、福祉系の大学や専門学校において「健康スポーツ福祉」「スポーツ健康福祉」「福祉スポーツ」などと呼ばれる学科やコースが開講されている。「予防医学」「介護予防」「治療医学」

「健康増進」などをキーワードにしながら、運動、スポーツ、レクリエーションなどの身体活動を通しての援助技術を身につけ、社会に貢献できる人材の育成が行われている。同時に、社会福祉系の資格取得はもとより、健康運動実践指導者、レクリエーション・インストラクター、障害者スポーツ指導員などの資格取得も目指している。

以上のように、わが国が現在・将来にわたる福祉社会の中で、運動・スポーツの貢献の範囲を、これまでの競技スポーツや健康スポーツにとどまらず、福祉社会という社会的規模、国家的規模にまで視点を広げようとしているところに重要な意義がある。

写真8-2 手軽にできるバウンドテニス

写真8-3 大小、硬軟のフライングディスク

4. 福祉社会におけるスポーツの役割

「介護のいらない元気な老後」を送るためには、「ピンピンコロリ（ピンピン元気に生きて、コロリと逝く）」を合言葉に、生活習慣病の予防対策として、運動・スポーツを活用していくことが重要である。

すでに多くの運動やスポーツは、形こそ違え、福祉のためにも行われている。高齢者のスポーツ、障害者のスポーツ、軽度の疾病者への予防・治療としてのスポーツ、健康増進のためのスポーツ、レクリエーションスポーツ、発達障害児へのスポーツ、さらには支えるスポーツとしてのボランティア活動などなどである。これらを「スポーツ福祉」あるいは「福祉スポーツ」と呼ぼう。

「スポーツ福祉」とは高齢者、障害者だけに限らず、社会的弱者を対象にして運動やスポーツを指導したり、一緒に楽しむことによって、彼らの幸福の追求、およびその社会的目標の実現（より充実した生活を営む）を支援することを目的としたスポーツ活動である。

運動には、運動強度、運動頻度、運動時間、運動種目、運動場所、運動の人数などのさまざまな条件がある。そして、運動・スポーツの効果は、身体的効果、心理的効果、社会的効果に分けられる。これらの条件や効果を組み合わせて、さまざまな対象に、特に障害を持った人びとに貢献することが、福祉社会におけるスポーツの役割である。

5.「スポーツ福祉」への心理学的課題

さて、スポーツ福祉の課題について、特にスポーツ心理学的視点から、今後の課題を考えると、以下のとおりである。

(1) 指導法に必要な心理的内容
① 運動と心の健康に関して、消極的感情の低減法、積極的感情の促進法、認知症・感情障害の発症予防法、呼吸法・自律訓練法・漸進的リラクセーションなどの心理的技法の効果的導入法を検討する。
② 心の健康は発達段階により異なるので、指導対象の心の状態を理解して指導する。
③ 福祉を必要とする対象者に適用できる新たな運動・スポーツ用の心理テストを開発する。
④ 集団指導の中での個人面談の導入法（インタビュー、カウンセリング、面接・相談など、及び介護者・指導者のストレス低減法）を検討する。

(2)「運動の開始」と「継続性」に必要な心理的問題
① 運動行動理論を応用する。
② 運動に対する感情、認知、行為傾向、規範信念、運動のコントロール能力を形成する。
③ 動機づけの高め方を工夫する。
④ 運動・スポーツの結果は、「勝ち－負け」評価より「成功－失敗」評価を重視する。
⑤ 個人面談の導入を検討する。

(3) 検証が必要な心理的効果
① 運動により心の健康を高めたことを検証する。たとえば、短期的恩恵としてリラックス感、ストレス障害（心身症、うつ病、神経症など）、不安の低減、気分の高揚などの変化を分析する。また、長期的恩恵として主観的幸福感、自己効力感、自尊感情、メンタルヘルスの改善、認知機能の改善、パフォーマンス向上に必要な心理的スキルなどの変化を分析する。
② 運動の認知症、感情障害（うつ病、引きこもり、など）の発症予防としての効果を検証する。
③ 量的分析だけでなく、質的分析を導入した研究を行う。

(4) 心理的な倫理に関する問題
①指導者の職務と役割の明確化 ②運動とインフォームドコンセント（説明を受けた上での承諾） ③自主決定運動の実施 ④守秘義務 ⑤個人情報の保護 ⑥心理検査の使用 ⑦スーパービジョン（教育的指導）の適用などについての倫理を重視する。

参考・引用文献

1) 山縣文治ほか (2001)：社会福祉用語辞典,第2版,ミネルヴァ書房.
2) 川村匡由編 (2001)：社会福祉基本用語集（三訂版），ミネルヴァ書房.
3) 徳永幹雄 (2007)：介護福祉・健康づくりの現状と未来―心理学的アプローチ―，日本体育学会専門分科会シンポジウム，日本体育学会第58回大会予稿集.

（徳永幹雄）

第9章
子どもへの福祉と運動

1. 児童・青年の運動能力と体力

　鬼ごっこや缶けりなどの外遊び（伝承遊び）が減少し始めたのは1960年代からだと言われている。現在では、子どもたちが外で遊んでいる姿を見る機会はほとんどない。外遊びは遊びの中で走る、投げる、跳ぶといった運動の基本的な動作を含んでおり、当時の子ども達は、外遊びをとおして基礎的な運動能力を獲得していたと推察される。一方、現在では伝承遊びが姿を消し、主にメディアが取り上げる機会が多いスポーツ種目（野球、サッカー、バスケットボールなど）のスポーツ少年団や小学校のスポーツクラブに所属する子どもたちが増えている。

　しかしながら、文部科学省の調査によれば児童の運動能力や体力は1980年代の半ばをピークにして、それ以降は低下傾向にある。現在の子どもの世代とその親の世代を比較すると、身長および体重は子の世代が高い値を示すが、運動能力や体力水準は低下している（図9-1）。

　近年の子どもたちの運動能力や体力水準低下の原因としては、下記のような理由が挙げられている。

① 学校外の学習活動や室内遊び（テレビゲームなど）時間の増加による、外遊びやスポーツ活動時間の減少
② 空き地や生活道路といった子ども達の手軽な遊び場の減少
③ 少子化や、学校外の学習活動などによる仲間の減少

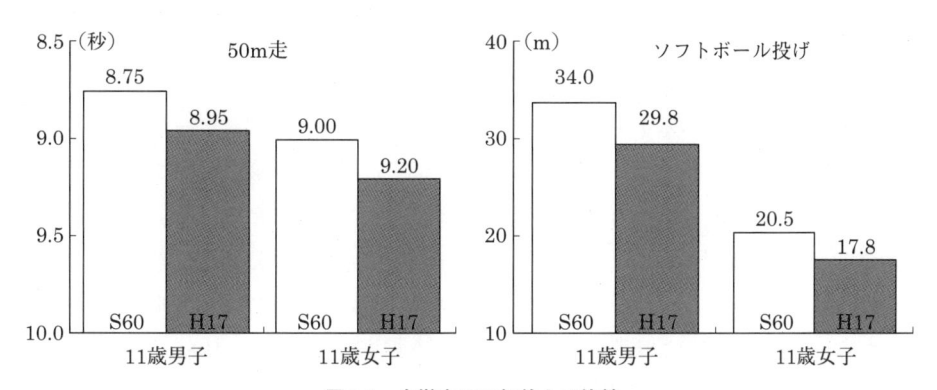

図9-1　小学生の20年前との比較
（文部科学省ホームページより）

また、他の調査では、小学校期に運動を行わなかった理由として上記以外に"疲れるから"、"面倒だから"などが示されている。

動脈硬化性疾患は中高年期で発症数の増加が認められる疾患であるが、近年では小児期からその疾患の芽が存在しているとの報告がある。また、小学生の肥満や2型糖尿病が著しく増加していることから、近年の子どもたちの運動不足問題は深刻である。

なお、子どもたちの運動習慣は二極化が示されており、運動不足による生活習慣病予備群が増加する一方で、過度な運動によるスポーツ障害の発症も多く報告されている。

写真9-1　親子で運動は楽しさ体験のスタート

持久力や敏捷性など各体力要素のピークは、同時期には出現せず、ピークの時間的ズレが認められる。したがって、子どもの発育状況や発達状況に合わせた適切な運動指導が望まれる。また、発育・発達の程度は個人差が大きく、個々に対する注意が必要である。

宮下（1999）は、大まかな目安として年齢別に適した練習やトレーニング内容を示している（表9-1）。

表9-1　年齢別にみたスポーツに必要な能力の発達と目的

年　齢	主として関与する器官	目　的
11歳以下	（脳神経系）	いろいろな動きに挑戦し、スマートな身のこなしを獲得する
12-14歳	（呼吸・循環器系）	軽い負荷で持続的な運動を実践し、スマートな動作を長続きさせる能力を身につける
15-18歳	（筋・骨格系）	負荷を増大させ、スマートな動作を長続きさせるとともに、力強さを身につける
19歳以降		スポーツにかかわる身体動作を十分に発達させたうえに、試合のかけひきを身につけ、最高の能力を発揮するようにする

宮下，1986，1995，1999を改変

神経系の発達は、ほぼ10歳頃までに完成されるので11歳まではさまざまなスポーツ種目において、その基盤となる動き方の基本を学習させるべきである。11歳までにスポーツに必要な身のこなし方の基本が正しく、またはスマートに体得してあれば、12歳～14歳において、その動きを長続きさせる方向へのトレーニングを行う。また、その理由としては、この頃に遅筋線維の発達や最大酸素摂取量などの向上が著しいことが挙げられる。一方、この時期には骨量の増加が著しい時期であり、過度な筋力トレーニングは好ましくない。さらに15歳～18歳では速筋線維の発達が著しくなることから、力強さを向上させる筋力トレーニングが好ましい（官下、1986，1995，1999）。

米国の国立スポーツ体育教育機関では以下のガイドライン（5歳～12歳）が示されている（運動処方の指針、2006）。

① 小児は休日以外のすべての日か、そのほとんどの日で、少なくとも合計60分の身体活動を行い、さらに数時間まで増やすようにする。この総身体活動量には、休みをはさみながら行った中等度から高強度の日常生活での活動が含まれている。
② 小児には、毎日、15分以上続ける身体活動を数回にわたって行うように指導する。
③ 活動しない状態が長く（2時間以上）続くと、特に、日中では、小児のやる気がなくなる。

また、介入を行うためには、娯楽を必ず入れること、参加する小学生が当惑しないようにすること、ある程度競争させること、仲間や家族の支援、達成感を感じさせることなどの要素が必要である。

参考・引用文献
1) 宮下充正（1986）：こどものスポーツ医学，小児医学，19：879-899頁.
2) 吉川貴仁・藤本繁夫（2006）：小児と高齢者に対する運動負荷試験と運動処方，運動処方の指針，日本体力医学会体力科学編集委員会，南江堂，251-269頁.

（山崎先也）

2. 児童への運動指導の注意点

子どもは、からだの諸器官が十分に発達していないことから、運動の指導には注意を有する。子どものスポーツ障害の特徴としては、①成長軟骨であり骨端線の損傷が生じやすい ②骨の組織が機械的負荷に対し脆弱である ③骨と骨格筋の発育のアンバランスなどによるものが多い。また、子どもは成人に比べ、熱中症になりやすい。

（1）スポーツによる外傷・障害

文部科学省の小学生と中・高生を対象としたスポーツ活動に関する調査研究報告書（1995、1997）によれば、小・中・高ともケガの発生頻度は学年が上がるにつれて増加傾向にある。小学校6年生では、運動部、スポーツ少年団やクラブ所属者のうち、約20％の者が1週間以上練習を休むケガを経験している。

スポーツ安全協会障害保険の統計（1977）からスポーツ外傷の疾患別頻度を見ると、小・中学生、高校生とも骨折、捻挫と打撲が非常に多い。特に、小・中学生の骨折頻度は同等（全疾患者の39％）であるが、捻挫は中学生（同29.4％）が小学生（同23.5％）に比べやや多い。一方、創傷は小学生が多い傾向にある。高校生の捻挫の頻度（同31.0％）は中学生と同程度であるが、骨折の頻度（同30.2％）は小・中学生に比べやや低い。一方、高校生の靭帯損傷や腱断裂は小・中学生に比べ多い（黒田、1993）。また、スポーツドクターが診療したスポーツ障害の1位はオスグッド病（中学・高校生ではオスグッド病と同率で野球肘が多い）である。オスグッド病は、発育期によくジャンプをする男性に生じ、脛骨結節部に運動時痛や圧痛が有り、骨性の隆起が認められる。また、野球肘は投球時に肘内側に痛みが生じ、前腕に屈筋や回内筋起始部などに

圧痛がある（図9-2）。

スポーツ外傷の発生頻度が高いスポーツ種目は、サッカー、バスケットボール、野球、バレーボール、スキーである。一方、スポーツ障害は野球、サッカー、陸上競技、バスケットボール、バレーボール、テニスで発生頻度が高い。

予防のポイントは、適切な運動の質、量の設定に基づくスポーツ活動、十分な準備運動、整理運動実施を条件としたスポーツ活動、定期的なメディカルチェックの実施、指導者とスポーツドクターとの協力体制の確立、指導者、保護者の啓発を挙げている（井形、1997）。特に、児童の特徴として運動をきつく感じないため、子どもの感覚に頼る指導には注意が必要とされている（松坂、2001）。

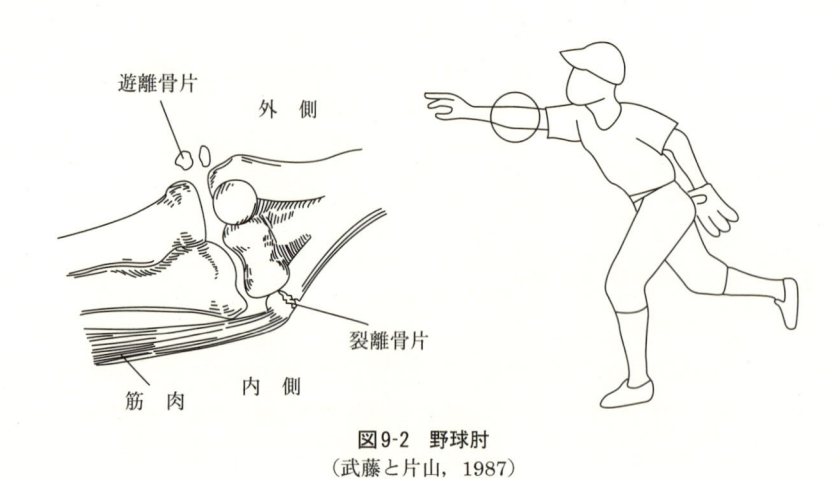

図9-2 野球肘
（武藤と片山，1987）

（2）熱中症

体温調節に関する小児の特徴として、基礎代謝量が高い、発汗量が低い、血管調節反応が低いことが挙げられる。発熱量が多いにもかかわらず発汗量が少ないため、うつ熱を生じやすい。また、体重あたりの体表面積が大きいため外部環境温度の影響を受けやすい。さらには、暑さに対する適応が遅い。したがって、外部環境温度に対する体温調節が未発達の子どもでは成人に比べ容易に脱水症状を生じてしまうため、特に熱中症に注意しなければならない。高温、多湿の環境下で十分な水分摂取をせずに運動を行うと体温の上昇と共に意識障害を生じ死亡することがある。熱中症の予防には、①水分補給　②気象条件への留意　③現場での監視が挙げられる（阿部、1997）。

（3）その他

1) 運動誘発性喘息：気管支喘息の子どもは、運動中や運動後に喘息発作を起こすことがある（全気管支喘息児童の40〜60％）。誘発因子は気道の水分蒸発と熱損失などである。運動中に発作が起きた場合は運動を中止し、安静にさせる。腹式呼吸により呼吸を整えさせる。また、呼吸困難が強い場合や20〜30分の安静で改善がない場合は、気管支拡張剤を

吸引させる。運動誘発性喘息を起こしやすいスポーツはサッカーやマラソンなどであり、起こしにくいスポーツは水泳や野球などである。

2) 月経異常：スポーツ競技年齢が低年齢化しており、初経初来以前より激運動を行っている場合や食制限により体脂肪率が低い場合、遅発月経や続発性無月経などの月経異常を生じることがある。月経異常には月経周期の異常と月経持続日数ならびに経血量の異常がある。原発性無月経とは満18歳になっても初経が起こらないことであり、続発性無月経とは、これまであった月経が3か月以上停止した状態である。なお、16歳になっても初経がない場合は婦人科診療が必要である。

3) 過換気症候群：過換気症候群は、極度の緊張、興奮などによる過換気により血中の二酸化炭素分圧が低下、呼吸性アルカローシスを起こし、呼吸困難、心悸亢進、めまい、四肢のしびれなどを生じる。急性の場合は紙袋やビニールを鼻と口にあてて呼吸させる（二酸化炭素の再呼吸）。パニックの程度が強い場合は、精神的安定（リラックス）を計る必要がある。なお、水泳で潜水する場合、過度に深呼吸すると水中で意識を失うことがある。これは過度な深呼吸により血液中の二酸化炭素が異常に低くなるため、潜水によって二酸化炭素が増加しても、あまり息苦しさを感じないまま、脳が低酸素状態になるためであるといわれている。

参考・引用文献
1) 井形高明・武藤芳照・浅井利夫（1997）：新子どものスポーツ医学，南江堂.
2) 日本体育協会監修・黒田善雄編（1993）：コーチのためのスポーツ医学，大修館書店.
3) 宮下充正ほか（1993）：フィットネスQ＆A，南江堂.
4) 川原貴編（2002）：夏のトレーニングガイドブック，（財）日本体育協会.

（山崎先也）

第10章

高齢者の福祉と運動

1. 高齢者への運動指導

　平成13年の厚生労働省発表による要介護原因の第1位は「脳血管障害」、2位「高齢による衰弱」、3位「転倒」、4位「認知症」である。しかし、第2位～4位は「老年症候群（虚弱、転倒、認知症）」であり、要介護の主要な原因となっている。老年症候群は、虚弱、転倒、認知症以外に低栄養や閉じこもりなどを含み、複合的・多層的に発生する。特に、後期高齢者（75歳以上）の要介護の原因は前期高齢者に比べ、老年症候群の割合が高くなる。ランタネンたち（Rantanen et al, 2002）は、後期高齢者の筋力レベルは日常生活動作能（Activities of Daily Living：以下ADL）に対する介助を要する時期の有用な因子であることを明らかにしている。また、金たち（2007）は、都市部在住の高齢女性で老年症候群の複数徴候保持者では健常者に比べ体力水準が低いこと、老年症候群の複数徴候の関連要因は転倒恐怖や歩行速度であることを報告している。加齢による骨格筋の萎縮をサルコペニアと呼称するが、高齢者での骨格筋の萎縮は、転倒を引き起こす一要因であり、またADLを制限する主要な要因である。したがって、サルコペニアによる筋力低下を予防することは、高齢者の自立した生活を維持するために非常に重要であると考えられる。

　黒田（2001）は、高齢者が最低限度維持すべき運動機能は、自立して歩行できる能力であると述べている。高齢者の歩行運動は、運動機能の維持や向上だけでなく、寿命延長との関連性が指摘されている（図10-1）。一方、虚弱高齢者では歩行運動でも下肢の運動障害を生ずる場合があ

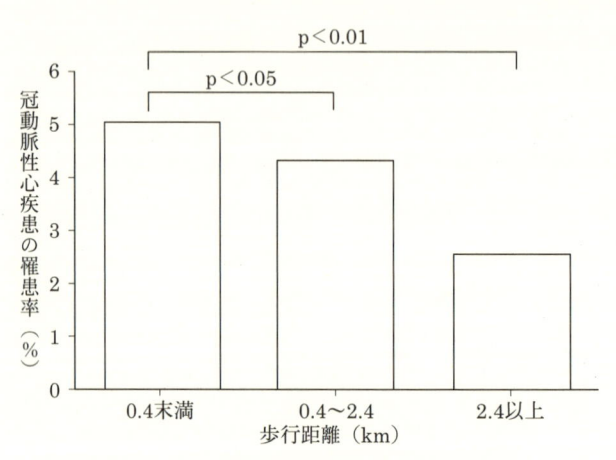

図10-1　歩行距離と冠動脈性心疾患罹患の関係
（Hakim et al, 1999）

る。したがって、高齢者に有酸素運動を行わせる際には、メディカルチェックや個々の有酸素能力の評価だけでなく、下肢筋力を考慮する必要がある。

(1) 高齢者の有酸素運動
1) 下肢筋力別の有酸素運動

平野（2002）は、有酸素運動を下肢にかかる荷重負荷の観点から①非荷重レベルの運動　②部分荷重レベルの運動　③全荷重レベルの運動に分類し、下肢筋力のレベルにより運動を選択することを推奨している。

① 下肢筋力が著しく弱い高齢者では、体重を負荷しないマシントレーニングや水抵抗を利用したトレーニングなど
② 下肢筋力の低下や肥満傾向のある高齢者では自転車や水中でのウォーキング、水中でのジョギングやジャンプ運動など
③ 下肢筋力のレベルに応じて陸上でのウォーキング、ジョギング、ジャンプ運動などから選択

特に水中運動は、水の水位により荷重負荷を変化させることが可能である。荷重は、腰までの水位で約50%、胸までの水位で約30%となる。

写真10-1　水中運動は心身に最もよい

2) 米国スポーツ医学会による運動様式、運動強度、時間、頻度のガイドライン（運動処方の指針、2006）

① 活動性の少ない高齢者に長期間の運動を促すためには、低レベルの運動強度から開始し、個人の耐久性や好みに応じて強度を上げていく方法がよい。プログラムの開始時は、酸素摂取予備能や心拍予備能の40%以下の強度もまれではない。
② 多くの高齢者はさまざまな医学的な問題を有しているため、運動強度を増加する際、初期の処方を慎重に行う。
③ 運動効果を得るためには、激しく長い運動を続ける必要はない。1日計30分の中等度の身体活動を行うことにより、健康に対する効果が得られる。
④ 運動効果を得るためには、運動を継続して行う必要はない。したがって、運動を30分間維持できない人や、短めの運動を好む人には、1日のうちで、10分くらいの運動を何回かに分けて行うように指導する。
⑤ 高齢者では、怪我を避けて安全に運動を行うために、運動強度よりもまず持続時間を増やすように指導する。

⑥　もし、活発な運動を行う場合には、運動する日としない日を交互にしながら、最低週3回は行うようにする。

⑦　65歳以上の高齢者では、最大心拍数の個人差が大きく、冠動脈疾患のリスクが高い。そのため、有酸素運動を処方するときは、年齢から予測した最大予測心拍数よりも実測した心拍数を用いるのがよい。

（2）高齢者への筋力（レジスタンス）トレーニング

近年、高齢者に対する筋力トレーニングが推奨されている。高齢者の筋力トレーニングは単に大きな力の発揮をさせるだけでなく、歩行運動や階段昇りといったADLの能力向上を目的としている。また、転倒や骨折を防止する効果がある。

1）米国スポーツ医学会による筋力トレーニングのガイドライン（運動処方の指針、2006）

①　筋力トレーニングの最初の数回は、高齢者に特に必要とされるケアや高齢者の運動に関する特性をよく理解している監督者のもとで、注意深く管理・指導していく。

②　身体各所の結合組織が運動に適応するまでには最小の負荷から始める。

③　すべての主要筋肉群を鍛えるように8～10種目の運動を1セット行う。

④　トレーニング効果が認められた時には、まず反復回数を増加させる。その後、負荷を増加させる。

⑤　1回に60分以上続けるような運動処方は、運動の継続上問題となる。全身のレジスタンス（筋力）トレーニングの時間は20～30分がよい。

⑥　痛みのない範囲（すなわち、痛みや不快感のない最大範囲）以内の動作で運動を行う。

⑦　単関節ではなく、多関節を使用した運動を行う。

⑧　筋力トレーニングの機器は、身体を固定することで背中を保護し、利用者が簡単に動作範囲をコントロールすることが可能である。

⑨　一般的な日常動作（家事やガーデニング、散歩など）は筋力の維持に役立つ。

2）加圧トレーニング

筋力を向上させるには最大挙上負荷（1RM）の約65%以上を超える必要がある。特に高齢者にとって高強度の運動負荷は、関節部位などでのスポーツ傷害・外傷や著しい血圧上昇を招く危険性があるため、必ずしも安全であるとは言えない。

近年、骨格筋への血流量を適度に制限した条件下では、1RMの65%未満の強度でも筋肥大と筋力向上を招くことが明らかとなった。このトレーニング方法を加圧トレーニングと呼ぶ。

加圧トレーニングは、圧力センサーまたは圧力フィードバック機構を備えた特殊なベルトで骨格筋の圧迫を行う。上肢は100mmHg、下肢は150～180mmHg程度の加圧状態で5～10分間、20～50%1RMの強度で筋運動を行う。なお、運動終了後は除圧を行う。特に、加圧した状態で歩行運動を行う加圧ウォークは、歩行という低強度運動にもかかわらず、筋肥大効果が観察されている（写真10-2）。加圧ウォークにより、筋肥大に関わる成長ホルモンやIGF-1（インスリン様成長因子 - 1）の分泌増大が確認されている。

（3） 柔軟性

柔軟であることは、スポーツ障害の予防効果がある。特に、高齢者では、柔軟性と転倒との関連性が指摘されている。

柔軟運動は、すべての大関節（臀部、背部、肩、膝、上体、頚部）に対して行うべきである。柔軟性を獲得するには、ストレッチ体操だけでなく、ヨガや太極拳も有効とされている。

1） 米国スポーツ医学会による柔軟性のガイドライン（運動処方の指針、2006）

① ストレッチングに先立ち、筋を温めるウォームアップを行う
② 可動域が落ちている筋群（関節群）を中心に、大きな筋腱単位に慣例の静的ストレッチングを行う
③ 週に2～3回、可能であれば5～7回行う
④ 痛みを伴わないが緊張感がある可動域最大限の位置まで伸ばす
⑤ 15～30秒その姿勢を保つ
⑥ それぞれを2～4回行う

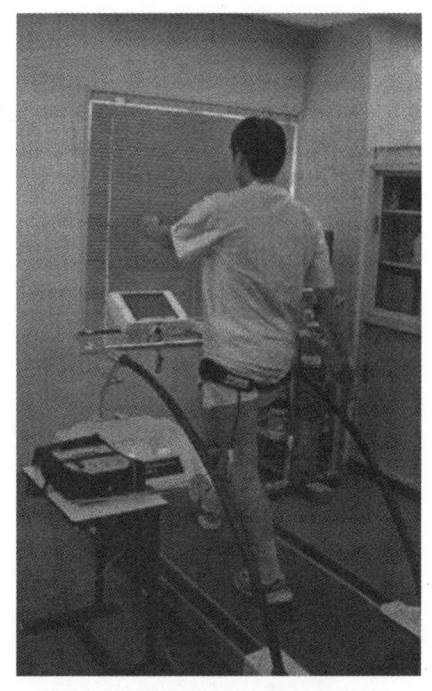

写真10-2　加圧機器を装着した歩行トレーニング
（Abe, et al., J Appl Physiol., 2006）

参考・引用文献
1) 吉川貴仁，藤本繁夫（2006）：小児と高齢者に対する運動負荷試験と運動処方，運動処方の指針，日本体力医学会編集委員会，南江堂，251-269頁.
2) 石井直方・安部孝（2005）：特殊なトレーニング：加圧トレーニング，高齢社会における運動支援実践ガイド，臨床スポーツ医学臨時増刊号，臨床スポーツ医学編集委員会編，22：143-149頁.

（山崎先也）

2. 主観的幸福感を高める

現在、わが国は高齢化社会へと急速に進行しており、医療や福祉・介護などのさまざまな分野に問題が散在している。その中で、高齢者が社会的・文化的に自立し、健康的に生活の質（Quality of Life：以下 QOL）を維持することが重要となっている。この QOL を構成する概念にはさまざまな因子が提案されているが、その中で共通する項目して「幸福感」や「生活満足感」などの主観的な心理的健康に関する評価項目があげられている（安永ほか、2002）

表10-1には、世界保健機構（WHO）が提案した身体活動のガイドラインに関わる高齢期を健

表 10-1　世界保健機構（WHO）による高齢者の定期的な身体活動の効果

	短期的効果	長期的効果
生理学的側面	グルコースのレベルの調整 カテコールアミンの活性 睡眠の促進	有酸素系・心臓血管系の持久性の向上 レジスタンストレーニング・筋力効果 柔軟性・平衡性・協応性の改善 動作速度の改善
心理学的側面	リラクセーション ストレスや不安の減少 気分の高揚	全般的な幸福感の向上 精神的健康の改善 認知的能力の改善 運動統御能力とパフォーマンスの向上 技能の向上
社会学的側面	高齢者の権能の拡大 社会的、文化的統合力の向上	統合力の向上 新たな交友関係の形成 社会的・文化的ネットワークの拡大 役割の維持と新たな役割の獲得 世代間活動の拡大

写真10-3　「生きがい」につながる障害者スポーツ
（財団法人　日本障害者スポーツ協会）

写真10-4　視覚障害者のサウンドテーブルテニス
（財団法人　日本障害者スポーツ協会）

康に過ごすための個人の定期的な身体活動の効果について示した（谷口、2004）。上述したように高齢者の QOL を高めるためには、主観的な心理的健康を高める必要があり、それに対して定期的な運動が効果的であることは表10-1にもあるように疑う余地はない。

では、主観的幸福感（Subjective well-being）とは一体なんであろうか？　主観的幸福感とは、QOL を構成する重要な概念であり、自分の人生に対する認知的、感情的評価を満足感で操作されるものと定義される。例えば、自分のスキルレベルと課題の難易度が最適な状況であった場合に感じる「フロー（flow）」体験と呼ばれる、「何となく快適で、何となく上手くいく」といった楽しい感覚などがこれにあたる。つまり、主観的幸福感とは、自分のスキルのレベルにあった活動に専念したときに感じることからも、何らかの心理的支えとは別の、むしろ日常の小さな活動（生きがい、など）の積み重ねによって培われるものであり、人生に対する肯定的な感覚と捉えることができる。

高齢者の抱えるストレスの特徴にはどのようなものがあるのであろうか？誰でもそうであるが、体力は加齢に伴って低下する。また、十分に健康でない場合が多く、些細な体調不良から自分の健康への不安を抱き、悲観的になる。さらに、自分の果たすべき役割が失われることに対して、無用感や空しさを感じるようになったり、経済的に他人に依存するようになり、不安や抑うつ状態になったりする。加えて、配偶者や近親者の死により、老後や死への不安を抱くようになる、などが挙げられる。つまり、それまで社会の中で、あるいは家庭の中で「自立」して活動していたが、加齢によって社会的、文化的なネットワークがだんだんと縮小されていき、最終的には「自立」が困難状態となってしまう不安を抱えていることがわかる。

　このような中で、安永ほか（2002）は運動が高齢者の「自立」を維持することを指摘している。図10-2には、高齢者における運動と心理的健康の心理社会的モデルを示した。

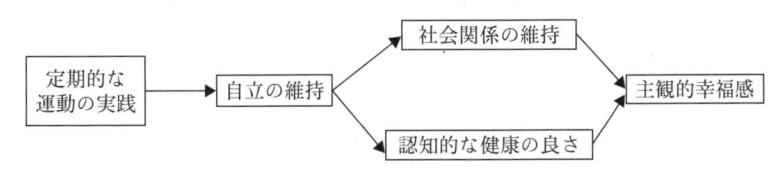

図10-2　高齢者における運動と心理的健康の心理社会的モデル
（安永ほか，2002）

　安永ほか（2002）は、高齢者の主観的幸福感には社会的な関係の維持（ソーシャルサポート）と自己の健康度評価が影響し、それら2つを良好な状態に維持するためには日常生活動作能力（Activities of Daily Living：以下ADL）が大変重要となってくると述べている。そして、このような高齢者が日常生活の中で必要とする歩行や階段歩行、ズボンをはく、布団の上げ下ろしなどといった基本的な動作を遂行するためには、定期的な運動習慣の有無がその背景として成り立っている。つまり、定期的な運動習慣が直接的に主観的幸福感へと影響をおよぼしているわけではないが、ADLのような日常生活の小さな活動を積み重ねていくことで、「自立」を維持し、それが社会関係の維持や自己の健康度評価に良い影響をおよぼし、そこから主観的幸福感が高まっていくのである。

参考・引用文献
1) 安永明智・谷口幸一・徳永幹雄（2002）：「高齢者の主観的幸福感に及ぼす運動習慣の影響」，体育学研究，第47巻第2号，173-183頁．
2) 谷口幸一（2004）：「発達から見た身体活動・運動と身体的健康」，日本スポーツ心理学会編，最新スポーツ心理学～その軌跡と展望～，大修館書店，99-108頁．

（大場　渉）

3. 高齢者への運動指導の注意点

（1） 体調チェック

メディカルチェックや運動負荷試験などの結果、運動が可であっても、当日の体調が悪ければ、運動量を減らすか運動を中止する必要がある。

表10-2　体調のチェックとその対策

症状1　運動前	
① 発熱、頭痛、腹痛、脈拍が異常（乱れる、速い）、血圧が日常の変動範囲より高い	運動しない
② 睡眠不足、過労、血圧が日常の変動幅内で高い	体調をみながら無理をせず運動するストレッチなど軽い運動種目を選択する
③ 腰痛、膝痛	局部に負担をかけない運動を選択し、悪化しないように注意する
症状2　運動中	
④ 胸が苦しい、胸痛、めまい、冷汗、吐き気、動悸、脈の異常、突然の筋肉痛や関節痛	運動中止

（中垣内と田中，2006）

（2） 運動の時間帯

冠動脈性心疾患は、早朝から午前中に多く起こるとされている。早朝起床時には高齢高血圧者の血圧が上昇していることなどから、高齢者の早朝運動は好ましくないと思われる。また、夜間も発作数が多いので注意が必要である。脳血管障害は、早朝と夕方〜夜に発症数が多い。

（3） 運動の場所

高齢者は、体育館やスポーツジムなど、指導員の監視下で運動を行うことが好ましい。屋外にて運動を行う場合には、広場や運動場など運動環境が整備されている場所を選ぶ。街中などで

写真10-5　誰にでもできるファミリーバドミントン

写真10-6　まずは血圧チェックから

歩行運動を行う場合には、段差などによる転倒に注意する。また、自動車や自転車などによる事故の危険性が少ない場所を選ぶ。特に、夜間の歩行運動は、服装や靴などにも工夫（反射テープなど）を行う。昼夜にかかわらず、人の少ない場所での単独運動は、事故が生じた際、対処が遅れることがあるので避けるべきである。

（4） その他の注意点
1） 薬の服用
　高齢者では何らかの疾患を有している者が多いことから、薬の服用の有無、服用している薬の種類や効能を必ず調査する。また、運動日（当日）に、何時に服用したか確認する（飲み忘れなど）。
　治療中の注意事項を下記に示す（大石と石井（2006）、一部改変）。
① 糖尿病
　糖尿病の薬を服用中、血糖値が必要以上に低下することがある（動悸、ふるえ、昏睡など）。症状が現れたらブドウ糖を摂取する。予防のため、薬の服用を守り、食事時間や量を規則正しくする。食前に激しい運動は避ける。また、高血糖の場合では多尿、頻尿になり、血液が濃縮されて血糖値が上昇する。適度な水分摂取が必要である。糖尿病患者では血管障害や神経障害により足の潰瘍や壊疽を起こしやすいのでフットケア（靴擦れ、深爪による傷など）に注意する。
② 高血圧
　適切な運動は血圧を適正な値に改善する作用を有するが、血圧の程度や病気によっては運動により悪化する場合もあるので主治医と相談が必要である。
③ 冠動脈性心疾患（虚血性心疾患）
　内服薬がある場合には必ず服用する。服用直前、直後の運動は避ける。除脈傾向となる薬剤、頻脈傾向になる薬剤を服用している場合には、服用後1時間は運動をしない（1時間以降でも効果が安定するまで待つ）。
④ 転倒、骨折
　副作用として転倒を起こす危険性がある薬がある。睡眠薬、降圧剤（起立性低血圧の原因となる中枢性降圧剤、α1遮断薬）、非ステロイド性炎症薬（特に座薬）による血圧低下、抗不整脈による除脈や経口血糖降下剤による低血糖により転倒を起こしやすい。
⑤ その他
　一般医薬品を含めたほぼ全ての総合感冒薬には、抗コリン作用を有する抗ヒスタミン剤が配合されている。抗コリン作用を有する薬剤は、発汗抑制作用をもつため熱中症の危険性が増す。
2） 筋力トレーニング時の注意事項
　筋力トレーニングは、介護予防運動の柱となっているが、高齢者では高血圧などの循環器系の疾患を有している場合が多い。筋力トレーニングは負荷の増大と共に血圧の上昇を伴うので安全面や必要性を十分考慮して行うべきである。また、介護予防事業にて筋力トレーニングを行った

結果、筋肉痛や関節痛でトレーニングを中止した者や機能が低下した者も相当数報告されている。

3) 熱中症

高齢者は、子どもと同様に熱中症になる割合が高い。飲水、休息、環境（気温、湿度、風速など）に注意すべきである。

参考・引用文献
1) 田中喜代次・中垣内真樹・重松良祐編（2006）：中高年のための運動プログラム（基本編），財団法人日本体育協会監修，NAP.
2) 大石順子・石井紀夫（2006）：スポーツ指導者のための薬に関する知識，中高年のための運動プログラム（病態編），田中喜代次，牧田茂編，財団法人日本体育協会監修，NAP.

（山崎先也）

第11章

障害者への福祉と運動

1. 障害者スポーツの歴史

（1） 海外における障害者スポーツの歴史

　今から120年前の1888年にドイツにおいてはじめて障害者スポーツクラブ（聴覚障害）が設立された。その後、1910年にドイツ聴覚障害者スポーツ協会が設立された。1924年には国際ろう者スポーツ連盟が組織され、これにより国際的な障害者スポーツ大会（1924）がパリで開催された（第1回国際ろう者スポーツ競技会）。2001年からは国際オリンピック委員会との合意によりデフリンピックと呼ぶようになった。近年では2005年にメルボルンで夏季大会（第20回）が66か国、3,300名が参加して行われた。また、2007年にソルトレークにて冬季大会（第16回）が開催された（参加国24、参加人数310名）。一方、身体障害者、特に車椅子スポーツのはじまりは、イギリスのロンドン郊外にあるストーク・マンデビル病院にて神経外科医、グッドマン（Guttmann, L.）卿が脊髄損傷患者に対するリハビリテーションとしてスポーツを取り入れられたこととされている。グッドマン卿は、身体障害者スポーツ実施の基本方針として「外傷あるいは疾病のいずれによる原因があるにせよ、障害を持った初期にはスポーツを医療に組み入れることが便利である。身体障害者の身体的再適応のために、スポーツの全身的練習効果は個人的な医療訓練として、同時に集団医療として利用するとよい。したがって、スポーツは理学療法中の重要な一部としてこれを認めなければならない。心理学的には、スポーツは、精神活動、自信、自己訓練、競争心および友情を喚起するのにきわめて有効である」と述べている（橋谷、伊佐地、1994）。
　グッドマン（Guttmann, L.）卿は、1944年にパンチングボール訓練、1945年には車椅子ポロやバスケットボールを導入した。また、1948年にロンドンオリンピックの開会式の日に同病院内で車椅子患者のスポーツ大会（アーチェリー）を開催した。1952年には車椅子を利用する者を対象とした国際ストーク・マンデビル競技連盟（International Stoke Mandeville Games Federation, ISMGF）が設立され、以後、現在のパラリンピックの前身ともいえる国際ストーク・マンデビル競技会が開催されるようになった。1960年にはイギリス、オランダなど5カ国により国際ストーク・マンデビル大会委員会が設立された。そして夏季オリンピックローマ大会からはオリンピック開催年の大会だけオリンピック開催国で国際ストーク・マンデビル競技会が行なわれることとなった。1989年国際パラリンピック委員会（IPC）設立後、ローマで開催された競技会を第1回パラリンピック大会と位置づけるようになる。

1）パラリンピック（Paralympic）

パラリンピックは、1964年の東京大会で使われ始めた言葉であり、半身不随（Paraplegia）とオリンピック（Olympic）の合成語であった。しかし、その後、半身不随者以外の障害者も参加するようになったため、1985年からは、もう1つの（Parallel）のオリンピックと解釈されるようになった。1988年のソウル大会から正式にパラリンピックという名称が用いられるようになった。夏季パラリンピック第1回ローマ大会（1960）の参加国は23か国、参加人数は400名であった。2004年のアテネ大会（第12回大会）では、参加国144か国、参加人数は3,969名である。冬季パラリンピックの第1回大会は1976年のエーンシェルドスピークであり、参加国14か国、参加人数は250名であった。2006年のトリノ大会（第9回大会）では39か国、486名が参加している。パラリンピックは障害の種類や程度によりクラス分けがなされ、各競技が行われる。なお、第4回ハイデルベルグ大会（1972）までは脊髄損傷による車椅子利用者に限られていたが、第5回トロント大会（1976）からは、視覚障害者と切断者が参加できるようになった。また、第6回アーヘン大会（1980）からは脳性麻痺者、第7回ニューヨーク大会（1984）からは、その他の運動機能障害者も参加できるようになった。知的障害者の種目が正式に行なわれたのは、第10回アトランタ大会（1996）からである。2000年のシドニー大会において国際オリンピック委員会（IOC）とIPCの会長によりオリンピック開催国は、オリンピック終了後、パラリンピックを引き続いて開催しなければならないとの内容で合意した。

2）スペシャルオリンピックス（Special Olympics）

パラリンピックは主に身体に障害がある者が参加する大会であるのに対し、スペシャルオリンピックスは、知的発達障害者（知的障害者）を対象とした大会である。スペシャルオリンピックスでは、1週間に1度以上、コーチと共にスポーツトレーニングを行う。8週間のトレーニングプログラム後、その成果を競技会や大会で発表する。スペシャルオリンピックスは、競技に勝利することではなく、自己の最善を尽くすことを目標としており、競技と共にトレーニングプログラムを重要視している。また、競技会では、年齢や競技能力をもとに組分けが行われ（ディビジョニング）、競技能力が同程度の者と競うルールとなっている。スペシャルオリンピックスの競技会ではすべての競技者が表彰される。

スペシャルオリンピックスのはじまりは、アメリカ合衆国の第35代大統領ジョン・F・ケネディー（John F. Kennedy）の妹であるユニス・ケネディー・シェライバー（Eunice Kennedy Shriver）が1962年に知的障害者を自宅に集め開催したデイ・キャンプ（日帰りキャンプ）とされている。1968年にはジョセフ・P・ケネディー、ジュニア（Joseph P. Kennedy Jr.）財団の支援により組織化がなされ国際大会が開催された。また、1988年には、国際オリンピック委員会（IOC）と相互の活動を認め合う議定書が凍結された。第1回夏季大会は1968年米国シカゴ、第1回冬季大会は1977年米国のスティームボートスプリングで開催された。近年では、2005年に長野で第8回冬季世界大会、2007年には北京で第12回夏季世界大会が開催された。

(2) 我が国の障害者スポーツの歴史

わが国の障害者に対する体育活動、スポーツ活動については阿部（2001）が詳細に記している。それによれば、わが国における障害者の体育活動は1800年代の後半から行われ、1886年には、東京訓盲院において体操科という名称で遊戯、徒手体操、正しい姿勢の保持などの内容で活動がなされている。1924年には日本聾唖庭球トーナメント、1925年に第1回関西盲学校体育大会、1926年には第1回日本聾唖陸上競技大会と第1回全国盲学生陸上競技大会が開催された。

一方、肢体不自由者のスポーツは、1949年に制定された身体障害者福祉法により、更生訓練として運動療法が行われたことに端を発している。1960年には国立別府病院や国立箱根療養所にて車椅子バスケットボールが紹介され、リハビリテーションの一環として導入された。その後、大分（1961年）、岡山（1962年）、山口（1963年）で肢体不自由者の障害者体育大会が行われた。

知的障害者に対するスポーツ活動は1960年代より始まったとされている。1961年には、精神薄弱関係施設の入所者によるソフトボール大会が開催され、1970年代には福岡や鳥取で同様にソフトボールが開催されている。1981年には神奈川県で第1回スペシャルオリンピックス全国大会が開催された。また、1992年に全国知的障害者スポーツ大会（ゆうあいピック）が行われた。

わが国において身体障害者スポーツの本格的な取り組みは、1964年のパラリンピック東京大会からである。1965年には日本障害者スポーツ協会が設立され、第1回全国身体障害者スポーツ大会が開催された。2001年には、ゆうあいピックを統合した大会として、新たなる全国障害者スポーツ大会が開催されている。また、1991年には障害者スポーツの競技力向上とパラリンピックの標準記録の上回る記録認定のため、ジャパンパラリンピック大会が開催されるようになった。

近年では、障害者スポーツをアダプテッドスポーツと呼称するようになった。アダプテッドスポーツは、"その人に適応したスポーツ""実践する人に合わせたスポーツ"という意味であるから、障害のある人に限らず、病弱者、高齢者、妊婦、幼児など、誰でも参加できるスポーツということになる。また、健常者が障害者スポーツにかかわる方法としては、運営をサポートするボランティア活動などが主体であったが、最近は障害にある人とない人が共にスポーツを楽しむことが重要視されている。障害者が行うスポーツに障害のない人が参加して競技することを、リバース・インテグレーションと言う（山崎、2007）。

参考・引用文献

1) 阿部崇（2001）：障害者スポーツの歴史と現状，歴史的な流れ―海外と日本―，バリアフリーを目指す体育授業，障害のあるこどもと共に学ぶ，後藤邦夫監修，杏林書院．
2) （財）日本障害者スポーツ協会ホームページ（http://www.jsad.or.jp/）.
3) 藤原進一郎・小西治子（2005）：障害者とスポーツ，（財）日本障害者スポーツ協会編，初級スポーツ指導員用テキスト（改訂版）．
4) 山崎昌廣（2007）：障害者スポーツ，スポーツの百科事典（田口貞善編），丸善．

（山崎先也）

2. 各種の障害者スポーツ

　障害者の体育やスポーツは、リハビリテーションと密接な関係を有している。橋谷と伊佐地（1994）は身体障害者福祉審議会の答申を引用し、リハビリテーションの理念を「患者がもつ機能障害を治療する物理的、形態的な治療から、さらに進んで、患者に残された能力を最大限に発揮させて、人間的な社会生活をする権利を取り戻す「全人間的復権」である」としている。リハビリテーションにおける体育、スポーツの領域は、医療から教育、病院から施設、地域社会など幅広い。

　愛知県心身障害者コロニーの三田（1995）は、障害者スポーツは、大きく2段階に分けられるとしている。第1は、病院内や施設で行われるスポーツ活動であり、日常生活に必要とされる身体活動能力の改善、向上を目指すもの（障害者体育、医療体育、または医療スポーツと呼称）、第2は、勝敗を争う競技スポーツであり社会参加の促進に重要な役割を果たすと述べている。

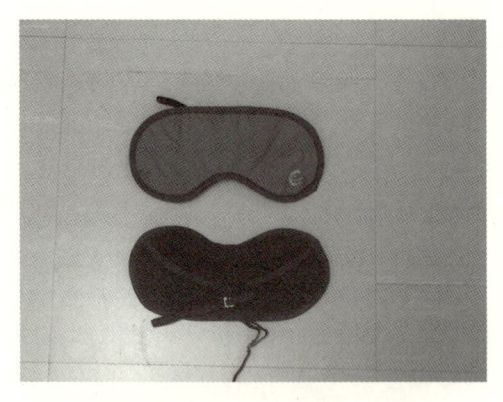

写真11-1　アイマスク（簡易）の表裏

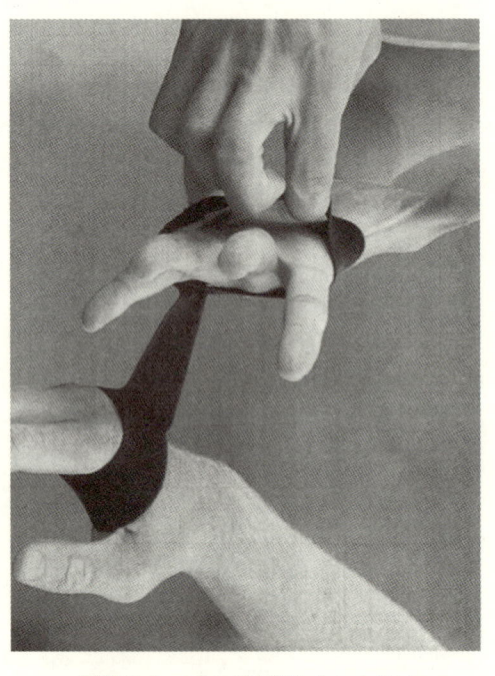

写真11-2　2人の手が離れないように
（陸上競技の短距離走で使用されていたもの）
（財団法人　日本障害者スポーツ協会）

写真11-3　視覚障害者歩行体験（2人1組）

(1) 医療スポーツ

医療スポーツは、各障害に応じて目標が異なる（三田、1995）。

1) 脳血管障害：脳血管障害者は高齢者での発症が多いため、スポーツという考えかたよりレクリエーションとしての運動を中心にすべきである。また、発症後の患者に理学療法とともに比較的早期からかかわり、生活の自立を促す。回復期において体力の維持、向上、応用動作の拡大をはかる。
2) 脳性麻痺：脳性麻痺にはさまざまな運動機能障害がみられるが、多くが脳血管障害と同様な痙性麻痺をもつ。スポーツの目標は、運動の調整力の改善が中心となる。
3) 脊髄損傷：脊髄損傷のスポーツは上肢や体幹の筋力強化や姿勢調節ならびに敏捷性に中心的な目標がおかれる。
4) 神経筋疾患：神経筋疾患を対象とした運動は筋の萎縮を助長するという考えかたがあり、安静を優先させたり、薬物投与の治療が主流であった。今日のリハビリテーション思想およびその技術の進歩は進行性の病態に対して、筋や骨の廃用性変形の阻止、残存する筋の活用、歩行や日常生活動作の自立、合併症の予防をはかるため運動の重要性が認められてきている。

目標別に示した運動種目を表11-1に示す。

表11-1 医療スポーツの目標と種目

目　　標	種　　目
【脳血管障害】	
全身の体力調整	各種体操（ストレッチ、多段階体操）、台の昇降運動
平衡機能の改善	卓球、バドミントン、テニス、ダンス、ボールキック、サイドステップ
協調性、敏捷性の改善	卓球、バドミントン、テニス、ゲートボール、クリケット、バッティング
全身持久力の向上	長距離歩行、スロープ昇降、障害物競歩、自転車こぎ
【脳性麻痺】	
平衡機能の改善	ボールキック、ごろテニス、ごろ卓球、障害物競歩
協調性、敏捷性の改善	ごろ卓球、バドミントン、ゲートボール、輪投げ、棒体操
歩行能力の維持、改善	立位保持、立ち上がり運動、台の昇降運動
各種応用動作の修得	障害物競歩、マット運動、サーキットトレーニング
全身持久力の向上	中距離歩（歩行）、スロープ昇降、ハンドサッカー
心理面へのアプローチ	各種球技（ドッヂボール、ポートボール、簡易ホッケー）
【脊髄損傷】	
全身の体力調整	ストレッチ体操、棒体操、ランニング、立位保持
上肢体幹筋の強化	ウエイトトレーニング、アーチェリー、タイヤバッティング、タイヤ引き
バランス、敏捷性の養成	卓球、バドミントン、車イスバスケット、投てき、キャッチボール
全身持久力の向上	車イスバスケット、水泳、さかあがり、車イススラローム反復
心理面へのアプローチ	各種球技（ドッヂボール、ポートボール、簡易ホッケー）
【神経筋疾患】	
全身の体力調整	ストレッチ体操、棒体操、マットの基本運動
歩行能力の維持	障害物歩行、立ち上がり運動、台の昇降運動
上下肢協調性の獲得	バドミントン、卓球の基本練習、肋木体操
全身持久力の向上	タイヤ引き、マットの応用運動

（三田，1995）

(2) 競技スポーツ

2008年度全国障害者スポーツ大会競技規則の解説によれば、「障害者の競技スポーツは、原則として健常者が行なっているスポーツを、①身体に障害があるためにできないことがある　②身体に障害があるためにスポーツによる事故の心配がある　③さらに身体の障害を憎悪化させるおそれがある　④競技規則が複雑なため理解しにくい。などの理由で、一部競技規則を変更して行っている」と記されてある。したがって、障害者スポーツの競技種目は、各連盟や協会（例、日本陸上競技連盟、日本卓協会など）のルールが基準となっている。

1) 障害区分

競技スポーツは、障害区分がなされており、障害の種類や程度が同様な選手が競技を行えるようになっている。障害区分は肢体不自由（1、2、3）、視覚障害、聴覚・平衡機能障害、音声・言語機能障害、知的障害、内部障害、精神障害に大きく分けられる。なお、肢体不自由1とは、上肢、下肢、上下肢の切断や機能障害、体幹（頚部、胸部、腹部および腰部（脊柱）のみ）に変形がある者。肢体不自由2とは、脊髄損傷などの者。肢体不自由3とは、脳原性麻痺（脳性麻痺、脳血管障害、脳外傷など）の者である。なお、区分についてはいくつかの注意事項があり、障害によっては必ずしもこの通りでない場合がある。わが国の区分は身体障害者手帳を参考とし、形態的分け方が中心となっているのに対し、国際的には、実際に使用する身体機能の障害状況により区分される、機能的なクラス分けが行われている。

2) 競技種目と区分

全国障害者スポーツ大会で実施される競技種目は、陸上競技、水泳、卓球、サウンドテーブルテニス、アーチェリー、フライングディスク、ボウリング、車椅子バスケットボール、知的障害者バスケットボール、グラウンドソフトボール、聴覚障害者バレーボール、知的障害者バレーボール、フットベースボール、サッカー、ソフトボール、精神障害者バレーボールがある。それぞれの競技は、参加の条件が定められている。ここでは、陸上競技の障害区分毎の種目表を示す（表11-2）。

3) パラリンピック種目と国内外で行われている障害者スポーツ種目

2004年のアテネ夏季パラリンピック大会では、アーチェリー、陸上競技、ボッチャ、自転車、馬術、フェンシング、5人制サッカー、7人制サッカー、ゴールボール、柔道、パワーリフティング、ラグビー、セーリング、射撃、水泳、卓球、バレーボール、車椅子テニス、車椅子バスケットボールの19競技が行われている。また、2006年のトリノ冬季パラリンピック大会では、アルペンスキー、ノルディックスキー、アイススレッジホッケー、車椅子カーリングが行われている。

国内外で行われている競技スポーツは、車椅子ビリヤード、車椅子ダンス、バドミントン、ローンボウル、ゴルフ、スキューバダイビングなどである。

主に国内で行われている競技スポーツは、フライングディスク、フットベースボール、視覚ハンディキャップテニス、サウンドテーブルテニス、シンクロナイズドスイミング、車椅子ツインバスケットボール、電動車椅子サッカー、身体障害者野球、グラウンドソフトボールなどがある。

第 11 章 障害者への福祉と運動

表 11-2 陸上競技の障害区分と種目

◎男女別・年齢区分別　△男女混合・年齢なし

区分			No.	障害内容	50m	100m	200m	400m	800m	1500m	スラローム	4×100mリレー	走高跳	立幅跳	走高跳	砲丸投	ソフトボール投	ジャベリックスロー	ビーンバッグ投
肢体不自由	1	上肢	1	手部切断／片前腕切断　片上肢不完全／片上腕切断　片上肢完全		◎						◎		◎	◎	◎	◎	◎	
			2	両前腕切断、片前腕・片上腕切断／両上肢不完全		◎						◎	◎		◎	◎			
			3	両上腕切断　両上肢完全		◎							◎		◎	◎			
		下肢	4	片下腿切断　片下肢不完全	◎									◎		◎	◎	◎	
			5	片大腿切断　片下肢完全	◎									◎		◎	◎	◎	
			6	両下腿切断	◎	◎								◎		◎	◎	◎	
			7	片下腿・片大腿切断／両下肢不完全	◎									◎		◎	◎	◎	
			8	両大腿切断　両下肢完全												◎	◎	◎	
		体幹	9	体幹		◎								◎		◎	◎	◎	
	2	脳原性麻痺以外で車椅子使用	10	第6頚髄まで残存	◎	◎					◎					◎			◎
			11	第7頚髄まで残存		◎	◎		◎	◎	◎					◎			
			12	第8頚髄まで残存			◎	◎			◎					◎	◎		
			13	下肢麻痺で座位バランスなし		◎	◎		◎	◎						◎	◎		
			14	下肢麻痺で座位バランスあり		◎	◎	◎								◎	◎		
			15	その他車椅子												◎	◎		
	3	脳原性麻痺（脳性麻痺、脳血管疾患、脳外傷等）	16	四肢麻痺で車椅子使用	◎						◎					◎			◎
			17	けって移動	◎						◎								◎
			18	上下肢で車椅子使用	◎						◎					◎	◎		
			19	上肢で車椅子使用		◎	◎									◎	◎		
			20	その他走不能												◎	◎		
			21	上肢に不随意運動を伴う走可能		◎	◎		◎					◎		◎	◎		
			22	その他走可能		◎	◎												
	4		23	電動車椅子使用							◎								◎
視覚障害			24	視力0から光覚弁まで	◎	◎	◎		◎					◎		◎	◎	◎	
			25	視力手動弁から0.03まで／視野5度以内	◎	◎	◎		◎					◎		◎	◎	◎	
			26	その他		◎	◎		◎				◎	◎					
聴覚・平衡機能障害、音声・言語・そしゃく機能障害			27	聴覚障害															
知的障害			28	知的障害	◎	◎	◎	◎				△	◎						
内部障害			29	ぼうこう又は直腸機能障害	◎				◎					◎		◎	◎	◎	

※ 4×100mリレーは男女混合とする。

(財団法人　日本障害者スポーツ協会、2008)

その他に卓球とバレーを組み合わせた卓球バレーなど障害者のために工夫されたスポーツが考案され、大会が開催されている。

4） 障害者スポーツのルール

現在、わが国で行われている競技スポーツの中からいくつかのスポーツを紹介する。

① 車椅子バスケットボール

　車椅子バスケットボール連盟（1975年設立）の会員数は2007年1月現在、816（男子746名、女子70名）名で89チームが加盟している。

　車椅子バスケットボールのゲームは10分ピリオドで4回行われる。得点の方法、リングの高さ、コート、ボールの大きさは一般バスケットボールと同じである。1チームは5名により構成されるが、プレーヤーは障害のレベルにより各々の持ち点が異なっており、その合計点数が14点を超えてはならない。使用する車椅子には規格があり、車椅子は体の一部とみなされる。得点はスリーポイントラインより内側であれば2点、外側であれば3点である。フリースローは1点が加算される。フリー・スローまたはスリーポイントシュートの場合、車椅子のキャスターがラインを越えてもよい。また、シュート後であれば車椅子の後輪がラインを越えてもよい。

　a．主たる反則行為

　　a）パーソナルファウル：
　　　(a) プッシング：手、体、車椅子で相手を押すこと。
　　　(b) ハッキング：手でたたくこと。
　　　(c) ホールディング：手や腕で相手の体や車椅子を押さえること。
　　　(d) チャージング：無理な進行により相手の進行を不当に妨げること

　　b）ヴァイオレーション：
　　　(a) トラベリング：プレーヤーがボールを持って車椅子を動かす（プッシュ）は、連続2回までである。3回以上のプッシュは反則である。なお、ピボット動作は1プッシュとみなされる。
　　　(b) その他：シュート時のヒップアップ（脚や手を使用して臀部を完全に浮かす）、バックパス、アウトオブバウンズ、3秒ルール、24秒ルールなど

　　c）テクニカルファウル：
　　　(a) リバウンド、パスカット時のヒップアップなど。

② 車いすテニス

　車いすテニスのルールは2バウンドでの打撃が可である以外、一般のテニスにおけるルールと同じである。また、車いすテニス選手の使用する車椅子は、その前方に車輪が付いており5輪となっている。また、最近では6輪車も開発されている。

　車いすテニスは、障害の程度によりオープン、A、B、C、Dとクラス分けがなされている。また、クァドクラスとして四肢麻痺のクラスが作られている。

　わが国の車いすテニスの競技水準は世界トップクラスである。2003年、2007年ワールド

チームカップ（国別対抗戦）優勝。パラリンピックのアテネ大会（2004）では、日本代表の斉藤悟司と国枝慎吾選手が金メダルを獲得した。国際車いすテニス連盟の最新のランキング（2007年1月）によれば男子の1位に国枝慎吾がランキングされている。一方、日本マスターズ（2007）で、中学1年生の上地結衣が最年少で出場し、準優勝したことで話題となった。

写真11-4　車いすテニスのトーナメント風景

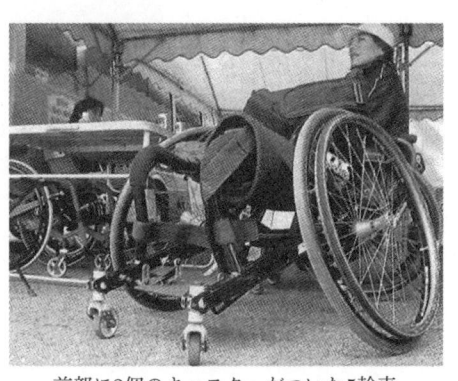

前部に2個のキャスターがついた5輪車
写真11-5　5輪車コートで威力
（西日本新聞、2007年5月）

写真11-6　強力なサービスフォーム

写真11-7　両足切断者のテニス

③　ゴールボール

　ゴールボールは、アイシェード（目隠し）を着用したプレーヤーがゴールボール専用のコート内で鈴入りのボールを転がしあい、相手側のゴールにボールが入った場合、得点となる競技である。1チームのフィールドプレイヤーは3名である。競技時間は、前・後半10分である。コートの大きさはバレーボールコート（長さ18m、幅9m）と同様である。また、コートを区分するライン（5cm）の下には、視覚障害者が触ることで確認できるように太さ3mmの紐が入っている（図11-1）。

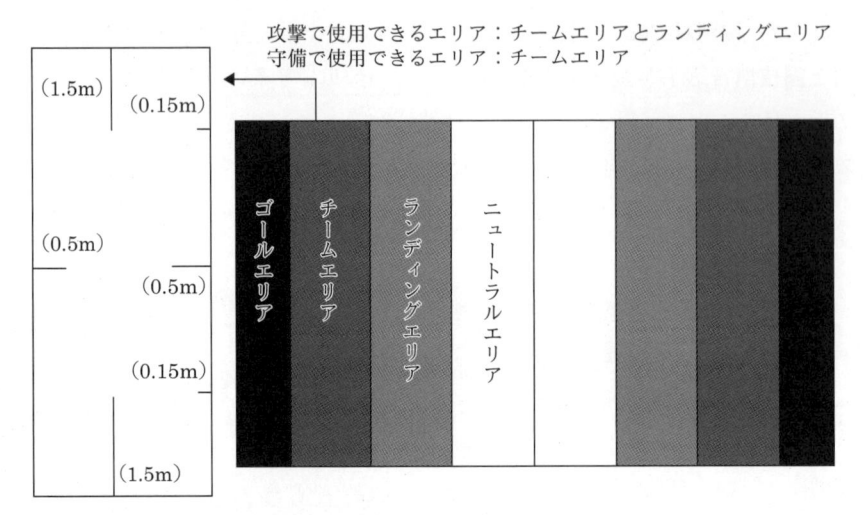

図11-1　ゴールボールのコート図

a. 主たる反則行為
  a) パーソナルペナルティ：
    (a) ハイボール：投げたボールの第1バウンド目がニュートラルエリアに達した場合。
    (b) ロングボール：第1バウンド目がチームエリア、ランディングエリア内に落下したが、ニュートラルエリア内に一度も落下せず相手のランディングエリア、チームエリアに達した場合。
    (c) アイシェード：審判の許可なしにアイシェードに触れた場合。
    (d) サードタイムスロー：1人の競技者が連続2回まで投球できるが、3回以上続けて投球した場合。
    (e) イリーガル ディフェンス：チームエリア内でディフェンスを行なった場合。
    (f) パーソナル ディレイ オブ ゲーム：他者から指示を受けた場合など。
  b) チームペナルティー：
    (a) 10セカンズ：投球されたボールに守備側が触れてから10秒以内に相手側に返球しなかった場合。
    (b) イリーガル コーチング：定められた時以外にプレーヤーに指示を出した場合
  c) ペナルティースロー
    上記のペナルティーを犯した場合は、ペナルティースローとなる。ペナルティースロー時、守備は1名となる。攻撃側の代表者1名が自陣よりゴールを狙い投球する。
  d) その他
    下記の場合は相手チームにボール所有権を移す。
    (a) デッドボール：投球されたボールが相手プレイヤーに触れることなく、チームエリアで止まった場合。
    (b) パスアウト：ゲーム中に味方にパスしたボールがコート外に出た場合など。

写真11-8　ゴールボール
（財団法人　日本障害者スポーツ協会）

写真11-9　視覚障害者サッカー（ブラインドサッカー）
（財団法人　日本障害者スポーツ協会）

参考・引用文献
1)　(財) 日本障害者スポーツ協会編 (2004)：障害者スポーツの手引き (第2次改定)，ぎょうせい．
2)　(財) 日本障害者スポーツ協会ホームページ (http://www.jsad.or.jp/).
3)　三田勝巳 (1995)：障害者とスポーツ，スポーツ療法の新知識 (佐藤裕造編)，増刊，からだの科学．
4)　福岡市障がい者スポーツ・レクリエーション振興会 (2005)：平成17年度福岡市障害者スポーツ指導員養成研修会資料．
5)　日本車椅子バスケットボール連盟ホームページ (http://www.jwbf.gr.jp/).
6)　日本車いすテニス協会ホームページ (http://www.tennis-japan.com/jwta/).
7)　日本ゴールボール協会オフィシャルサイト (http://www5f.biglobe.ne.jp/~JGBA/).
8)　(財) 日本障害者スポーツ協会編 (2008)：全国障害者スポーツ大会競技規則集 (平成20年度版)．
9)　(財) 日本障害者スポーツ協会編 (2006)：全国障害者スポーツ大会競技規則の解説．

（山崎先也）

3. 障害者への運動・スポーツ指導の注意点

(1) 障害者スポーツでの怪我、事故

　大阪市長居障害者スポーツセンターや東京都多摩障害者スポーツセンターにおける事故や応急処置の件数を調査した研究によれば、擦過傷、打撲、捻挫、骨折、筋肉痛などが上位を占めているが、内臓損傷などの重篤な事故も起きている（伊佐地、1996、東京都多摩障害者スポーツ年報、1996）。東京都障害者スポーツセンターにおける医療機関搬送件数は平成5年の1年間で7件報告されている（伊佐地、1996）。

(2) 障害者スポーツの可否について

　障害者スポーツは、医療機関による原障害の治療が終了し、家庭や施設において社会復帰した者について、原障害の評価、スポーツ活動と種目の適応判定およびメディカルチェックを行い、問題がない場合のみ可能となる。

（3）障害別注意事項

原障害別注意事項を以下に示す（大久保、2004）。

1) 切断：対策は断端の保護に尽きる。断端の観察と共に、義肢の適合性に問題がないかを評価する。下肢の場合は、健常肢に対する過負荷にも注意しなければならない。
2) 脊髄損傷：不随意のけいれんの発作により外傷を生じる危険性がある場合は、固定ベルトの装着などを勧める。また、以外に多いのが褥瘡（床ずれ）である。発生していても消毒を自ら行い、放置の場合も少なくない。褥創は、予防対策が重要であり、また発生した場合には医療機関における速やかな処置が要求される。さらには膀胱炎などの尿路感染の有無も確認しておく。
3) 片麻痺（脳血管障害）：麻痺の程度以外に、基礎疾患として高血圧に注意する。
4) 脳性麻痺：どのような麻痺の形態かを確認しておくと共に、不随意運動による不測の事態を想定し、予め注意を喚起しておく。また、知的障害、言語障害、難聴、てんかん発作の有無など合併症について確認しておかなければならない。
5) その他の障害：変形関節炎や関節拘縮などの関節障害では、どのような原因で発生したのか、現在、症状はないかどうかを確認しておかねばならない。

（4）障害者スポーツ指導上の留意点

藤原（2004）は、障害者スポーツ指導上の留意事項として13項目を挙げている。

1) スポーツする目的を明確にとらえておくこと：健康や友人との交流を目的とする以外に障害を軽くしたいとの理由から医療の手段としてスポーツに親しもうとする者も少なくない。
2) 医師との連携を勧めること：障害をスポーツ活動により悪化させないために、計画的、定期的に医師の診察を受ける。
3) 安全に留意すること：例えば、転倒時の障害予防としてヘッドギアを着用させるなど、傷害そのものや傷害により起こしやすい怪我に対する配慮が必要。
4) 施設、用具やルールを工夫すること：障害により運動が困難な場合、運動が可能となるようルールや用具を変更する。健常者が行う競技ルールに近づける必要はない。
5) 運動量に留意すること：外見的には動きが少なくても薬の服用や筋の緊張などにより疲労が激しいことがある。
6) 継続しようとする意欲を喚起すること：他人との比較を避け、上達していくことの自覚、仲間が増えていく喜びや運動後の爽快感の体験により自信を取り戻し、運動継続意欲を喚起することが大切。
7) フォームにこだわりすぎないこと：身体に障害がある者ではリラックスした状態を崩さない動きの獲得をめざすべきである。
8) 協調性を育てること：障害が理由ではなく、集団の社会経験が少ないため協調性に欠けることがある。集団の質と量を考慮し社会的な経験をつむことで協調性を育む。
9) 障害を受けていることを自覚させること：指導者が健常者の場合、指導上の必要な内容

は冷静に判断し、毅然とした態度で接するべきである。障害を受けているため、気力や根性で克服しようとする気持ちの強い者が見受けられる。

10) 視覚障害者：(1) 正確な言葉を使用する。例えば発音が同じ言葉に関しては、正確な言葉を統一して使用する。(2) 誘導物を利用する。(3) 障害を受けた時期や状況を調査する。失明前の記憶がある者とない者では指導がまったく異なることも少なくない。

11) 聴覚障害者：(1) 意思の伝達を正確に行い、確認作業後に行動を起こす。(2) 音声を視覚に訴える工夫をすること。模範を示すなど視覚を通した指導を中心に行う。また、ゲーム中の審判の笛などは対戦相手の協力が必要となる。

12) 知的障害者：(1) 綿密な個別指導と共にグループ指導に注意すること。(2) 言葉は具体的に簡潔に使用し、視覚（絵や写真）も利用し理解させる。

13) 精神障害者：(1) 一人ひとりの障害の現状を十分理解すること。(2) 個性を活かしたきめ細やかな指導を行うこと。

参考・引用文献
1) （財）日本障害者スポーツ協会編（2004）：障害者スポーツ指導の手引（第2次改訂版），ぎょうせい．

（山崎先也）

第12章

軽度の疾病者への福祉と運動

1. 運動療法

(1) 運動療法とは

　現在、運動療法は、健康増進、心臓血管系リハ、代謝性疾患、骨関節疾患、発達障害リハ、脳卒中リハ、心理療法などで用いられている。近年、わが国では高血圧や2型糖尿病などの生活習慣病に罹患している者の増加による医療費の増大が著しいことから、生活習慣病患者を対象とした運動療法が注目されている。特に、1996年より健康保険法の改正により運動療法指導管理料（高血圧）が制定され、2000年には運動療法指導管理料が糖尿病や高脂血症に対しても適用されるようになった。進藤（2000）によれば、運動療法とは、広義には"有疾患者を対象とした治療行為"と定義している。また、天児（1968）は、運動療法と理学療法を区別して"運動療法は色々な電気機器などを使用する理学療法を異なり患者が自分の意思で四肢を動かし残存する機能を高め損なわれた機能の回復を計ろうとするものである"と定義している。なお、運動療法指導管理料とされていた老人以外の慢性疾患指導の項目が名称と一部内容を変え、現在では生活習慣病管理料に含まれるようになった。

(2) 近年の運動処方の考え方

　運動療法には、効果的で安全な運動強度、時間、頻度の設定が必要である。しかし、いかに効果的な運動プログラムを作成しても運動を止めてしまえばまったく意味がなくなってしまう。過去の運動処方（特に一次予防）では、比較的に高強度の運動を定期的に行うことが推奨されてきた。しかし、近年では比較的低い運動強度でも生活習慣病予防効果が得られることが明らかとなり、運動の実行可能性と有効性の2つの観点から日常身体活動量を増加させることが強調されつつある。パッフェンバーガー、ジュニア（Paffenbarger, Jr.）教授は、著書の中で、効果のある目標となる運動量（約2,000kcal/wk）をライフフィット（LIFEFIT）のゴールとしている（図12-1）。図中では、3,500kcal/wkが最も効果が高い傾向にあるが、このレベルで意味ある結果を得るためには被検者数が少ないと述べている。実際的に考えて多くの者が2,000kcalで効果が得られているわけである。

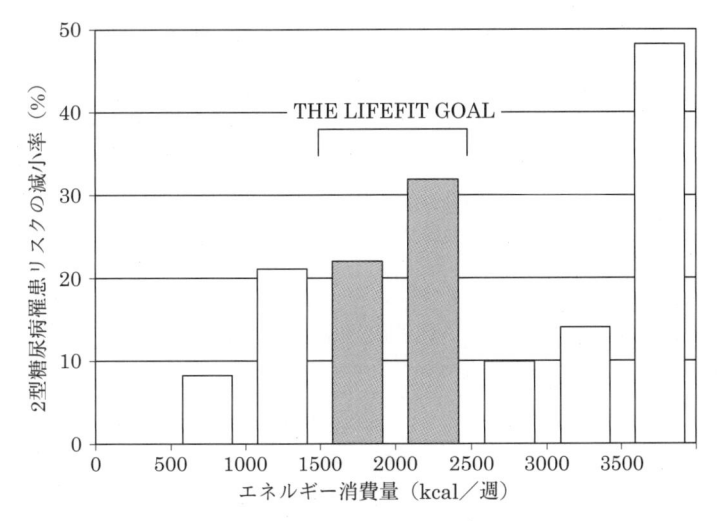

図12-1 歩行、階段昇り、スポーツ活動によるエネルギー消費量と
2型糖尿病罹患リスクの関係
（Paffenbarger, Jr, 1996より作図）

参考・引用文献
1) 進藤宗洋・音成道彦（2000）：わが国における運動療法，身体活動と生活習慣病，日本臨床，増刊号，216-220頁．
2) 勝村俊二ほか（2006）：身体活動に伴う有益性とリスク，運動処方の指針，第7版，南江堂．

（山崎先也）

2. 心臓疾患

(1) 心臓疾患とは

　平成17年度の死亡順位のワースト3は悪性新生物が約32万5,000人（30.1%）、心臓疾患が約17万3,000人（16.0%）、脳血管疾患が約13万3,000人（12.3%）であり、心蔵疾患は第2位を占めている。心臓疾患は心臓の筋肉が代謝に必要なだけの血液を受け取ることができないために、酸素不足に陥り、心臓の筋肉に虚血が生じ心臓の機能が障害される疾患で、多くは冠状動脈の動脈硬化が原因になっている（図12-2）。

　狭心症は、血管が少し詰まり始めで心筋に虚血が生じ、胸痛などの虚血症状を訴える時につけられる病名である。心筋に虚血が発生しても壊死が生じない時を狭心症と言う。逆に、心筋梗塞は、血管が詰まり、心筋に虚血が発生して壊死が生じた時を言う。心筋梗塞は、狭心症に比べ激しい痛みで始まり、胸骨裏面の強い圧迫感や絞扼感などを訴え、動けなくなることがある。

(2) 虚血性心疾患の治療法
治療法には内科的治療、血行再建術、日常生活管理が行われている。
① 内科的治療…薬物療法。

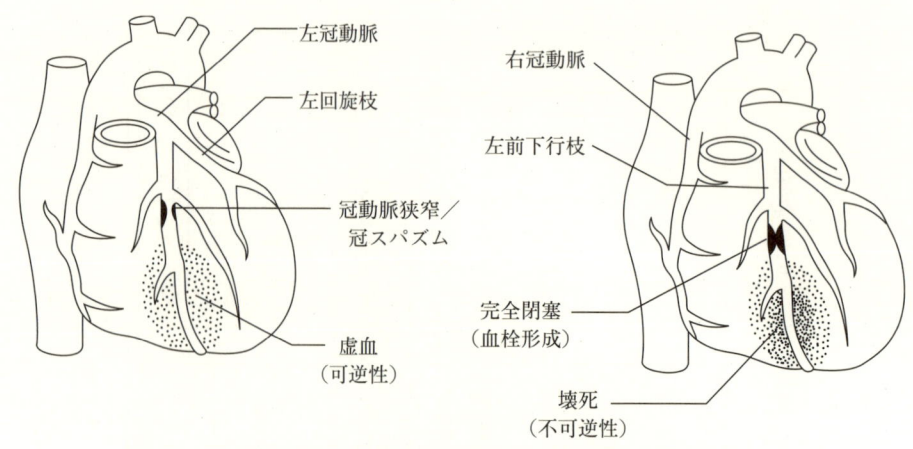

図12-2　狭心症（左図）と心筋梗塞（右図）の冠状動脈の詰まり具合の違い
（健康運動指導士養成講習会テキストより）

② 血行再建術…血栓溶解法、カテーテル治療として狭窄部を拡張する方法と削り取る方法、冠動脈バイパス術などがある。
③ 日常生活管理…食事療法、運動療法、薬物療法。

（3）運動療法

虚血性心疾患の運動プログラムは、体調チェック、ウォームアップ（準備運動）、持久性運動、レクリエーションなどの追加運動、クーリングダウン（整理運動）の順に行う。特に持久性運動は歩行・ジョギング、サイクリング、水泳などが該当し、そのほかテニスやラケットボールなどの球技も良いが、いずれも競争は避け、楽しむ程度の強度にとどめる。近年、「心臓リハビリテーション」として運動が指導されている。

運動強度の決め方は、いろいろな方法があり、次のような方法が推奨されている。
① 最大心拍数（220－年齢あるいは実測値）の50～70％
② 最大酸素摂取量の40～60％
③ Karvonenの目標心拍数…［最高心拍数（220－年齢）－安静時の心拍数］×運動強度（0.5～0.8）＋安静時の心拍数
④ 嫌気性代謝閾値（乳酸閾値AT）
⑤ Borgの主観的運動強度（巻末資料5を参照）の12～14（13＝ややきつい、運動強度55、ATに相当する）

持続時間は、1回20～60分を、週3～5回行う。運動の持続時間は運動強度と関連しており、中等度の運動強度なら30分以上、激しい運動ならば運動時間は短くなるが、最低20分は必要である。

運動の種類は、歩行、水泳、水中ウォーキング、自転車運動などの有酸素運動が推奨されている。なお、近年、筋力トレーニングの有効性も報告されている。

(4) 心疾患患者に対する運動時の一般的注意

① 気分のよい時にのみ運動する　② 食後すぐに激しい運動をしない
③ 天候に合わせて運動する　　　④ 適切な服装と靴を着用する
⑤ 自分の限界を把握する　　　　⑥ 適切な運動を考慮する
⑦ 自覚症状に注意する

参考・引用文献
1) 財団法人健康・体力づくり事業財団（2007）：健康運動指導士養成講習会テキスト（上）および（下）.

（徳永幹雄）

3. 軽度の高血圧

(1) 高血圧とは

高血圧は「血圧が高い」ことであり、2004年の日本高血圧学会の治療ガイドラインでは収縮期血圧が140mmHg以上または拡張期血圧90mmHg以上を高血圧と定義している。日本高血圧学会による成人の血圧値の分類は、図12-3のとおりである。

平成17年の国民健康・栄養調査の結果によると、収縮期血圧140mmHg以上または拡張期血圧90mmHg以上または降圧剤を服用している者は、40歳以上男女で54.9％である。わが国の40歳以上の約半数が高血圧症であり、その予備軍も15.8％おり、国民の約7割が関係する疾病である。

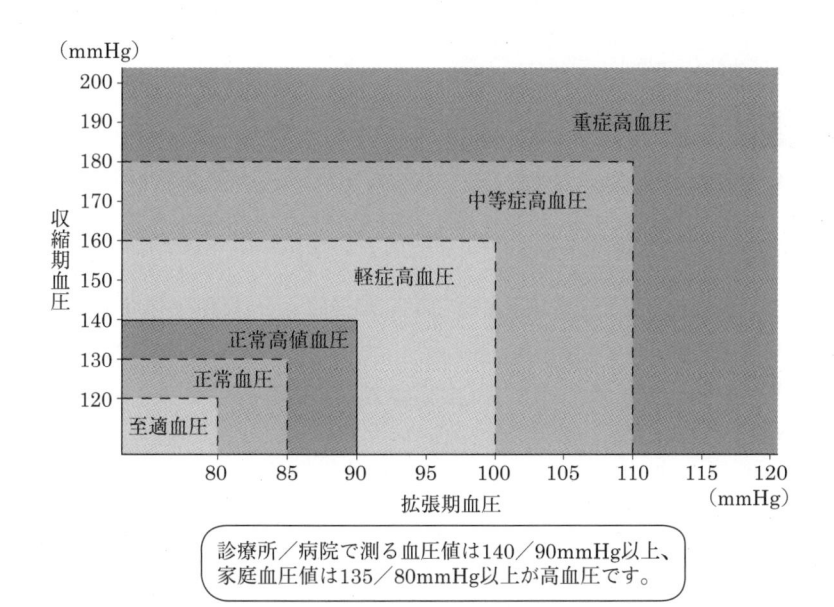

診療所／病院で測る血圧値は140／90mmHg以上、
家庭血圧値は135／80mmHg以上が高血圧です。

図12-3　収縮期血圧と拡張期血圧による高血圧の診断と分類
（高血圧治療ガイドライン．日本高血圧学会より）

（2） 血圧の測定

血圧測定はカフを心臓の高さに保ち、少なくとも5分以上の安静の安静座位で行う。1～2分間の間隔で数回測定し、安定した値を示した2回の平均値を血圧値とする。血圧値は測定条件で変動するので、少なくとも2回以上の異なる機会に測定する。

（3） 高血圧症による疾病

高血圧を放置しておくと、脳、心臓、腎臓などに重要な障害が発生する。
① 高血圧に基づくもの…心臓肥大、心臓不全、腎臓不全、脳出血、網膜の浮腫、出血など。
② 粥状動脈硬化に基づくもの…脳梗塞、狭心症、心筋梗塞など。

以上のように、高血圧は脳血管疾患、虚血性心疾患、心不全、突然死、腎不全、末梢動脈疾患などの危険性を数倍高めることになる。また、高血圧に加えて他の危険因子（特に糖尿病など）や臓器障害があれば、心臓血管病の発生は、さらに増加する。

（4） 高血圧症の治療と予防

日本高血圧学会の高血圧治療ガイドラインによると、第1段階として生活習慣の修正、第2段階として、降圧薬治療があげられている。

写真12-1 軽症高血圧者のテニス教室

（1） 生活習慣の修正
① 食塩摂取量の制限…食塩摂取量を1日6g以下に制限する。
② 野菜や果物の摂取の促進…コレステロールや飽和脂肪酸の摂取を控える。
③ 適正体重の維持…BMIが25を超えない。また、標準体重の115％以内を目標にする。
④ アルコール摂取量の制限…1日30 ml以内（ビール大瓶1本または日本酒1合まで）に制限する。
⑤ 運動・身体活動量の増加…有酸素運動を毎日30分以上を目標にして定期的に行う。
⑥ 禁煙、などである。
（2） 降圧薬治療…Ca拮抗薬、ARB、ACE阻害薬、利尿薬、β遮断薬、α遮断薬などが症状に応じて処方されている。

（5） 高血圧と運動

軽症高血圧では数か月の運動により降圧が得られることが示されている。中等度の運動（心拍数100／分程度）を1日60分、週3日あるいは1日30分週6日行うことが奨められている。運動の種類としては、歩行、ジョギング、水泳、サイクリング、その他のレクリエーションスポー

ツ、レジャースポーツや自転車エルゴメーターなどの有酸素運動で、「息こらえ」がない運動を行うことが推奨されている。主観的には「ややきつい」と感じるくらいの強度で良い。最初は軽く、ゆっくりと行い、血圧測定と運動を繰り返し行いながら、適切な運動強度と運動種類を決めていくと良い。なお、身体的効果と共に、リラックスするなどの心理的効果も大きい。

参考・引用文献
1) 竹中晃二編（1998）：健康スポーツの心理学，大修館書店．
2) 財団法人健康・体力づくり事業財団（2007）：健康運動指導士養成講習会テキスト（上）および（下）．
3) 徳永幹雄・川崎晃一ほか（1987-1989）：軽症高血圧者に対する健康処方の適用と効果に対する研究 - 3ヶ月間の運動教室およびテニス教室（第1～3報），健康科学，第9～11巻．

（徳永幹雄）

4. 軽度の糖尿病

（1） 糖尿病とは

　糖尿病は「インスリンの作用が十分でないため、ブドウ糖が有効に使われずに、血糖値が普通より高くなっている状態」である。糖尿病自体の死因順位は第11位（平成16年）である。しかし、糖尿病や軽度の糖尿病でも長く放置すると重篤な合併症を引き起こすので怖い。

　2002年の厚生労働省の調査によれば、20歳以上で「糖尿病が強く疑われる人」は約740万人、これに「糖尿病の可能性を否定できない人」を加えると、約1,620万人にのぼり、第2の国民病とも言われている。2020年には糖尿病患者は1,400万人を超えると予想され、対策が急務な病気である。

　さて、インスリンはすい臓のランゲルハウス島のB細胞から分泌されるホルモンで、生まれつきすい臓でインスリンが作られない「1型糖尿病（インスリン依存性糖尿病）」と、分泌されたインスリンが十分に働かなかったり（インスリン感受性、あるいは抵抗性と言う）、分泌量が少ない「2型糖尿病（インスリン非依存性糖尿病）」がある。わが国の糖尿病の90%は「2型糖尿病」である。

　両親が1型だと、子どもの発症率は3～5%、両親が2型だと子どもの発症率は30～35%といわれ、糖尿病でない親の約3倍となり、遺伝性がある。

（2） 糖尿病の判定法
1） 自覚症状
自覚症状は「三多一少」と言われ、以下のような症状がある。
① 口渇・多飲…のどが渇くため、水分をたくさんとる。
② 多尿…尿に糖が出ると同時に水分も一緒に出るため、尿の量が多くなる。
③ 多食…空腹感が強くなり、沢山食べる。

④ 体重減少…食べているのに体重が減少する。
2） 尿糖検査

血糖値がある濃度（160〜180mg/dl）を超えると尿に糖が出る。そこで、尿糖が最も出やすい食後2時間後の尿や食事前の空腹時の尿糖検査をして糖尿病を推測する。第1に早朝空腹時に尿糖が陰性、第2に昼食前、夕食前も陰性、そして第3に食後2時間も陰性であることが望ましい。方法は尿糖検査試験紙を尿に30秒ほど浸し、色調を調べればよい。

3） 血糖検査・ブドウ糖検査・HbA₁C

正確に検査するには、「高血糖状態」が続いているかを調べなければならない。そこで、食事前の空腹時や食後2時間の血糖値を採取して調べる（図12-4）。また、経口ブドウ糖負荷試験検査で30分後、1時間後、2時間後の血糖を調べる。その結果、いずれの方法でも「正常型」「境界型」「糖尿病型」に分類することができる。HbA₁Cは1〜2か月前の血糖の状態を知ることができる（表12-1）。

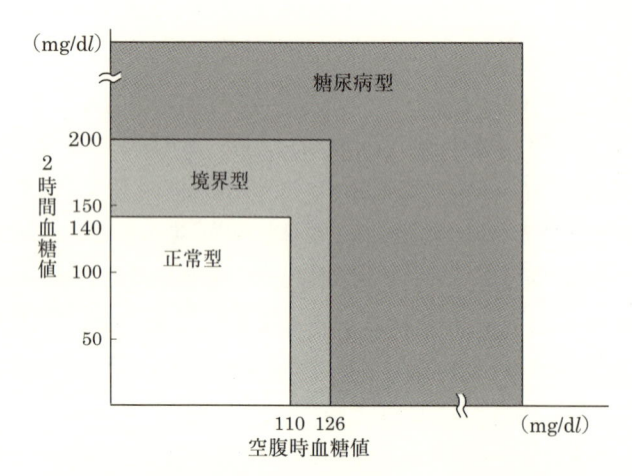

図12-4 空腹時と食後2時間の血糖値による糖尿病の判定
（糖尿病治療の手引きより）

（3） 糖尿病の合併症

糖尿病は'Silent killer'と言われるように、病状が進行しても自覚症状が少ないのが特徴である。合併症は「細かい血管」に現れる病気と「太い血管」に現れる病気に分けることができる。

① 細かい血管の病気…糖尿病網膜症（視力障害を起こし、進行すると失明）。糖尿病腎症（腎臓の機能が悪化し、腎不全となり透析や腎移植が必要）。糖尿病神経障害（手足の感覚・運動の障害の末梢神経障害と胃のもたれ、がんこな便秘、下痢、立ちくらみなどの自律神経障害）。

② 太い血管の病気…動脈硬化による脳卒中、心筋梗塞、糖尿病足病変（足の血管の動脈硬化。足やふくらはぎが痛くなり歩けなくなる。進行すると糖尿病壊疽になる）。

（4） 食事療法

食事は摂取エネルギー量が多すぎないようにして、しかも、バランスの良い栄養素をとれば良い。1日の総エネルギーは、標準体重（kg）＝［身長（m）×身長（m）］×22で計算し、それに身体活動量・標準体重1kgあたりエネルギー量（軽い＝25〜30、中等度＝30〜35、重い＝35〜40kcal、巻末資料1を参照）をかければ良い。例えば、標準体重が60kgで身体活動量が中等度であれば、60×30＝1,800kcalとなる。バランスは総エネルギー量の55〜60％を炭水化物、15〜20％をたんぱく質、25％以下を脂肪にするのが目安となる。

（5） 運動療法

食後に血糖量が増加するので、食後30分以後に30〜60分の運動をすると、筋肉でブドウ糖や脂肪の利用が増加するため、食後の血糖上昇が改善される。また、運動を続ければ、インスリンの働き（感受性、あるいは抵抗性）がよくなって血糖が筋肉に取り込まれるので、血糖のコントロールがよくなる。

運動の強さは、中等度かそれ以下であればよい。中等度の強さとは、成人では脈拍が1分間に120拍くらい、60〜70歳では100拍くらいを目安にする。感覚的には「ややきつい」感じで、「他人とおしゃべりしながら続けられる程度の運動」である。そして、中等度の強さの運動を、1回30〜60分、週3〜5日以上行う。運動療法の効果は、3日経つと小さくなり、1週間ではほとんどなくなる。少なくとも週に2日は行う。歩行なら1日1万歩以上。1日の摂取エネルギーの10分の1以上を運動で消費することを目標にする。

ただ、運動で消費できるエネルギー量［自分の体重（kg）×各運度のエネルギー消費量×時間（分）、で計算できる）］は意外に少ない。一方、運動によるリラックス、不安解消、気分転換などの心理的効果は運動の効果としても重要である。

運動療法は食事療法と組み合わせるのが有効であり、その結果、表12-1の血糖コントロール状態が「優」や「良」になるように努力しなければならない。

表 12-1　血糖コントロール状態の判定と対策

判定		HbA$_{1c}$値(%)	血糖値 空腹時	血糖値 食後2時間	対策
優		5.8 未満	80〜110 未満	80〜140 未満	これを維持する（特に妊娠中）
良		5.8〜6.5 未満	110〜130 未満	140〜180 未満	できれば［優］を目指す
可	（不十分）	6.5〜7.0 未満	130〜160 未満	180〜220 未満	治療法の変更は必要ないが、治療の徹底により［良］以上の判定になることが必要
	（不良）	7.0〜8.0 未満			
不可		8.0 以上	160 以上	220 以上	治療法の変更が必要

（糖尿病治療の手引きより）

（6）　薬物療法と低血糖

食事療法や運動療法を2～4か月続けても、血糖のコントロールができない時は、内服薬（経口血糖効果薬）やインスリン注射による治療が必要となる。

このような薬物療法をしていると、低血糖症状（手のふるえ、動悸、冷汗、異常な空腹感など）や糖尿病昏睡がおきることがある。運動中や運動後に低血糖になることがあるので、ブドウ糖や補食の準備が必要である。

参考・引用文献
1)　日本糖尿病学会編（2006）：糖尿病治療の手引き，日本糖尿病協会・南江堂.
2)　日本糖尿病学会編（2007）：糖尿病食事療法のための食品交換表，第6版，日本糖尿病協会・文光堂.
3)　財団法人健康・体力づくり事業財団（2007）：健康運動指導士養成講習会テキスト（上）および（下）.

（徳永幹雄）

5.　精神的障害

（1）　精神的障害への運動療法の適用

何かの精神的障害を有する人びとの人権を尊重し、運動や軽度のスポーツを楽しみ、ストレス解消・気分転換をはかり、こころの安定を促進することは、健やかで心豊かな生活を送る上で大切なことである。3章の2「運動・スポーツで養われる心理的効果」で紹介したように、運動による気分の変化や心理的・社会的効果、さらには身体的効果を利用して、精神的に軽い障害のある人びとに対しても運動療法は古くから行われてきた。筆者らも保養院、少年院、少女苑、身体障害者施設などで運動療法（藤本・徳永ほか）を実施した経緯がある。

ここでは、近年、特に問題にされている統合失調症、不安症、うつ症について、研究が進んでいる米国の研究成果を紹介する。

（2）　統合失調症

精神分裂病（改名前）は、「主として思春期に発病し、幻覚、妄想、させられ（作為）体験などの異常体験を訴えながら慢性に経過し、放置すると特有な人格障害をきたし、荒廃状態に至る。薬物療法、電気ショック療法、精神療法、生活療法（作業療法、社会復帰療法）が行われている」。この疾患は、妄想などの思考障害、会話の障害、対人機能の障害、不適切な行動や情動反応を特徴としている。一般的には、抗精神病性薬物による治療が行われている。

米国のプランテ（Plante, 1993）は、「これまでの研究結果から、運動は精神病性症状に関連した思考障害より、感情や自尊心の因子に対して効いていることが示唆される」と述べている。また、フォルクナーとビドルFaulkner and Biddle、1999は、「統合失調症患者に対する運動の心理的恩恵に関して（中略）、これまでの研究からは安定した結論が得られていない。しかし、運動は統合失調症の陰性症状の緩和および陽性症状に対する対処方略として効果があるものと考えら

れる」。概して、運動は統合失調症における特定の徴候を改善する可能性がある、と報告している。

実際には、集団での指導は難しく、また効果の評価も難しい。劇的な効果は望めないとしても、軽度の身体運動を定期的に継続することによって、日常の生活習慣、人間関係、感情の安定などの改善に寄与するため、レクリエーション療法として活用されている。

(3) 不安症

不安は現実的不安（正常不安とも呼ばれ現実の危険に対する恐れ）、神経症的不安（抑圧された内的危険に対する自我の防衛の合図）、道徳的不安（良心の恐怖-たとえば罪悪感）の3つに分類されている。そして、不安障害には、パニック障害、特定の恐怖症、強迫性障害、外傷後ストレス障害、全般性不安障害などがある。ビドルとムツリ（Biddle, S. J. H. & Mutri, N., 1995）は、多くの研究を要約して、以下のようにコメントしている。

① メタ分析の結果は、運動が、有意で小～中程度の不安低減と関連することを示唆している
② 運動の不安低減効果は、一過性および定期的に長期間行う運動、状態および特性不安、不安の生理心理的指標、および性と年齢の異なる集団においてもあてはまる
③ 有酸素運動または非有酸素運動における効果の差に関する確証は明確ではない
④ 実験研究は、主に中等度の強度の運動中において、また中等度と高強度の両方の運動後において、運動の不安低減効果を実証している
⑤ 大規模な疫学的調査は、運動の不安低減効果を実証している
⑥ 有酸素性体力が高い人たちにおいて、心理社会的ストレッサーに対する生理反応は低減するかもしれない

また、不安やうつ症と運動の関係の研究者のモーガンほか（Morgan, W. P., 1999）は、多くの研究から「有酸素運動は、状態および特性不安の改善に関連すると考えられている。状態不安に対する一過性の効果は、有酸素活動に限られ、緩やかな運動および激しい運動後に認められる」「これまでの研究の中で最も重要な結果は、臨床的な不安障害の患者における身体活動の効果であろう。身体的な障害がなければ、不安障害の患者もパニックの危険なしに激しい最大限の運動ができることを示している。医学的に不安障害と診断されている者も、軽い運動プログラムを行うことにより心理的効果が得られ、この種の運動に十分耐えることができる」と要約している。

われわれは「運動をすることによって不安なことを忘れる」ために、運動を行うことがある。運動が不安の低減に効果的があることは体験的には推測できるが、その効果を研究として、実証していくことは難しい。多くの研究の積み重ねで、治療としての運動・スポーツの効果が検証されることを期待したい。

(4) 抑うつ症

うつ病は「基本症状は生命的悲哀と生命的抑止であり、そのほか離人、不安、絶望などの精神症状と、自律神経・内分泌障害を中心とする身体症状によって病状がいろどられる。精神症状は感情障害、思考障害、意欲・行為障害に分けられる」。そして、うつ病の症状として、強いうつ気

分、興味や喜びの喪失、食欲障害、睡眠の障害、精神運動の障害（制止または焦燥）、疲れやすさ・気力の減退、強い罪責感、思考力や集中力の低下、死への思いなどがあげられている。

ビドルとムツリ（Biddle S. J. H. & Mutri, N., 1995）は、運動と抑うつに関して、以下のことを要約している。

① メタ分析の結果は、運動が、抑うつを有意かつ中程度に低減させることを示唆している
② このことは、一過性運動および定期的に長時間行う運動においてあてはまり、運動の様式および性や年齢の多様な集団において異なる
③ 実験的研究は、運動の抑うつ低減効果を実証している
④ 大規模な疫学的調査は、活動的なライフスタイルが、低い抑うつ水準と関連するという考え方を実証している

また、米国のメンタルヘルス国立研究所は、以下の3つのコンセンサス・ステートメントを取り上げている。

① 不安やうつは精神的ストレスへの対処失敗に伴って生じる一般的な症候であり、運動は軽度から中等度のうつ、不安のレベルを低減させる
② 重度のうつには、薬物治療や電気けいれん療法、補助的に運動を行う心理療法など、専門治療を要する
③ 身体的に健康であるが、向精神薬による薬物治療が必要な人に対しては、厳しい医学的管理のもと、運動に加えて薬物治療を少しずつ進めていけば、運動を安全に行うことができる

さらに、運動と抗うつ効果を数多く研究しているモーガンら（Morgan, W. P., 1999）は、臨床的なうつ病患者では、有酸素運動は治療を行わないより優れているが、他の療法との間には有意な差はなさそうである。有酸素運動も無酸素運動も抑うつの治療には同じくらいの効果があると見てよい。この結果は、単極性うつ病（抑うつと躁状態のどちらか一方の状態に固定している）の軽症から中等度のものに限られる。しかも、患者が運動の価値を理解しておれば、有益な治療法となる。つまり、運動はこれらの患者に限り、従来の治療法の代わりとして、あるいは補助として使用できるだろう、と述べている。

「運動が気分転換になり、運動後に気分がすっきりする」メカニズムの解明が、運動と抑うつの低減効果を説明できることになるのであろう。すでに述べたように（63頁）、セロトニン仮説は運動と抑うつを説明できる代表的な仮説である。

このほか、アルコール依存症、薬物リハビリテーション、認知機能、更年期障害、心身症など多くの軽い疾病に対して、運動プログラムは有効に貢献することが推測でき、活用が期待される。

参考・引用文献

1) 藤本実雄・徳永幹雄ほか（1963，1964）：精神病患者に対する運動療法についての実験報告（第1，2報），九州大学体育学研究，第3巻第1，2号．
2) 藤本実雄・徳永幹雄ほか（1964，1965，1966）：非行少年に対する体育セラピーの実験報告（第1報），九州大学体育学研究，第3巻第2，3，4号．
3) 小林利信編（1981）：教育臨床心理学事典，北大路書房．
4) ウイリアム・P.・モーガン編（1999）：竹中晃二・征矢英昭監訳，身体活動とメンタルヘルス，大修館書店．
5) 下中直人（2001）：心理学事典，初版第14刷，平凡社．
6) スチュワートJ.H.ビドル，ナネット・ムツリ（2005）：竹中晃二・橋本公雄監訳，身体活動の健康心理学，大修館書店．

（徳永幹雄）

6. 軽度の疾病者に対する運動・スポーツ指導の注意点

　角南たち（2000）は運動療法の基本条件として①安全であること　②効果的であること　③継続が可能であることをあげている。運動療法は、医師によるメディカルチェック（運動負荷試験を含む）や疾患の程度、体力を十分に把握し、安全限界を必ず確保しなければならない。特に、心筋梗塞患者や冠動脈バイパス手術、PTCA後の狭心症患者など、疾患によっては医師もしくは訓練された運動指導の専門家による監視型の運動療法が必要である。また、処方する者は定期的に運動負荷試験を行い、運動条件（運動強度など）を調整しなければならない。さらに、運動実施日の体調や気温、湿度など環境要因に注意する。運動効果の確認や処方時の運動強度の客観的指標には、心拍数を用いる場合が多い。近年では、心拍数の測定が可能な屋内型の自転車エルゴメーターやトレッドミルが普及している。一方、屋外でのジョギング、ランニングなどでは処方された運動強度で運動を実施することが困難であること、実施者が好む運動強度が処方された強度よりも比較的高強度となることから注意が必要である。屋外でも簡便に心拍数が測定できる装置が開発されているが、その普及率は未だ低いようである。また、運動効果を得るためには、その継続性が非常に重要である。永島たち（1994）は、運動療法継続の条件を下記のように示している（表12-2）。

表12-2　運動療法継続の条件

運動処方者	運動実施者
動機付けの重要性を理解し、高める工夫を行う	運動の目的、目標を明確にする
疾患の危険因子につきわかりやすく説明する	自分のための処方であることを自覚する
健康のための運動の基本条件（安全、有効、楽しみ）を知る	運動の有用性について理解する
処方は実施者と共同して決める	処方を自分にフィットするように試行錯誤する
運動の結果をわかりやすく提示する	運動の結果に興味を持ち、処方者と話し合う

（永島、1994）

なお、有疾患者の使用している薬物の種類や薬理作用を十分に認識しなければならない。特に、薬物を使用している場合には心拍数や血圧の変化など客観的な運動強度の指標が利用できなくなる場合がある。また、薬理作用と運動により生体に対し負の影響や重篤な症状を生じる可能性もある（例、インスリンや経口血糖降下剤服用時の運動による低血糖症状、昏睡など）。薬物を使用している場合には、医師や運動指導者の監視下での運動療法が望ましい。

　運動により対象となった内科的疾患の病態の改善は認められたが、運動を行うことで他の臓器や疾患への障害が生じることがある。特に、心筋虚血、心不全や不整脈などの循環器的な障害に対し注意する。また、腰、膝など整形外科的な障害を誘発する可能性がある。

参考・引用文献
1) 角南良幸・清水明・進藤宗洋（2000）：運動療法の基本，身体活動と生活習慣病，日本臨床，増刊号，211-215頁.

　　　　　　　　　　　　　　　　　　　　　　　　　　　　　　　　　　　　　　　（山崎先也）

第13章

福祉士に必要な運動・スポーツ支援能力

1. 健康運動指導士および健康運動実践指導者

健康運動指導士および健康運動実践指導者の養成は、過去において旧厚生省（現在、厚生労働省）の認定事業とされてきたが、平成18年度より（財）健康・体力づくり事業財団の認定事業となっている。

(1) 健康運動指導士

健康運動指導士とは、生活習慣病を予防し、健康水準を保持・増進することを目的とした、個人に適した運動メニューの作成や運動指導を行う者である。平成18年の医療制度改革では、生活習慣病予防が個人の健康づくりだけを目的とするのではなく、医療費適正化対策の柱の1つとされている。

生活習慣病の1次予防だけでなく、2次予防も含めた健康づくりのための運動を指導する専門家として健康運動指導士の役割が期待されている。

(2) 健康運動実践指導者

健康運動実践指導者は、医学的な基礎知識、運動生理学、健康づくりのための運動指導の知識・技能等を有し、健康づくりを目的として作成された運動プログラムに基づいて、実践指導を行うことができる者である。

最近では、病院、老人福祉施設、介護保険施設や介護予防事業等で活躍している者の健康運動実践指導者や健康運動指導士の資格取得が増加している。

2. 障害者スポーツ指導員

日本障害者スポーツ協会が公認する障害者スポーツ指導者の種類、役割と資格取得条件を下記に示す。

（1） スポーツ指導員

1） 初級スポーツ指導員：18歳以上の者で、身近の障害者にスポーツの生活化を促進する者である。
2） 中級スポーツ指導員：初級スポーツ指導員として、2年以上の指導経験を有し、都道府県レベルにおいて障害者のスポーツ指導にあたる者である。
3） 上級スポーツ指導員：中級スポーツ指導員として、3年以上の指導経験を有し、障害者のスポーツ指導に必要な専門的知識と技能並びに高度な指導技術を身につけ、都道府県あるいはブロックレベルにおいて、指導者も含めて指導にあたる者である。

（2） スポーツコーチ

中級スポーツ指導員または上級スポーツ指導員として、相当な経験を有し、特定競技の専門的技術の指導と活動組織の育成や指導にあたる者である。

3. 日本体育協会における指導者育成

(1) スポーツ指導者基礎資格（スポーツリーダー）：地域住民のスポーツ定着化を図るため、競技別指導者と共に地域のスポーツクラブやサークルにおいてスポーツ指導をサポートする役割を有する。
(2) 競技別指導者：日本体育協会加盟の競技団体などと共に各競技別の専門的な技術指導にあたる指導者であり、対象者の年齢や競技力に応じて、次の6つ資格が設けられている。
 1）指導員 2）上級指導者 3）コーチ 4）上級コーチ 5）教師 6）上級教師
(3) フィットネス系指導者：発育発達・加齢に応じたフィットネスの維持や向上を目的として、次の3つの資格がある。
 1）ジュニアスポーツ指導員 2）スポーツプログラマー 3）フィットネストレーナー
(4) メディカルコンディショニング指導者：スポーツ医学に関する専門知識を活かし、日常的なスポーツ活動から競技力向上を医・科学的な立場からサポートする資格として、次の2つがある。
 1）スポーツドクター 2）アスレチックトレーナー
(5) マネジメント指導者：総合型の地域スポーツクラブなどを健全に運営し、組織マネジメント能力を有するスタッフの養成として、次の2つ資格がある。
 1）アシスタントマネージャー 2）クラブマネージャー

4. 学会認定による資格

(1) 日本スポーツ心理学会：競技力向上のための心理的スキルを中心とした指導や相談を行う専門的な学識と技能を有すると学会が認めた資格「スポーツメンタルトレーニング指導士補」および十分な実績と共に高度な学識と技能を有し、本資格の認定や認定講習会の講師を務めることができる「スポーツメンタルトレーニング指導士」の資格がある。
(2) 日本体力医学会：体力科学の深い知識と運動指導などの実践力を有した「健康科学アドバイザー」の資格がある。

5. その他

(1) （財）体力つくり指導協会：高齢者の健康づくりを運動を通して専門的にサポートする「高齢者体力つくり支援士」がある。
(2) （財）東京都高齢者研究・福祉財団：東京都老人総合研究所が保有する各種介護予防プログラム、高齢者筋力向上トレーニングなどの事業を実践する「介護予防運動指導員」がある。

写真13-1　障害者スポーツ指導者の手帳

上記以外にもさまざまな団体や学会が資格を発行しているが、その資格の意味や必要性を考えた上での取得が望ましい。

参考・引用文献
1) （社）日本体育学会編（2006）：スポーツ健康の指導者育成, 体育の科学, 杏林書院, 56.
2) （財）日本障害者スポーツ協会公認障害者スポーツ指導者制度（2006）.
3) （財）健康・体力づくり事業団ホームページ（http://www.health-net.or.jp/zaidan/index.html）.
4) 日本スポーツ心理学会ホームページ（http://www.jssp.jp/）.
5) 高齢者体力つくり支援士ホームページ（http://www.sien.gr.jp/）.
6) （財）東京都高齢者研究・福祉財団東京都老人総合研究所ホームページ（http://www.tmig.or.jp/J_TMIG/J_index.html）.

（山崎先也）

巻末資料

資料1　生活活動強度と一日の所要エネルギー量

生活活動強度	職種など	体重あたり必要エネルギー量（kcal/kg）
Ⅰ．軽い	一般事務、管理職、技術者　幼児のいない専業主婦	25～30
Ⅱ．中等度	製造・加工業、サービス業　販売員、幼児のいる主婦	30～35
Ⅲ．やや重い	農業、漁業、建設作業員	35～40
Ⅳ．重い	農繁期の農作業、林業、プロスポーツ選手	40～

（日本肥満学会編集委員会，肥満・肥満症の指導マニュアル，2001）

資料2　運動種目エネルギー消費量

項　目	エネルギー消費量（kcal/kg／分）	項　目	エネルギー消費量（kcal/kg／分）
散　　歩	0.0464	自 転 車 降 坂	0.0629
歩行分速　60m	0.0534	階 段 昇 降	0.1004
70m	0.0623	遊泳クロール	0.3738
80m	0.0747	平　　　泳	0.1968
90m	0.0906	卓 球 練 習	0.1490
100m	0.1083	バトミントン練習	0.1508
ジョギング（軽い）	0.1384	テ ニ ス 練 習	0.1437
（強め）	0.1561	ゴルフ（平均）	0.0835
リズム体操（普通）	0.1472	スケート練習	0.1437
体　　操（軽い）	0.0552		0.1437
（強め）	0.0906	バ レ ー 練 習	～0.2499
自転車毎時平地　10km	0.0800		0.0853
登　　坂　10km	0.1472	サッカー練習	～0.1419

（日本肥満学会編集委員会，肥満・肥満症の指導マニュアル，2001）
（伊藤，一部日本体育協会スポーツ科学委員会による）

資料3 「3メッツ」以上の生活活動（身体活動量の目標の計算に含むもの）

メッツ	活動内容	1エクササイズに相当する時間
3.0	普通歩行（平地、67m／分、幼い子ども・犬を連れて、買い物など）釣り（2.5（船で座って）〜6.0（渓流フィッシング））、屋内の掃除、家財道具の片付け、大工仕事、梱包、ギター：ロック（立位）、車の荷物の積み下ろし、階段を下りる、子どもの世話（立位）	20分
3.3	歩行（平地、81m／分、通勤時など）、カーペット掃き、フロア掃き	18分
3.5	モップ、掃除機、箱詰め作業、軽い荷物運び電気関係の仕事：配管工事	17分
3.8	やや速歩（平地、やや速めに＝94m／分）、床磨き、風呂掃除	16分
4.0	速歩（平地、95〜100m／分程度）、自転車に乗る：16km／時未満、レジャー、通勤、娯楽、子どもと遊ぶ・動物の世話（徒歩／走る、中強度）、高齢者や障害者の介護、屋根の雪下ろし、ドラム、車椅子を押す、子どもと遊ぶ（歩く／走る、中強度）	15分
4.5	苗木の植栽、庭の草むしり、耕作、農作業：家畜に餌を与える	13分
5.0	子どもと遊ぶ・動物の世話（歩く／走る、活発に）、かなり速歩（平地、速く＝107m／分）	12分
5.5	芝刈り（電動芝刈り機を使って、歩きながら）	11分
6.0	家具、家財道具の移動・運搬、スコップで雪かきをする	10分
8.0	運搬（重い負荷）、農作業：干し草をまとめる、納屋の掃除、鶏の世話、活発な活動、階段を上がる	8分
9.0	荷物を運ぶ：上の階へ運ぶ	7分

Ainsworth BE, Haskell WL, Whitt MC, et al. Compendium of Physical Activities: An update of activity codes and MET intensities. Med Sci Sports Exerc, 2000; 32 (Suppl): S498-S516.

注：1) 同一活動に複数の値が存在する場合は、競技より余暇活動時の値とするなど、頻度の多いと考えられる値を掲載してある。
　　2) それぞれの値は、当該活動中の値であり、休憩中などは含まない。
（運動所要量・運動指針の策定検討委員会，健康づくりのための運動指針2006）

資料4 「3メッツ」以上の運動（身体活動量の目標の計算に含むもの）

メッツ	活動内容	1エクササイズに相当する時間
3.0	自転車エルゴメーター：50ワット、とても軽い活動、ウェイトトレーニング（軽・中等度）、ボーリング、フリスビー、バレーボール	20分
3.5	体操（家で。軽・中等度）、ゴルフ（カートを使って。待ち時間を除く。注2参照）	18分
3.8	やや速歩（平地、やや速めに＝94m／分）	16分
4.0	速歩（平地、95～100m／分程度）、水中運動、水中で柔軟体操、卓球、太極拳、アクアビクス、水中体操	15分
4.5	バドミントン、ゴルフ（クラブを自分で運ぶ。待ち時間を除く。）	13分
4.8	バレエ、モダン、ツイスト、ジャズ、タップ	13分
5.0	ソフトボールまたは野球、子どもの遊び（石蹴り、ドッジボール、遊戯具、ビー玉遊びなど）、かなり速歩（平地、速く＝107m／分）	12分
5.5	自転車エルゴメーター：100ワット、軽い活動	11分
6.0	ウェイトトレーニング（高強度、パワーリフティング、ボディビル）、美容体操、ジャズダンス、ジョギングと歩行の組み合わせ（ジョギングは10分以下）、バスケットボール、スイミング：ゆっくりしたストローク	10分
6.5	エアロビクス	9分
7.0	ジョギング、サッカー、テニス、水泳：背泳、スケート、スキー	9分
7.5	山を登る：約1～2kgの荷物を背負って	8分
8.0	サイクリング（約20km／時）、ランニング：134m／分、水泳：クロール、ゆっくり（約45m／分）、軽度～中強度	8分
10.0	ランニング：161m／分、柔道、柔術、空手、キックボクシング、テコンドー、ラグビー、水泳：平泳ぎ	6分
11.0	水泳：バタフライ、水泳：クロール、速い（約70m／分）、活発な活動	5分
15.0	ランニング：階段を上がる	4分

Ainsworth BE, Haskell WL, Whitt MC, et al. Compendium of Physical Activities: An update of activity codes and MET intensities. Med Sci Sports Exerc, 2000; 32（Suppl）: S498-S516.

注：1) 同一活動に複数の値が存在する場合は、<u>競技ではなく余暇活動時の値</u>とするなど、頻度が多いと考えられる値を掲載してある。
　　2) それぞれの値は、当該活動中の値であり、休憩中などは含まない。例えば、カートを使ったゴルフの場合、4時間のうち2時間が待ち時間とすると、3.5メッツ×2時間＝7メッツ・時となる。

（運動所要量・運動指針の策定検討委員会，健康づくりのための運動指針2006）

資料5 運動の強度と運動の危険性や効果の関係

運動のレベル		自覚的運動強度			最大（全力）運動からみた割合
		Borgスケール	強さの感じ方	その他の感覚	
競技トレーニングレベル	危険域	20 19	非常にきつい	身体全体が重たく、呼吸が苦しくなる	100%
障害出現レベル	危険域	18	かなりきつい	同上	85%
効果・障害出現レベル	効果大 注意域	17 16 15	かなりきつい きつい	やめたいがなんとか頑張れる	70%
効果レベル	効果中 安全域	14 13	ややきつい	どれくらい続くか少し不安を感じる	60%
効果レベル	効果小 安全域	12 11 10	楽である かなり楽である	呼吸が弾み汗が出るが、いつまでも続けられそうに感じる	50%
高齢者や疾患者への導入レベル	安全域	9 8 7	かなり楽である 非常に楽である	汗が出ず、呼吸も楽で物足りなさを感じる	40%
疾患者への導入レベル	安全域	6	非常に楽である	まるで物足りない	30%

運動のレベル		心拍数からみた強度（1分間あたりの心拍数：拍／分）				
		20〜29歳	30〜39歳	40〜49歳	50〜59歳	60〜69歳
競技トレーニングレベル	危険域	190〜210	185〜200	175〜190	165〜180	155〜170
障害出現レベル	危険域	175〜195	170〜185	165〜180	155〜170	145〜160
効果・障害出現レベル	効果大 注意域	165〜185	160〜175	150〜165	145〜160	135〜150
効果レベル	効果中 安全域	150〜170	145〜160	140〜155	135〜150	125〜140
効果レベル	効果小 安全域	135〜155	135〜150	130〜145	125〜140	120〜135
高齢者や疾患者への導入レベル	安全域	125〜140	120〜135	115〜130	110〜125	110〜125
疾患者への導入レベル	安全域	100〜125	100〜125	95〜120	90〜120	90〜115

（田中ほか，2006）

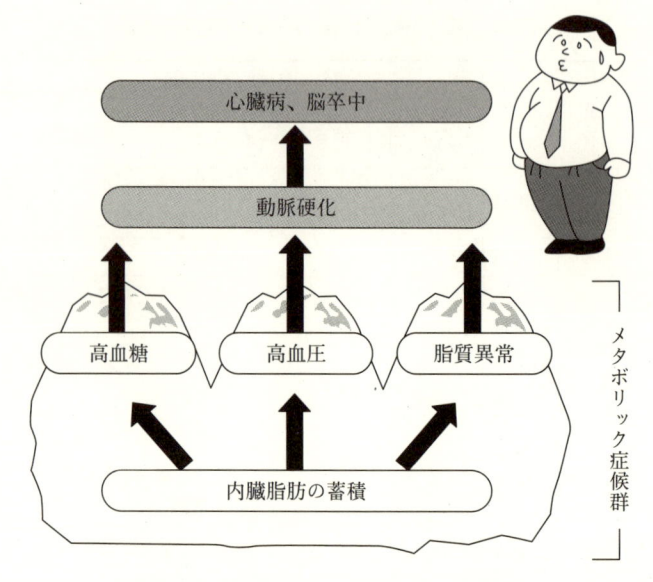

資料6　メタボリックシンドローム（症候群）
（西日本新聞，2008年3月23日付）

資料7　特定保健指導対象者の選定方法
（西日本新聞，2008年3月23日付）

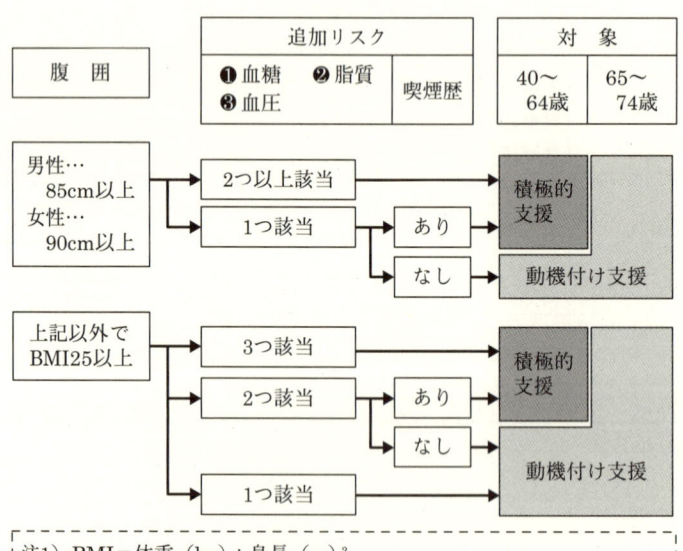

注1) BMI＝体重（kg）÷身長（m）²
　2) 血糖：空腹時血糖100mg/dl以上またはヘモグロビンA1c 5.2%以上
　　　脂質：中性脂肪150mg/dl以上またはHDLコレステロール40mg/dl未満
　　　血圧：最高血圧130mmHg以上または最低血圧85mmHg以上

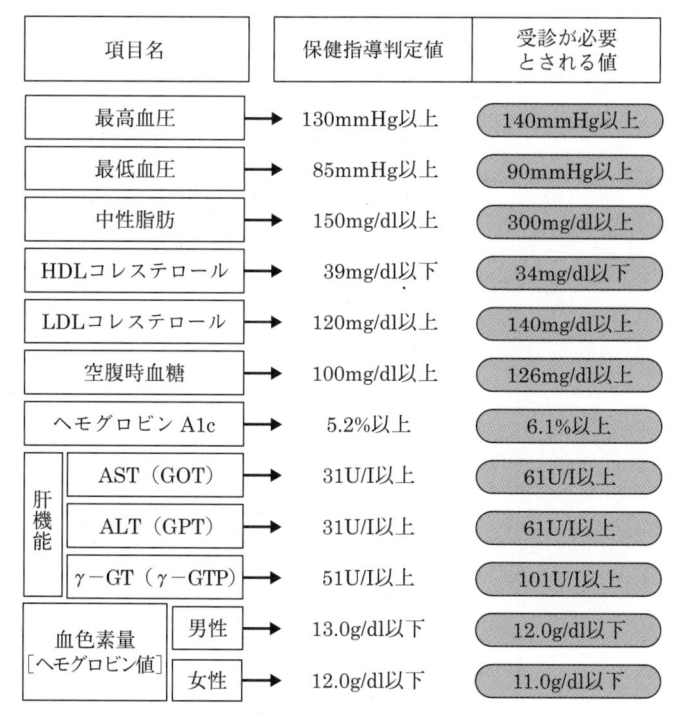

項目名	保健指導判定値	受診が必要とされる値
最高血圧	130mmHg以上	140mmHg以上
最低血圧	85mmHg以上	90mmHg以上
中性脂肪	150mg/dl以上	300mg/dl以上
HDLコレステロール	39mg/dl以下	34mg/dl以下
LDLコレステロール	120mg/dl以上	140mg/dl以上
空腹時血糖	100mg/dl以上	126mg/dl以上
ヘモグロビン A1c	5.2%以上	6.1%以上
肝機能 AST（GOT）	31U/I以上	61U/I以上
肝機能 ALT（GPT）	31U/I以上	61U/I以上
肝機能 γ-GT（γ-GTP）	51U/I以上	101U/I以上
血色素量［ヘモグロビン値］ 男性	13.0g/dl以下	12.0g/dl以下
血色素量［ヘモグロビン値］ 女性	12.0g/dl以下	11.0g/dl以下

資料8　健診項目の判定値
（西日本新聞，2008年3月23日付）

索引

【アルファベット】
AED　140, 138, 139
ADL　165
BMI（体格指数）　29
DNA 修復機能　116
IPR 練習　93
PNF ストレッチング　42
QOL　4
RICE　135, 141
SAQ トレーニング　47
UV インデックス　115
Wellness 運動　3
WHO（世界保健機構）　2, 41, 51, 164

【あ行】
愛情・集団所属の欲求　2
「あがり」の徴候　69
アクティヴェーション　80
暑熱馴化　114
アルコール依存症　67
安全の欲求　2
一次救命処置　138
1 点への精神集中　86
イメージ　92
イメージカード　93
イメージトレーニング　92
医療スポーツ　173
インスリン抵抗性　13
ウェルネス　3
ウェルネス運動　3, 4
うつ病　66
運動・スポーツの身体的効果　25
運動・スポーツの心理的効果　61
運動行動のステージ　56
運動指針　25
運動終板　37
運動処方の指針　162
運動診断検査　57
運動単位（Motor Unit）　38
運動と睡眠　128
運動の効果　25
運動の行動変容過程　56
運動負荷試験　23
運動不足病　13
運動前の健康度チェック　23
運動前の捕食　112
運動誘発性喘息　158
運動療法　182, 184, 189, 193
栄養摂取量　105
エストロゲン　51
エネルギー所要量　105
エネルギー比　106
オーバートレーニング　73
オーバーロードの原則　126
オゾン層　115
温感練習　82, 83
温熱仮説　63
温浴　130, 131

【か行】
加圧ウォーク　162, 163
加圧トレーニング　162
海面骨　50, 52
過換気症候群　135, 159
画像法　30
活動の楽しみ仮説　63
からだの健康　22
体のリラックス　81
がん　14
感情的態度　54
冠動脈性心疾患　137, 167
きっかけになる言葉　88
ぎっくり腰の予防法　44
気道確保　139
気晴らし仮説　63
規範信念　54
気分の変化のメカニズム　63
逆 U 字曲線　80
救急蘇生法　138
休養　122
休養指針　124
休養診断検査　132
休養の分類　122
キーワード　85
競技後の振返り　101
競技スポーツの見直し　72
競技前の心理的準備　100
胸骨圧迫（心臓マッサージ）　139
虚血性心疾患　183
筋グリコーゲン　110, 111
筋力　37
筋力トレーニング　39
筋力トレーニングの原則　40
筋力トレーニングの方法　40
筋力の評価　25
筋力の評価法　39
苦痛の閾値　90
グリコーゲンローディング　109
車椅子テニス　176
車椅子バスケットボール　176
グローバリゼーション　151
月経異常　53, 159
健康　2
健康運動実践指導者　16, 195
健康運動指導士　16, 195
健康関連体力　23
健康政策　15
健康度・生活習慣診断　144
健康度・生活習慣診断検査　18
健康度診断検査　20
健康日本 21（第三次国民健康づくり対策）　12, 16, 59
健康のモデル・定義　2
高血圧　167, 185
高血圧と運動　186
行動意図　54
行動体力　23
高齢者の有酸素運動　161
高齢者への運動指導　160
高齢者への筋力トレーニング　162
コーピングスタイル　68
コーピングの方略　68
ゴールボール　177
国際ストーク・マンデビル競技連盟　169

国際スポーツ心理学会　63
国民医療費　11
心の健康　59, 60
こころの健康力　59
心のリラックス　85
骨格筋　37
骨芽細胞　50
骨粗鬆症　51
骨代謝　50
骨密度　50
個別性の原則　126
混合食　106
献立の組み合わせ　104

【さ行】
サイキング・アウト　85
サイキング・アップ　80, 85
最大酸素摂取量　13, 32, 33, 35, 36, 156
サプリメント　110, 112
サルコペニア　160
30食品　106
3大死因　15
サンタン　116
サンバーン　116
試合中の心理状態診断検査　75
試合前の心理状態診断検査　74
死因の変化　10
ジェイコブソン（Jacobson, E.）　82
紫外線　115, 116
視覚障害者　181
自覚性の原則　126
持久力　32
持久力の評価　25
自己会話（Self-talk）　98
自己効力感　95
自己実現の欲求　2
自信　94
自信の高揚　64
失敗　72, 102
児童福祉法　151
死亡率の変化　10
集中力　86
柔軟性　41, 163

柔軟性の測定法　41
主観的幸福感　163, 164
出生数　8
出生率　8
受働喫煙　118
シュルツ（Schultz, H.）　59, 82
障害区分　174
障害者スポーツ　172
障害者スポーツ指導員　195
障害者スポーツの歴史　169
勝者の条件　100
情動中心型コーピング　67
食塩摂取量　108
食事診断検査　119
食事の規則性　108
食事療法　189
褥瘡　180
初婚年齢　8
自律訓練法　82, 83
神経回路　46
神経型　46
神経筋疾患　173
神経系の発達　46, 156
新健康フロンティア戦略　17, 59
人工呼吸　139
人口の時代的な変化　5
深呼吸　81
心身症　66
心臓疾患　183
心臓マッサージ　139, 140
身体活動水準　27, 33, 36
身体活動量の評価　25
身体障害者福祉法　150
信念　54
心拍リズム　137
心理的恩ះ仮説　63
心理的競技能力　60, 61
心理的競技能力診断検査　74
心理的スキル　61
随意運動　22
随意筋　37
水中運動　161
水分補給　114
睡眠指針　129

睡眠法　129
頭寒足熱　72, 85, 129
スキャモン（Scammon, R. E.）　46
筋グリコーゲン　109
ストレス　65
ストレス・コーピング　67
ストレスの学説　65
スピリチュアル　4
スペシャルオリンピックス　170
スポーツ意識の診断表　55
スポーツ外傷　135
スポーツ障害　135
スポーツドリンク　111, 112
スポーツ福祉　152, 153
スポーツメンタルトレーニング指導士　61
生活習慣病　12, 13, 15, 16, 18, 27, 156, 182
生活習慣病検診　18
成功　72, 73, 102, 103
生産年齢　9
精神集中　86
精神障害者　181
精神的健康　60
精神的健康パターン診断検査　70
精神の障害　190
精神力　60
生体電気インピーダンス法　30
静的筋力　39
静的ストレッチング　42
生物リズム　128
生理の欲求　2
セーチェノフ（Sechenov, I. M.）　124
世界の人口　6
脊髄損傷　173
積極的休息法　124
セルフエフィカシー　63
セルフトーク　85
セレモニー化　89
セロトニン　63
全国障害者スポーツ大会　171, 174
全身持久力　32
全身持久力のトレーニング法　33

全身持久力の評価法　33
漸進性の原則　126
漸進的リラクセーション法　82
全面性の原則　126
総人口　5
速筋線維　32, 38, 39, 156
尊敬・承認の欲求　2

【た行】
体温　113, 114, 141
体温リズム　128
体格指数　29
体調チェック　166
体力の概念図　22
達成動機　77
たばことスポーツ　119
たばこの成分　117
たばこの有害物質　118
ダン（Dunn, H.）　3
遅筋線維　32, 38, 39, 156
知的障害者　181
知的障害者福祉法　150
注意の切り換え　89
注意の固定　87
超音波法　52
超回復　126
聴覚障害者　181
調整力　46
調整力の測定法　46
貯蔵脂肪　29
テーピング　141
適応性の向上　64
電磁波　115
転倒，骨折　167
動機づけ　77
統合失調症　190
動的筋力　39
糖尿病　167, 187
糖尿病の合併症　188
糖尿病の判定法　187
ドーパミン　63
特異性の原則　127
突然死　137

【な行】
内臓脂肪　13, 14, 29, 30
長座体前屈　41
日常生活動作能力　165
ニトログリセリン　137
入浴　130
入浴法　130
認知的評価理論　66
熱痙攣　113
熱失神　113
熱射病　113
熱中症　113, 140, 158, 168
熱疲労　113
眠気のリズム　128
眠るのは技術　99, 129
脳血管障害　173
脳性麻痺　173
ノーマライゼーション　151
ノルアドレナリン　63
ノンレム睡眠　127, 128

【は行】
バイオフィードバック法　84
敗者の条件　101
破骨細胞　50
パターン化　89
発育・発達　156
発汗　113, 114
パラリンピック　170
バランスのとれた食事　104
バランスボール　49
バリアフリー　151
バリスティック・ストレッチング　43
ハンス・セリエ（Selye, H.）　65
判断力　64
バンデュラ（Bandura, A.）　94
反動仮説　63
反復性の原則　126
皮下脂肪厚測定法　30
皮質骨（緻密骨）　50, 52
必須脂肪　29
肥満の改善方法　31
肥満の評価法　29
不安症　191

不安神経症　67
伏臥上体そらし　42
福祉　150
福祉社会　150
福祉六法　150
不随意筋　37
フットケア　167
平均寿命　6
平均余命　6
米国スポーツ医学会　23, 40, 54, 161, 162
ベータ・エンドルフィン　63
防衛体力　23
ポールやコーン　47
保健指導事業　18
骨の構造　50
ホメオスタシス　131
本番中の食事　111
本番前の食事　109

【ま行】
マスタリー（Mastery）仮説　63
マスロー（Maslow, A. H.）　2, 77
ミニ・ハードル　47
メカノスタット理論　52
メタボリックシンドローム　13, 14, 17
メディシンボール　49
メンタルトレーニング　74, 76
メンタルな動き　98
メンタルな動きづくり　97
メンタルヘルス　59
目標設定　78
目標達成意欲の向上　63
モノアミン仮説　63
問題中心型コーピング　67

【や行】
野球肘　157
やる気　77, 78
有酸素運動　161
よい緊張感　80
腰痛体操　44
腰痛予防　42

抑うつ症　*191*
予測力の向上　*64*
欲求階層説　*2*

【ら行】

ライフスキル　*4*
ラザラス(Lazarus, R. S)　*66, 67*
ラダー、リング　*48*
立位体前屈　*41*
リバース・インテグレーション　*171*
リラクセーション　*80*
リラックスの原理　*72*
ルーティン化　*89*
レム睡眠　*127, 128*
老人福祉法　*150*
老年症候群　*160*
老年人口　*9*
6食品群　*106, 107*

著者紹介

徳永　幹雄　（とくなが　みきお）（編著）

　　昭和14年2月12日生まれ

　　福岡県立朝倉高校、広島大学教育学部、九州大学教授を経て九州大学健康科学センター長。平成14年3月九州大学定年退職・九州大学名誉教授。平成14年4月より 第一福祉大学（現在、福岡医療福祉大学）教授。医学博士。スポーツメンタルトレーニング指導士。

　　主な著書は、「改訂版・ベストプレイへのメンタルトレーニング」「健康と運動の科学」「健康と競技のスポーツ心理」「実力発揮のスポーツ科学」「体育・スポーツの心理尺度」「硬式テニス教室」「教養としてのスポーツ心理学」など。

　　主な役職として、日本スポーツ心理学会会長、九州体育・スポーツ学会会長、九州スポーツ心理学会会長、福岡県体育協会常務理事などを歴任。現在、日本スポーツ心理学会理事、日本スポーツメンタルトレーニング指導士会会長など。水泳競技・サッカー・テニスを特技とし、特にテニスでは全日本ベテランテニス選手権60歳以上（平成11及び12年度）、65歳以上（平成16年度）のシングルスに出場。

山崎　先也　（やまさき　さきや）（編著）

　　昭和40年11月20日生まれ

　　西南学院高等学校、西南学院大学、日本体育大学大学院修士課程修了、京都大学大学院人間・環境学研究科博士課程修了。平成14年より第一福祉大学（現在、福岡医療福祉大学）に着任し、平成19年に教授。博士（人間・環境学）。

　　主な著書（分担執筆）は、「若い時に知っておきたい運動・健康とからだの秘密（近代科学社）」「これからの健康とスポーツの科学（講談社）」「健康スポーツ科学（文光堂）」「スポーツサイエンス入門（丸善）」など。

　　平成14年〜17年日本体育協会スポーツ医・科学研究事業班員。現在、福岡県立社会教育総合センター「ふくおか生涯学習ネットワーク」登録講師・指導者、American college of sports medicine（ACSM）会員など。

大場　渉　（おおば　わたる）

　　昭和50年11月10日生まれ

　　広島市立舟入高等学校、広島大学教育学部、広島大学大学院教育学研究科を経て、岩国短期大学講師、大阪教育大学講師、大阪体育大学勤務を歴任。現在、沖縄大学人文学部福祉文化学科准教授。博士（教育学）。スポーツメンタルトレーニング指導士補、日本バスケットボール協会公認コーチ。

　　主な著書は、「運動行動の学習と制御―動作制御へのインターディシプリナリー・アプローチ―」。主な受賞歴に、日本スポーツ心理学会学会賞（奨励賞）、日本スポーツ心理学会学会賞（松田岩男賞）、日本スポーツ方法学会奨励賞など。

　　主な役職として、日本人間工学会評議員、関西女子学生バスケットボール連盟競技部副部長、西日本学生バスケットボール連盟理事、大阪バスケットボール協会理事など。バスケットボール、スノーボードを特技とし、特にバスケットボールでは選手として全日本学生（インカレ）に出場し、指導者として関西女子選抜チームのアシスタントコーチを務めた。

健康・福祉と運動の科学
───────────────────────────────
2008年6月27日　初版第1刷発行
2010年4月16日　初版第2刷発行

■編 著 者────徳永幹雄・山崎先也
■発 行 者────佐藤　守
■発 行 所────株式会社　大学教育出版
　　　　　　　　〒700-0953　岡山市南区西市 855-4
　　　　　　　　電話 (086) 244-1268　FAX (086) 246-0294
■印刷製本────サンコー印刷㈱
■装　　　丁────ティー・ボーンデザイン事務所

Ⓒ Mikio Tokunaga, Sakiya Yamasaki 2008, Printed in Japan
検印省略　　落丁・乱丁本はお取り替えいたします。
無断で本書の一部または全部を複写・複製することは禁じられています。
ISBN978−4−88730−855−8